全国职业教育轨道交通“十三五”规划教材·城市轨道交通系列

U0845939

城市轨道交通信号与通信

主　编　贾文婷　王海明
副主编　尚　巍　于　勇
　　　　侯晓音　郑丽楠

北京交通大学出版社
·北京·

内容简介

本书的主要内容包括：城市轨道交通信号系统，继电器、信号、转辙机、轨道电路、计轴器、查询应答器等信号基础设备，联锁设备，闭塞方式，列车运行自动控制系统，城市轨道交通通信系统，城市轨道交通电话系统，城市轨道交通无线集群通信系统，闭路电视监控系统，广播系统，时钟系统，电源系统和乘客信息系统共18个项目。

本书是城市轨道交通专业的核心教材，可供高职、中职院校教学使用，也可以作为城市轨道交通行业培训或自学用书，可供城市轨道交通行业工程技术人员学习参考。

图书在版编目（CIP）数据

城市轨道交通信号与通信/贾文婷，王海明主编．—北京：北京交通大学出版社，2016.8（2018.9重印）

ISBN 978-7-5121-3015-9

Ⅰ.①城… Ⅱ.①贾… ②王… Ⅲ.①城市铁路-交通信号-信号系统-职业教育-教材 Ⅳ.①U239.5

中国版本图书馆CIP数据核字（2016）第205779号

城市轨道交通信号与通信

CHENGSHI GUIDAO JIAOTONG XINHAO YU TONGXIN

责任编辑：陈跃琴

出版发行：北京交通大学出版社　电话：010-51686414　http://www.bjtup.com.cn

地　　址：北京市海淀区高梁桥斜街44号　邮编：100044

印 刷 者：艺堂印刷（天津）有限公司

经　　销：全国新华书店

开　　本：185mm×230mm　印张：17　字数：382千字

版　　次：2016年8月第1版　2018年9月第3次印刷

书　　号：ISBN 978-7-5121-3015-9/U·238

印　　数：5 501～8 500册　定价：38.00元

本书如有质量问题，请向北京交通大学出版社质监组反映。对您的意见和批评，我们表示欢迎和感谢。

投诉电话：010-51686043，51686008；传真：010-62225406；E-mail：press@bjtu.edu.cn。

丛书编委会

出版说明

进入21世纪，我国把“发展城市轨道交通”列入国民经济第十个五年计划发展纲要。在经历了十几年的高速发展之后，中国拥有城市轨道交通的城市已经由2000年的3座（北京、上海、广州）上升至2014年的22座。截至2014年年底，中国的城市轨道交通运营线路已达88条，总运营里程超过3 000 km（包含地铁、有轨电车等），占全球城市轨道交通总运营里程的25%以上。

城市轨道交通的快速发展，带来了对城市轨道交通专业人才的巨大需求。巨大的城市轨道交通人才需求，为城市轨道交通专业的职业教育发展带来了良好的机遇，各职业院校纷纷开设了城市轨道交通相关专业，针对城市轨道交通专业的教材也陆续出版，但总的来说，教材存在体系不完善、内容理论叙述过多、缺乏岗位针对性等问题。

2011年，北京交通大学出版社出版“高等教育城市轨道交通系列教材”，包括《城市轨道交通概论》《城市轨道交通客运管理》等二十多种图书，被全国三十多所学校选用，其中郑州城轨交通中等专业学校连续三年使用，有近万名学生毕业。教学实践中发现，“高等教育城市轨道交通系列教材”存在理论叙述过多、岗位针对性不强等问题。

为促进和规范城市轨道交通职业教育教材体系的建设，满足城市轨道交通专业人才培养的需要，适应目前职业教育“校企结合，工学结合”的教学改革形式，北京交通大学出版社以“高等教育城市轨道交通系列教材”为基础，依托北京交通大学的城市轨道交通专业优势和教学资源优势，组织郑州城轨交通中等专业学校、北京交通职业技术学院、新疆铁道职业技术学院、吉林铁道职业技术学院等职业院校明星教师，联合北京地铁、郑州地铁和武汉地铁的一线人员，从培养行业紧缺人才、关键岗位人才急需技能的角度，在北京交通大学、郑州地铁公司、郑州铁路局、郑州城轨交通中等专业学校等单位有关领导和专家的大力支持下，共同策划编写了这套“全国职业教育轨道交通‘十三五’规划教材”。

本系列教材从2015年8月起陆续出版，首批包括：

（1）城市轨道交通概论；

（2）城市轨道交通安全管理；

（3）城市轨道交通票务管理；

（4）城市轨道交通行车组织；

（5）城市轨道交通专业英语；

（6）城市轨道交通运营管理；

（7）城市轨道交通安全常识；

（8）城市轨道交通法律法规；

（9）城市轨道交通客运管理；

（10）城市轨道交通服务礼仪；

（11）城市轨道交通车站设备运用与管理；

（12）城市轨道交通车辆运用与管理；

（13）城市轨道交通信号与通信。

本套教材的编写，遵照“以就业为导向”的人才培养模式，突出“创新独特”的特点，根据各门课程的授课内容和内容特点，采用最适合这门课程的形式进行编写。例如“城市轨道交通专业英语”，授课目的是让学生掌握客服英语会话技能，能看懂英文设备使用说明书，因此在内容安排上大胆创新，采用漫画的方式中英文对照介绍各种客服场合可能会用到的会话和广播内容，并对常用设备以图文对照的方式进行功能性介绍。“城市轨道交通安全管理”则结合30多个城市轨道交通安全事故进行内容讲解，事故后果触目惊心，学生对所学内容印象深刻。

在内容组织方面，本着“理论部分通俗易懂，实操部分图文并茂”的原则。理论知识以应用为目的，以够用为原则。实操部分总结了北京、武汉、郑州等地的地铁运营管理经验，侧重实际工作岗位操作技能培养。例如“城市轨道交通行车组织”“城市轨道交通票务管理”等以培养工作技能为主的课程，则按“项目教学，任务驱动”的方式，围绕职业能力的形成组织内容。在表达方面，充分考虑了职业院校学生的认知特点，文字简练，通俗易懂；版式生动活泼，图文并茂。

为方便教学，本套教材配套有教学课件，读者可登录北京交通大学出版社网站免费下载。

希望本套教材的出版，能为城市轨道交通的发展、城市轨道交通职业教育人才的培养有所裨益。希望职业院校师生在使用本套教材后能及时反馈意见和建议，我们将根据您的建议来对教材做进一步完善、修订，使我们能更好地为城市轨道交通人才培养服务。

编辑部邮箱：825470827@ qq. com。

北京交通大学出版社

2015 年 8 月

前　言

随着中国城市化进程的加快，城市人口的增加给城市交通带来的压力日渐明显化。当地面交通已经无法满足需求而带来各种问题时，与传统的地面交通相对应的城市轨道交通就成为缓解城市交通压力的新渠道。因为城市轨道交通具有舒适、快捷和便利的特点，所以它已成为人们出行的重要交通工具，成为许多城市交通的重要组成部分。目前，许多城市的城市轨道交通都在紧锣密鼓地修建之中。同时，为了满足城市轨道交通行业的大量人员需求，许多职业院校开设了相关专业，旨在培养一批具有专业知识、专业技能和职业素养的高水平人才。

城市轨道交通信号与通信设备作为行车指挥和列车运行的重要控制设备，在保证行车安全、提高通过能力、节能及改善运输人员的劳动条件等方面起着至关重要的作用。随着科技的进步，城市轨道交通信号与通信设备涉及的种类和技术也在日新月异地飞速发展，所以目前该方向教材难免会出现技术更新不及时、知识面不够等问题。本书旨在为城市轨道交通信号与通信系统中的所涉及的设备和技术提供一个全面的知识体系，便于城市轨道交通专业各个方向教学选择适合的内容和深度进行有效的教学。

本书涵盖 18 个项目，共 54 个大任务，主要讲授以下内容：

项目 1 主要讲授城市轨道交通信号系统的概念、作用、组成和发展等概述内容。

项目 2 主要讲授信号基础设备——继电器的工作原理、作用、种类等。

项目 3 主要讲授信号基础设备——信号的种类和相关要求等基本知识。

项目 4 主要讲授信号基础设备——转辙机的结构、种类、工作原理等基本知识。

项目 5 主要讲授信号基础设备——轨道电路的结构、种类、工作原理等基本知识。

项目 6 主要讲授信号基础设备——计轴器的结构、作用、工作原理等基本知识。

项目 7 主要讲授信号基础设备——查询应答器的结构、种类、工作原理等基本知识。

项目 8 主要讲授联锁设备的原理、内容和工作原理等基本知识。

项目 9 主要讲授闭塞方式的原理、种类和各种闭塞方式的实施方式等基本知识。

项目 10 主要讲授列车运行自动控制系统的组成和各子系统、CBTC 系统的组成和功能等。

项目 11 主要讲授城市轨道交通通信系统的组网方式和种类等基本知识。

项目 12 主要讲授城市轨道交通电话系统的作用、种类，以及调度电话的使用等。

项目 13 主要讲授城市轨道交通无线集群通信系统的原理、组网和制式等基本知识。

项目 14 主要讲授城市轨道交通闭路电视监控系统的原理、组成和作用等基本知识。

项目 15 主要讲授城市轨道交通广播系统的原理、组成和作用等基本知识。

项目 16 主要讲授城市轨道交通时钟系统的原理、组成和作用等基本知识。

项目 17 主要讲授城市轨道交通电源系统的原理、组成和作用等基本知识。

项目 18 主要讲授城市轨道交通乘客信息系统的原理、组成和作用等基本知识。

本书的项目 1 和项目 11 由李艳编写，项目 2、项目 3、项目 4、项目 5 由贾文婷编写，项目 6 由侯晓音编写，项目 7 由郑丽楠编写，项目 8 和项目 10 由尚巍编写，项目 9 由朱爱华编写，项目 12、项目 13 由崔慧珊编写，项目 14 由李家平编写，项目 15 由甄烨编写，项目 16 由吴梦媛编写，项目 17 由王海明编写，项目 18 由于勇编写。全书由贾文婷统稿。

全书在编写过程中得到了北京市地铁运营公司、北京交大微联科技有限公司的多位一线专家的大力帮助，得到了来自北京交通职业技术学院、天津师范大学、新疆铁道职业技术学院多位优秀骨干教师的热情参与，在此一并深深感谢。

由于编者水平有限，书中不乏不足之处，恳请读者批评指正。

编者

2016 年 6 月

目　录

项目 1

城市轨道交通信号系统

项目导学

在城市发展中，城市轨道交通作为城市交通的重要组成部分，其应用范围不断扩展，已经成为解决城市交通压力的重要方式。城市轨道交通主要具有便捷、安全、舒适等优势，因此，越来越多的城市开始进行城市轨道交通的建设。

目前城市轨道交通主要形式包括：地铁与轻轨。为了确保城市轨道运输的有效性及安全性，必须采用技术含量高的信号系统对城市轨道交通进行控制。在整个城市轨道交通系统中，信号系统是确保轨道交通运行安全、高效的关键部分。基于此，城市轨道交通工作人员必须了解城市轨道交通信号系统的构成因素、传送方式等，只有熟练掌握信号系统的规律及原理，才能确保人们出行的安全性。

教学目标

1. 了解城市轨道交通信号系统的概念和作用。
2. 掌握城市轨道交通信号系统的特点和组成。
3. 掌握城市轨道交通信号的地域分布。
4. 了解城市轨道交通信号系统的发展历史和发展趋势。
5. 掌握代表技术发展方向的城市轨道交通信号系统。

建议学时

4 学时。

任务 1.1　了解城市轨道交通信号系统

子任务 1.1.1　城市轨道交通信号系统的概念

随着我国城市人口数量急剧上升与车流量的大幅增加，城市交通负荷越来越重。在城市发展中，城市轨道交通作为城市交通的重要组成部分，其应用范围不断扩展，已经成为解决城市交通压力的重要方式。为了确保城市轨道交通运输的有效性及安全性，必须采用技术含量高的信号控制系统对城市轨道交通进行控制。

从概念上来讲，城市轨道交通信号系统有广义和狭义之分。

广义的城市轨道交通信号系统是人工或自动和远程地实现行车指挥和列车运行控制、安全间隔控制等技术和设备的总称，主要包括联锁、闭塞、列车控制和调度指挥四个方面，由 ATC 系统和车辆段联锁设备完成，能够保证行车安全、提高区间和车站通过能力以及编解能力，通常用于车站信号、区间信号、机车信号和道口信号灯。

狭义的城市轨道交通信号系统是指在行车、调车工作中，对行车有关人员指示运行条件而规定的物理特征符号。

子任务 1.1.2　城市轨道交通信号系统的作用

城市轨道交通具有高速度、高密度、不间断运营的特点。信号系统作为行车指挥和列车运行的控制设备，尽管其投资额在城市轨道交通的整个工程中所占比例甚低，但在保证行车安全、提高通过能力、节能及改善运输人员的劳动条件等方面却起着至关重要的作用。在城市轨道交通中采用先进信号设备是一项事半功倍的措施。世界先进国家的地铁和轻轨运营经验证明，只有高水平的信号系统才能更充分发挥其他技术装备的能力，而且它的水平代表了整个地铁与轻轨技术装备的现代化水平。

20 世纪 60 年代以来，计算机和微电子技术突飞猛进，使信号技术经历了一场革命。以往要靠司机来执行的一些任务，如瞭望信号、使列车加减速等现在完全可以在计算机的监控下自动进行，在确保安全的前提下实现最小列车间隔。由于在列车运行调度中心的计算机和列车车载计算机之间建立起了可靠、有效的信息、数据交换的通道，调度中心与列车车载计算机之间可以协调工作，使运输效率得以充分发挥，司机的任务仅限于监督设备的状态。目前在一些发达国家的城市轨道交通中，依赖信号技术的进步，最小行车间隔已缩短至 100 s 以下。采用先进的信号技术，也大大提高了行车的安全性，使得因人为的疏忽、设备的故障而产生的事故率降至最低。此外，采用先进的信号技术可以避免突然的减速和加速，这不仅可提高行车的稳定度，还对节能具有重要的作用。

子任务 1.1.3 城市轨道交通信号系统的特点

城市轨道交通的信号技术制式和大铁路的信号技术制式有许多相似的地方，但还是有它固有的特点，主要表现在以下几方面。

1. 具有完善的列车速度监控功能

由于城市轨道交通往往承担巨大的客流量，因此对最小行车间隔的要求远高于大铁路。这就对列车速度监控提出了极高的要求，要求其能提供更高的安全保证。

2. 数据传输速率较低

由于城市轨道交通的列车运行速度远低于铁路干线上的列车运行速度，因此在信号系统中可以采用较低速率的数据传输系统。

3. 联锁关系较简单但技术要求高

由于城市轨道交通的大多数车站仅有上下客功能，在大多数车站上并不设置道岔，甚至也不设置地面信号机，依靠机车信号及速度监控设备驾驶列车，因此联锁关系比较简单，但技术要求高。

除车辆段外，城市轨道交通的大多数车站的行车组织作业既单纯又简单。

4. 车辆段独立采用联锁设备

城市轨道交通的车辆段类似于铁路区段站的功能，包括列车编解、接发列车和频繁的调车作业，线路较多，道岔较多，信号设备较多，一般独立采用一套联锁设备。

5. 自动化水平高

由于城市轨道交通的线路长度、站间距离都较短，列车种类单一，行车时刻表规律性很强，因此在城市轨道交通的信号系统中，通常都包含有进路自动排列功能，即按事先预定的程序自动排列进路，只有在运行图变更时才有人工介入。

子任务 1.1.4 城市轨道交通信号系统的组成

城市轨道交通的信号系统通常由正线列车运行控制（ATC）系统和车辆段信号控制系统两大部分组成，用于列车进路控制、列车间隔控制、调度指挥、信息管理、设备工况检测及维护管理，由此构成了一个高效的综合自动化系统。图 1 - 1 所示为城市轨道交通信号系统的组成。

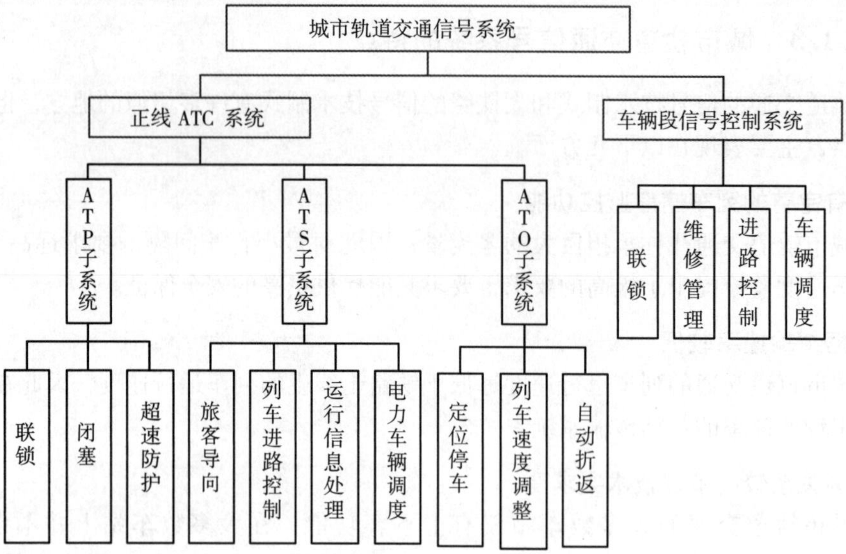

图 1－1 城市轨道交通信号系统的组成

子任务 1.1.5 城市轨道交通信号系统的地域分布

城市轨道交通信号设备，根据所处位置的不同，可划分 5 类：控制中心设备、车站及轨旁设备、车辆段信号设备、试车线设备、车载 ATC 设备。

1. 控制中心设备

控制中心设备属于 ATS 系统，是 ATC 系统的核心，用于状态表示、运行控制、运行调整、车次追踪、时刻表编制及运行图绘制、运行报告、调度员培训、与其他系统的接口。ATS 系统设备组成如图 1－2 所示。

ATS 系统控制中心设备主要包括：中心计算机系统、综合显示屏、调度员及调度长工作站、运行图工作站、培训/模拟工作站、绘图仪和打印机、维修工作站、UPS 及蓄电池。其中，综合显示屏、调度员及调度长工作站设于主控制室，控制主机、通信处理器、数据库服务器、维修工作站、时刻表编辑工作站设于中心计算机设备室；运行图工作站设于运行图室；绘图仪和打印机设于打印室；培训/模拟工作站设于培训室；UPS 设于电源室；蓄电池设于蓄电池室。其设备划分如图 1－3 所示。

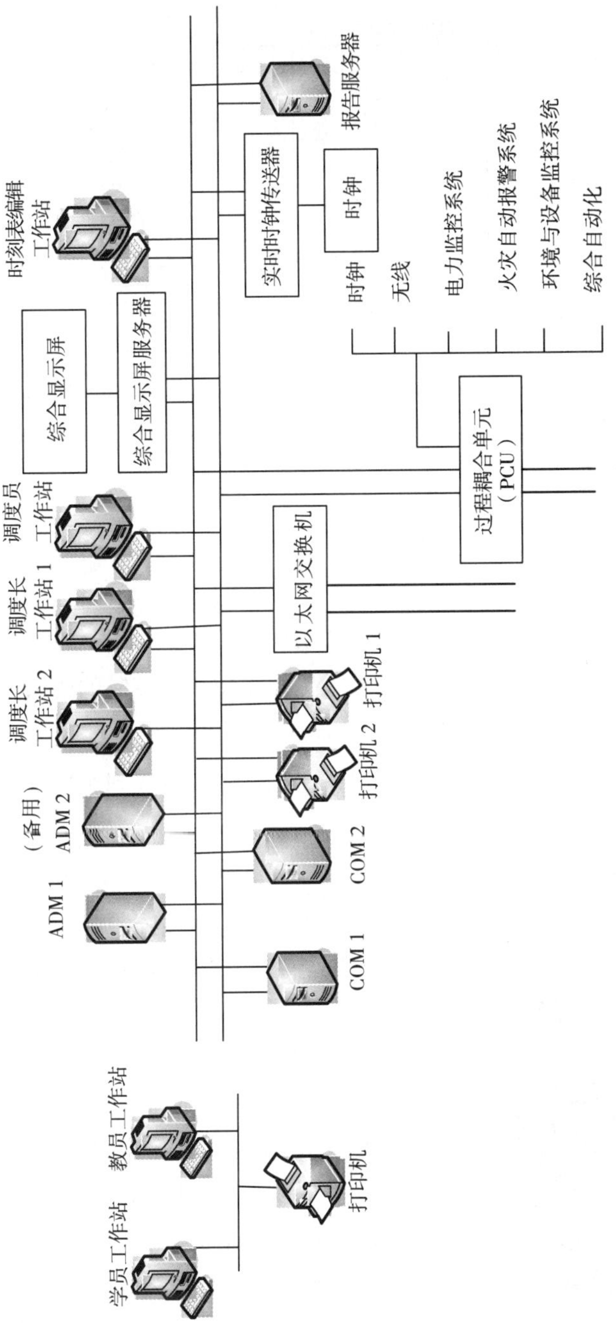

图1-2　ATS系统设备组成

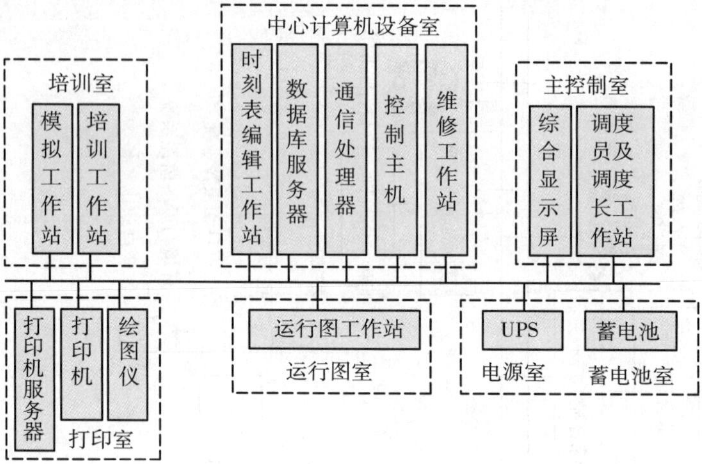

图 1-3 ATS 系统控制中心设备

1）中心计算机系统

中心计算机系统包括：控制主机、通信处理器、数据库服务器、时刻表编辑工作站、局域网和各自的外部设备。为保证系统的可靠性，主要硬件设备均为主/备双套热备方式，可自动或人工切换。系统能满足自动控制、调度员人工控制及车站控制的要求。

2）综合显示屏

综合显示屏由显示设备和相应的驱动设备组成，用来监视正线列车运行情况及系统设备状态。

3）调度员及调度长工作站

调度员及调度长工作站，用于行车调度指挥，与 ATC 计算机系统接口，是实际的操作平台，使调度员能在控制中心监视和控制联锁设备及列车的运行，如需要可显示计划运行图和实际运行图。调度员可将系统投入列车自动调整，必要时可人工干预。调度室如图1-4所示。

图 1-4 调度室

4）运行图工作站

运行图工作站用于运行计划的编制和修改，通过人机对话可以实现对运行时刻表的编辑、修改及管理。

5）培训/模拟工作站

培训/模拟工作站配有各种系统的编辑、装配、连接和系统构成工具，以及列车运行仿真软件。它可以与调度员工作站显示相同的内容，有相同的控制功能，能仿真列车在线运行及各种异常情况，而不参与实际的列车控制。实习调度员可通过它模拟实际操作，培养系统控制和各种情况下的处理能力。

6）打印机服务器、绘图仪和打印机

打印机服务器缓冲和协调所有操作员和实时激活的打印任务。绘图仪和打印机，用于输出运行图及各种报表。

7）维修工作站

维修工作站主要用于 ATS 系统的维护、ATC 系统故障报警处理和车站信号设备的监测。

8）局域网

局域网用于把本地和远程工作站、服务器的 PLC 连接在一起。以太网允许各成员间进行高速数据交换（10 Mbps）。

9）UPS 及蓄电池

控制中心配备在线式 UPS 及可提供 30 min 后备电源的蓄电池。

2. 车站及轨旁设备

车站分为集中联锁站和非集中联锁站，集中联锁站一般为有道岔车站，也可能是无道岔车站。非集中联锁站一般为无道岔车站。有道岔车站根据需要和可能也可以由邻近车站控制而成为非集中联锁站。

1）集中联锁站及轨旁设备

集中联锁站设有 ATS 车站分机、车站联锁设备、ATP/ATO 系统地面设备、电源设备、维修终端、乘客向导显示牌、紧急关闭按钮，以及信号机及发车指示器、转辙机。

2）非集中联锁站及轨旁设备

非集中联锁站的设备只有发车指示器、紧急关闭按钮和乘客向导显示牌。无道岔的非集中联锁站轨旁仅有轨道电路的耦合单元等，有道岔的非集中联锁站除了轨旁的耦合单元外，还有防护信号机和转辙机。

3. 车辆段信号设备

车辆段信号设备包括 ATS 分机、车辆段终端、联锁设备、信号机、转辙机、轨道电路、电源设备等。

4. 试车线设备

试车线上设若干段与正线相同的 ATP/ATO 地面设备，用于对车载 ATC 设备的试验。试车线设备室内设置用于改变试车线运行方向和速度的控制台。试车线设备室配备一套适合于 ATP/ATO 设备的 UPS，不设蓄电池、电源屏。

5. 车载 ATC 设备

车载 ATC 设备包括 ATP 和 ATO 两部分，用来接收轨旁设备传送的 ATP/ATO 信息，计算列车运行曲线，测量列车运行速度和运行距离，实行列车运行超速防护以及列车自动运行，来保证行车安全，为列车提供最佳的运行方式。

任务1.2 城市轨道交通信号系统的发展

子任务1.2.1 城市轨道交通信号系统的发展历史

我国城市轨道交通信号系统，其发展大致经历了3个阶段：初创阶段、过渡阶段和发展阶段。

1. 初创阶段

我国的城市轨道交通信号系统是随北京地铁的兴建而起步的。1965年7月1日，我国第一条地下铁路——北京地铁一期工程动工兴建，1969年10月通车。根据当时的国情，决定全部设备由国内自己研制，同时要求设备必须具有较高的技术水平。信号项目主要为复线自动闭塞（包括机车信号和自动停车）、调度集中、列车自动驾驶和继电联锁。通过这几项技术实现行车集中调度、集中监控和列车运行自动化。

1）自动闭塞

轨道电路采用的是我国自行开发并首次应用的由电子元器件制成的移频轨道电路。采用的是“红、红、黄、绿”的双红灯带保护区段的三显示方式，按照90 s行车间隔设计。移频轨道电路采用了7种信号频率，能够向列车传送7种信息，是当时同类信号设备所无法比拟的。

2）调度集中（CTC）

北京地铁一期工程全线及古城车辆段，使用的是我国自行开发的直流脉冲制调度集中系统。该系统经久耐用，经过1984年大修一直使用到1996年。

3）列车自动驾驶（ATO）

ATO主要设备包括：地面信息接收子系统、双通道测速子系统、控制逻辑和比较子系统、轮径补偿子系统、定点停车控制曲线发生子系统、地面传感器子系统、与车辆的接口系统，设备主要采用磁放大器、晶体管、小规模集成电路和函数发生器等。

由于国内有些元器件供应比较困难，且当时车辆的性能也不够完善和稳定，导致该列车自动驾驶系统没有得到全面采用和推广。

4）继电联锁

鉴于北京地铁车站线路简单，为简化设备配置，各车站采用了非定型继电联锁，车辆段则采用6502继电联锁。

就当时而言，完全独立自主地为中国第一条地铁提供了一整套设备，技术起点较高，为后续20多年的安全运营奠定了坚实的基础。但是受历史条件限制，某些规章制度落实难以到位，产品类型繁多，给日后的运营和维修都带来较多困难。旅客向导系统仅为有线广播，没有与列车的到发时刻相匹配，所以使用性能较差。

2. 过渡阶段

1971 年，北京地铁二期工程（即 2 号环线）开始建设，要求采用“行车指挥与列车运行自动化”系统，即 ATC 系统。1986 年，北京地铁通过引进消化，研制出一套机车信号系统，并用这套系统替换了环线全部机车信号，从而提高了车载设备的可靠性。

北京地铁 2 号线环线开通于 1984 年，其信号控制系统大多采用国产设备。最终应用的是由 SSC1 型电子调度集中、国产移频自动闭塞（包括机车信号与自动停车）和国产继电联锁构成的当时中国最为先进的信号系统。

1990 年，北京地铁对环线调度集中进行了技术改造，研制“微机调度集中系统”，并于 1993 年开通使用，该调度集中的功能和技术指标已经超出传统 CTC 系统很多，距现在普遍采用的 ATS 的性能只有一步之遥。

1998 年，北京地铁对环线车载设备进行改造，自主研发了 LCP－100DT 型 ATP 车载项目。1999 年通过了北京市科委主持的技术鉴定，并于 2000 年在环线进行批量运用。2001 年，北京地铁又对 LCP－100DT 型车载设备进行软件的修改和车辆接口的重新设计，3 组车 6 套设备在 1 号线上应用，同年年底，该型号的 ATP 车载设备与 WG－21A 无绝缘轨道电路在大连快轨中标。

进入 20 世纪 90 年代以后，随着我国改革开放的步伐加快，经济快速发展，城市人口急剧膨胀，各大城市都进入了建设城市轨道交通的高潮期，但是由于我国地铁建设起步较晚，经验积累还较欠缺，使得国产信号设备技术水平较低，只能提供配套设备，系统的研制条块分割，不能提供一体化的完整系统，所以没有合适的国产地铁信号系统可用。再加上建设地铁向国外贷款，利用外资的附加条件是必须购买该国设备，因此纷纷引进国外先进的地铁信号设备。

随着地铁客流量的急速增长，北京地铁 1 号线最小行车间隔需从 5 min 缩短为 2 min，传统的信号系统已不能满足高密度行车的要求，存在诸多问题，亟须改造，于是 1989 年从英国西屋公司引进 ATC 系统。复八线由于要与前期的 1 号线贯通，为了便于与既有信号系统兼容，复八线也大量引进了英国西屋公司的 ATC 系统。同时，配套了国产的继电联锁设备、车站计算机联锁设备和信号微机联锁监测设备等。上海地铁 1 号线 1989 年引进阿尔斯通美国公司的 ATC 系统，为了节省投资，在正线道岔联锁区域和车辆段采用国产 6502 电气集中联锁设备。

ATC 系统的大量引进缩小了我国地铁信号装配水平与国际上的差距，取得了较好的效果。我国地铁的整体技术水平上了一个台阶，列车运行呈现出全新的面貌，实现了 120 s 的运行间隔，大大提高了地铁列车的运行效率和运输能力。此后不久，我国又对部分设备实施国产化，取得了较好的效果。

3. 发展阶段

从 1994 年至今，我国城市轨道交通建设进入了快速发展期，随之而来的是信号设备的大规模引进。广州、上海、深圳、重庆和南京等轨道交通系统的信号系统先后采用了德国西门子公司、美国 US&S 公司、法国阿尔斯通公司和日本信号公司等各具特色的 ATC 系统。2002 年和 2003 年，武汉轻轨与广州地铁 3 号线相继从加拿大阿尔卡特公司引进采用移动闭塞方式的 ATC 系统，是基于感应环线通信的移动闭塞系统。

采用引进设备后，大大缩短了运行间隔，提高了安全程度和通过能力，但由于国内外的电源质量、道岔结构、轨道施工工艺等存在差异，所以引进的 ATC 系统在我国的应用效果不像在国外那么好。而且，引进的设备也会带来后续的诸多问题，例如：

① 造价昂贵，耗资巨大，同时要花费大量资金用于设备维修和更新，很难产生良好的经济效益和社会效益，也难免受制于人；

② 返修渠道不畅，维修成本太大，备品备件得不到保证，维修十分困难；

③ 制式混杂，给路网的扩展、管理带来极大的困难。

照此发展下去，必将严重阻碍我国城市轨道交通的发展，也不符合国家的产业政策，有必要走国产化的道路，对引进的先进技术消化吸收，移植铁路成熟的信号技术，结合我国城市轨道交通的特点和需要自主研发，尽快提供国产化的成套 ATC 技术。这是我国城市轨道交通信号技术发展的必由之路，也必将降低造价，促进城市轨道交通发展。

我国从 1999 年年初开始推行城市轨道交通设备的国产化政策。其主要目的在于降低建设投资，使国家及地方在财力上能够承受。另一个目的是充分吸收借鉴国外的先进技术，同时研制开发具有自主知识产权的城市轨道交通相关技术并进行本土化生产制造，大大提升中国城市轨道交通行业的技术水平，并逐步减少对国外产品的依赖。

2010 年 12 月 30 日上午 10 点 45 分启动“地铁新线开通试运营首次列车发车指令”，北京五条轨道交通新线正式开通试运营，这其中就包括国内首条具有完全自主知识产权 CBTC 列车控制系统示范工程——亦庄线。亦庄线是按照政府首套政策实施的信号系统核心技术示范工程，是由北京交通大学研发的具有完全自主知识产权的 CBTC 核心技术及系统装备经历实验室研制、试车线试验、运营线中试后的正式工程应用，其开通对推动北京市和我国城市轨道交通运行控制系统国产化和产业化具有重要意义。

子任务 1.2.2　城市轨道交通信号系统的发展趋势

1. “故障—安全”技术的发展

随着计算机技术、微电子技术和新材料技术的发展，“故障—安全”技术得到了飞速发展。高可靠性、高安全性的“故障—安全”核心设备出现了“2 取 2”“2 乘 2 取 2”和“3 取 2”等不同结构形式，其同步方式有软同步和硬同步。

“故障—安全”技术的提高为高可靠和高安全的城市轨道交通信号系统的发展打下了坚实的基础。

2. 高水平的实时操作系统开发平台的应用

实时操作系统 RTOS（real time operation system）是当今流行的嵌入式系统的软件开发平

台。RTOS 最关键的部分是实时多任务内核，它的基本功能包括任务管理、定时器管理、存储器管理、资源管理、事件管理、系统管理、消息管理、队列管理、旗语管理等，这些管理功能是通过内核服务函数形式交给用户调用的，也就是 RTOS 的应用程序接口（application programming interface，API）。

在城市轨道交通这种复杂工作环境下的计算机控制系统，对系统安全性、可靠性、可用性的要求更高，必须使用安全计算机，以保证系统能安全、可靠、不间断地工作。而安全计算机系统的软件核心就是 RTOS。采用实时操作系统可以实现以下目标。

1）提高系统的安全性

实时操作系统可以成为整个软件系统的中间件，即实时操作系统通过驱动程序与底层硬件相结合，而上层应用程序通过 API 和库函数与实时操作系统相结合。实时操作系统完成系统多任务的调度和终端的执行，这样系统的安全模块和非安全模块将会得到有效的隔离，RTOS 可以很好地解决硬件冗余模块的同步问题。

2）满足系统实时性的要求

列车运行控制系统要求的是硬实时响应，实时性要求非常高，如果在系统中选用实时操作系统开发该系统的软件，会对该系统的实时性指标的提高有很大帮助。

3）缩短新产品的开发周期

由于 RTOS 提供了系统中的多任务调度、管理等功能，在此基础上用户只需要开发与应用对象相关的应用程序，所以缩短了新产品的开发周期，降低了设备的成本。RTOS 还具有开发手段可靠、检测手段完善等特点。

3. 数字信号处理新技术的应用

随着轨道交通的发展，基于分立元器件和模拟信号处理技术的传统信号设备越来越满足不了工程实用性、运输安全性和实时性的要求。因此在信号系统设备中全年引进计算机技术，利用计算机的高速计算分析功能，来提高信号设备的技术水平已非常紧迫。数字信号处理技术（digital signal processing，DSP）的出现为信号处理提供了很好的解决办法。与模拟信号处理技术相比较，数字信号处理技术具有更高的可靠性和实时性。

4. 计算机网络技术的应用

随着计算机网络技术的飞速发展，实施城市轨道交通信号系统网络化是城市轨道交通运输综合调度指挥的基础。在网络化的基础上实现信息化，从而实现集中、智能管理。

1）网络化

城市轨道交通信号系统不是各种信号设备的简单组合，而是功能完善、层次分明的控制系统。系统内部各功能单元之间独立工作，同时又相互联系，交换信息，构成复杂的网络化结构，使指挥者能够全面了解辖区内的各种情况，灵活配置系统资源，保证轨道交通的安全、高效运行。

2）信息化

以信息化带动城市轨道交通产业现代化，是城市轨道交通发展的必然趋势。全面、准确获得线路上的信息是列车安全运行的保证。因此现代轨道交通信号系统采用了许多先进的通信技术，如光纤通信、无线通信、卫星通信与定位技术等。

3）智能化

智能化包括系统智能化与控制设备的智能化。系统智能化是指上层管理部门根据轨道交通实际情况，借助先进的计算机技术来合理规划列车的运行，使整个轨道交通运输达到最优化；控制设备的智能化则是指采用智能化的执行机构，来准确、快速地获得指挥者所需的信息，并根据指令来指挥、控制列车的运行。

5. 通信技术与控制技术相结合

计算机技术（computer）、通信技术（communication）和控制技术（control）的发展，向传统的以轨道电路作为信息传输载体的列车运行控制系统提出了新的挑战。综合利用3C技术代替轨道电路技术，构成新型列车控制系统已成必然。

用3C技术代替轨道电路的核心是通信技术的应用，目前计算机技术和控制技术已经渗透到列控系统中，称为“基于通信的列车运行控制系统”（communication based train control，CBTC）。

6. 通信信号一体化

随着当代城市轨道交通的发展，通信、信号系统发生了重大变化，车站、区间、列车控制及行车调度指挥自动化的一体化，使通信、信号系统相互融合，冲破了功能单一、控制分散、通信与信号相对独立的传统技术理念，推动了通信、信号技术向数字化、智能化、网络化和一体化的方向发展。

7. 安全性与可靠性分析理论的广泛应用

为保证轨道交通运输的安全，要求信号系统具有高可靠性和高安全性。安全评估理论的建立与推广为定量评估信号系统的可靠性和安全性提供了重要手段。

在“故障—安全”理论的发展上，20世纪90年代初，国际电工委员会（International Electrician Committee，IEC）将“故障—安全”的概念进行了量化，制定了安全相关系统的设计和评估标准IEC 61508。该标准提出了安全相关系统的“安全完整等级”（safety integrity level，SIL）的概念，它是一个对系统安全的综合评估指标。

8. 信号系统的规范化和标准化

随着全球经济一体化的发展，城市轨道交通信号系统市场也出现了全球一体化，主要体现在技术规范和安全规范的全球化，如CBTC。

“统一规范、统一标准”是城市轨道交通信号系统的发展方向。信号系统的规范化和标准化的制定，体现了以下的优势：

① 新产品开发费用低；

② 由于规范化和标准化的制定考虑了系统的连续性，所以新产品能与老系统兼容；

③ 规范明确定义所有接口（机械、电气、逻辑）标准，系统实现了模块结构，从而实现设备的互联互通；

④ 公开规范和标准，开放市场，促进竞争，降低成本，以获取最佳产品和最优价格。

子任务 1.2.3　代表技术发展方向的城市轨道交通信号系统

CBTC 是基于通信的列车运行控制系统，该系统的使用代表着目前世界上列车运行控制系统的发展趋势，是近年来国际、国内城市轨道交通领域广泛采用的一种移动闭塞方式。

CBTC 是一种采用先进的通信、计算机技术，连续控制、监测列车运行的移动闭塞方式的列车控制系统，它摆脱了用轨道电路判别列车对闭塞分区占用与否的限制，突破了固定（或准移动）闭塞的局限性，较以往系统具有更大的优越性，具体体现如下。

① 实现列车与轨旁设备双向通信，且信息量大。

② 可减少轨旁设备，便于安装维修，有利于紧急状态下利用线路作为人员疏散的通道，有利于降低系统全寿命周期内的运营成本。

③ 便于缩短列车编组、高密度运行，可以缩短站台长度和端站尾轨长度，提高服务质量，降低土建工程投资；实现线路列车双向运行而不增加地面设备，有利于线路故障或特殊需要时反向运行控制。

④ 由于移动闭塞系统基本克服了准移动闭塞和固定闭塞系统地对车信息跳变的缺点，从而提高了列车运行的平稳性，增加了乘客的舒适度。

⑤ 可以实现节能控制、优化列车运行统计处埋、缩短运行时分等多日标控制。

⑥ 移动闭塞系统，尤其是采用高速数据传输方式的系统，将带来信息利用的增值和功能的扩展，有利于现代化水平的提高。

⑦ 确立“信号通过通信”的新理念，使列车与地面（轨旁）紧密结合，整体处理，改变以往车、地相互隔离，以车为主的状态，这意味着车、地通信采用统一标准协议后，就有可能实现不同线路间不同类型列车的联通联运。

小知识：

所谓联通联运对于信号系统而言，主要是指某系统的地面设备可以与另一系统的地面设备互联，系统的车载设备可以与另一系统的地面设备协同工作，同一列车首尾的不同厂家的车载设备可以在同一线路上实施列车运行控制。

⑧ 由于移动闭塞系统具有很高的实时性和响应性的要求，因此，其对系统的完整性要求高于其他制式的闭塞方式，系统的可靠性也应具有更高要求。

⑨ 系统传输的可靠性和安全性是系统关注的核心，尤其是利用自由空间波传输信息的

基于无线的移动闭塞系统，其可靠性和安全性的要求更高。

思考与实训 1

一、思考题

1. 简述城市轨道交通信号系统的概念和作用。
2. 简述城市轨道交通信号系统的组成。
3. 简述城市轨道交通信号设备的地域分布。

二、实训任务

实训任务：认识城市轨道交通信号系统

1. 任务目的

了解城市轨道交通信号系统的特点、要求、组成和发展，为后续城市轨道交通信号设备的深入学习做好基础储备。

2. 资料准备

城市轨道交通信号系统相关的图片、视频资料。

3. 实施步骤

（1）将学生分成多个小组，每个小组人数控制在 4 ~5 人。

（2）根据本项目学习内容，各小组完成一个 PPT 作业，要求作业内容能比较全面、系统、准确地介绍城市轨道交通信号系统的特点、组成和发展过程。

4. 任务输出和评价

各组展示自己的成果，由教师和其他各组同学进行评比，最终做出成绩评定。

项目 2

信号基础设备——继电器

项目导学

继电器是一种电磁开关，能以较小的电信号控制执行电路中的大功率设备，广泛应用于众多领域的自动控制电路和远程控制电路中。

轨道交通信号系统中，也广泛采用继电器，称为信号继电器（简称为继电器）。继电器无论是作为继电式信号系统的核心部件，还是作为电子式或计算机式信号系统的接口部件，其动作的可靠性都会直接影响到信号系统整体的可靠性和安全性，因此继电器是轨道交通信号系统中的重要部件。继电器设备的故障，往往会给城市轨道交通运营带来很大的影响。

教学目标

1. 了解继电器的工作原理。
2. 了解继电器的作用。
3. 了解继电器的分类。
4. 认识各种型号的继电器，并了解继电器在城市轨道交通中的应用。

建议学时

6 学时。

任务 2.1　认识继电器

子任务 2.1.1　继电器的基本工作原理

继电器是一种电磁开关，能以比较小的电信号控制执行电路中的大功率设备，所以是自动控制电路和远程控制电路的重要设备。

继电器类型、样式众多，但都是由电磁系统和触点系统两部分组成。电磁系统主要包括线圈、铁芯和可动的衔铁等，触点系统由动触点和静触点组成，静触点分前接点和后接点两种。根据电磁原理，随着可动衔铁的动作，动触点与静触点接通或断开，从而实现继电器对其他设备的控制。

最简单的电磁继电器的工作原理如图 2－1 所示。最简单的电磁继电器是一个带触点的电磁铁，其动作原理也与电磁铁相似。当线圈中通以规定的电流后，在衔铁和铁芯之间就产生一定数量的磁通，该磁通经铁芯、衔铁、轭铁和气隙形成一个闭合磁路，铁芯对可动衔铁就产生了吸引力。吸引力的大小取决于所通电流的轭铁大小。

当电流增大到一定值时，吸引力增大到能克服衔铁向铁芯运动的阻力时（主要是衔铁自重），衔铁就被吸向铁芯；由衔铁带动的动触点（随衔铁一起动作的接点）也随之动作，与动合接点（常称为前接点）接通。此状态称为继电器励磁吸起（简称吸起）。当线圈中电流变小直至消失时，吸引力随电流的减小而减小，当吸引力减小到不足以克服衔铁重力时衔铁靠自重落下（称为释放），衔铁带动动触点与前接点断开，与动断接点（常称为后接点）接通。此状态称为继电器失磁落下（简称落下）。这样随着衔铁的动作，动触点与静触点接通或断开，从而连通了不同的电路，进而实现对其他设备的控制。

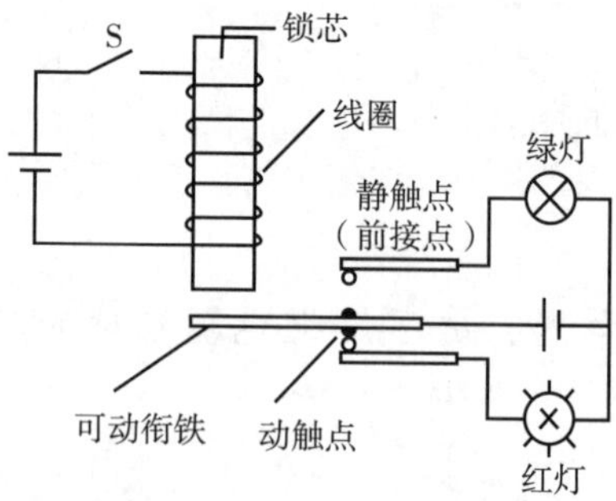

图 2－1　电磁继电器工作原理图

●——动触点；○——静触点

子任务 2.1.2　继电器的作用

继电器利用电磁原理对设备进行自动控制和远程控制，其控制对象可以是单个设备，也可以是多个设备，还可以是多个回路。继电器广泛应用于国民经济众多部门的生产过程控制和国防系统的自动化和远动化之中，也广泛应用于城市轨道交通信号的各个方面。

“故障—安全”原则是轨道交通信号设备必须遵守的原则。当系统任何部分出现故障时，都应该确保系统的输出导向安全状态。例如从图 2 – 1 所示的电磁继电器工作原理图中可以看出：当线圈中通过规定电流时，铁芯励磁，衔铁励磁吸起，动触点与前接点接触，接通绿灯电路；当电路出现故障时，线圈中的电流消失，铁芯失磁，衔铁落下，动触点与后接点接触，接通红灯电路，从而起到警示作用，这就是所谓的“故障导向安全”原则。

随着电子技术的迅速发展，电子器件尤其是微型计算机以其速度快、体积小、容量大、功能强等技术优势，在相当大程度上逐渐取代继电器，构成自动控制和远程控制系统，使技术水准大大提高。但是，继电器与电子器件相比，仍具有一定的优势，如开关性能好（闭合时阻抗小、断开时阻抗大）、有“故障—安全”（发生故障时导向安全）性能、能控制多个回路、抗雷击性能强、无噪声、不受周围温度影响等。因此，它仍然具有广阔的应用空间，仍将长期存在。

目前，在以继电技术构成的系统中，如继电集中联锁、继电半自动闭塞等，继电器起着核心作用，这些系统仍然大量存在，还将使用相当长的时期。而在以电子元件和微型计算机构成的系统中，如计算机联锁、多信息自动闭塞、通用机车信号、驼峰自动化等系统中，继电器作为其接口部件，将系统主机与信号机、轨道电路、转辙机等执行部件结合起来。虽然已出现全电子化的系统，但要全部取消继电器仍然需要相当长的时期。所以，不仅现在，而且未来，继电器在轨道交通信号领域始终起着重要的作用。

在轨道交通信号设备中，继电器的作用主要可以概括为以下几点。

1. 表示功能

利用继电器励磁吸起和失磁落下的状态可以表示线路的空闲和占用、信号的开放和关闭、道岔是否在规定位置、区间是否闭塞等状态。例如，车站每组联锁道岔均设置定位表示继电器和反位表示继电器，当有关继电器吸起时表示该道岔在定位或反位位置，进而利用继电器触点接通控制台或显示屏的相关表示灯，实现有关设备之间的相互控制关系。

2. 驱动功能

车站联锁设备的主要被控对象是信号机和转辙机，无论是继电器联锁还是采用计算机联锁，都是利用继电器控制相关设备。当达到相应的条件时，负责道岔操作的继电器可以通过励磁吸起或失磁落下的状态，分别控制转辙机将道岔转换到定位或反位位置。同样，当达到相应条件时，负责信号机控制的继电器通过励磁吸起或失磁落下的状态，分别控制信号机的开放和关闭状态。

3. 逻辑功能

在继电联锁设备及继电半自动闭塞设备中，利用继电电路可以实现有关逻辑关系，以保证车站和区间的行车、调车作业安全。利用继电器电路可以判断道岔位置是否正确、进路是否空闲等条件，从而确定信号是否能正常开放。当信号正常开放后，还需要利用继电电路锁闭与之相敌对的信号，并实时检查联锁条件是否满足，一旦出现不满足联锁条件的情况，则会及时关闭有关信号，最终保证行车安全。

子任务 2.1.3　信号设备对继电器的要求

信号继电器是用于城市轨道交通信号系统中的各类继电器的统称，是各类信号控制系统不可缺少的重要器件。

信号继电器作为城市轨道交通信号系统中的主要（或重要）器件，它在运用中的安全、可靠就是保证各种信号设备正常工作的必要条件。为此，城市轨道交通对信号继电器提出了极其严格的要求，具体如下：

① 动作必须可靠、准确；

② 使用寿命长；

③ 有足够的闭合和断开电路的能力；

④ 有稳定的电气特性和时间特性；

⑤ 在周围介质温度和湿度变化很大的情况下，均能保持很高的电气绝缘强度。

按照工作的可靠程度，信号继电器可分为三级。

① 一级继电器：绝对不允许发生前接点与后接点之间的熔接；衔铁落下与前接点的断开由衔铁及可动部分的重量来保证；当任意一组前接点闭合时，所有后接点必须全部断开，反之亦然；衔铁处于落下位置时，应该稳定地工作，后接点压力主要由重力作用产生；有较高的返还系数：轨道继电器不小于 50%，一般继电器不小于 30%。

② 二级继电器：衔铁依靠本身重量或接点弹片反作用力返还；返还系数不小于 20%；当任意一组前接点闭合时，所有后接点必须全部断开，反之亦然。

③ 三级继电器（电码型和电话型）：衔铁返还与后接点的压力均由动接点弹片的反作用力产生；前、后接点均有熔接的可能。

在信号设备的执行电路中，如果继电器由于工作不正常而不能断开前接点，将严重威胁行车的安全，故设计时均采用一级继电器。由于一级继电器具有高度可靠性，在电路中就不再考虑用电路的方法来检查继电器衔铁的落下状态。因此，在检修一级继电器时，要求特别注意其可靠性，并严格保证其技术条件。

子任务 2.1.4　继电器的分类

继电器类型繁多，信号继电器种类也不少，可按不同方式分类如下。

1. 按动作原理分类

按动作原理分类，可分为电磁继电器和感应继电器。

① 电磁继电器是通过继电器线圈中的电流在磁路的气隙（铁芯与衔铁之间）中产生电磁力，吸引衔铁，而带动接点动作的。此类继电器数量最多。

② 感应继电器是利用电流通过线圈产生的交变磁场与另一交变磁场在翼板中所感应的电流相互作用产生电磁力，使翼板转动而动作的。例如，相敏轨道电路所使用的交流二元继电器即为此类继电器。

2. 按动作电流分类

按动作电流分类，可分为直流继电器和交流继电器。

① 直流继电器是由直流电源供电的，它按所通电流的极性，又可分为无极、偏极和有极继电器。直流继电器都是电磁继电器。

② 交流继电器是由交流电源供电的。它按动作原理，又可分为电磁继电器和感应继电器。整流式继电器虽然用于交流电路中，但它用整流元件将交流电整流为直流电，所以其实质上是直流继电器。

3. 按输入量的物理性质分类

按输入量的物理性质分类，可分为电流继电器和电压继电器。

① 电流继电器反映电流的变化，它的线圈必须串联在所反映的电路中。该电路中必有被反映的器件，如电动机绕组、信号灯泡等。

② 电压继电器反映电压的变化，它的线圈励磁电路单独构成。

4. 按动作速度分类

按动作速度分类，可分为正常动作继电器和缓动继电器。

① 正常动作继电器衔铁动作时间为0.1～0.3 s，大部分信号继电器属于此类。

② 缓动继电器衔铁动作时间超过0.3 s，又分为缓吸、缓放继电器。例如，时间继电器利用脉冲延时电路或软件设定使之缓吸。缓动继电器则利用短路铜环产生磁通使之缓动，主要取其缓放特性。

5. 按接点结构分类

按接点结构分类，可分为普通接点继电器和加强接点继电器。

① 普通接点继电器具有开、断功率较小的接点的能力，以满足一般信号电路的要求，多数继电器为普通接点继电器。

② 加强接点继电器具有开、断功率较大的接点的能力，以满足电压较高、电流较大的信号电路的要求。

6. 按工作可靠程度分类

按工作可靠程度分类，可分为安全型继电器和非安全型继电器。

1）安全型继电器

安全型继电器（N 型）是无须借助于其他继电器，也无须对其接点在电路中的工作状态进行监督、检查，其自身结构即能满足一切安全条件的继电器，其特点是：

① 当线圈断电时，衔铁可借助于自身重力释放，从而使前接点可靠断开；

② 选用合适的接点材料，构成非熔接性前接点，或采用能防止接点熔接的特殊结构（如接熔断器、接点串联）；

③ 当一组不应闭合的后接点仍然闭合时，结构上能防止所有前接点闭合。

2）非安全型继电器

非安全型继电器（C 型）是必须监督、检查接点在电路中的工作状态，以保证安全条件的继电器。其特点是：

① 由于继电器在使用时已检查了衔铁的释放，因此不必采用非熔接性接点材料；

② 当一组不应闭合的前接点仍然闭合时，结构上能保证所有后接点不闭合；反之亦然。

N 型继电器主要依靠衔铁自身重力释放衔铁，故又称重力式继电器。C 型继电器主要依靠弹簧弹力释放衔铁，故又称弹力式继电器。一般说来，N 型继电器的安全性、可靠性高于 C 型继电器。

任务 2.2 认识安全型继电器

AX 系列安全型继电器由我国自行设计和制造，结构新颖，质量小，体积小，经过现场几十年的运用考验，证明其安全可靠、性能稳定，是我国轨道交通信号继电器的主要定型产品，应用最为广泛。AX 系列安全型继电器的基本结构就是直流无极继电器（如图 2－2 所示），其他各型继电器均由直流无极继电器派生。因此，绝大部分零件都能通用。

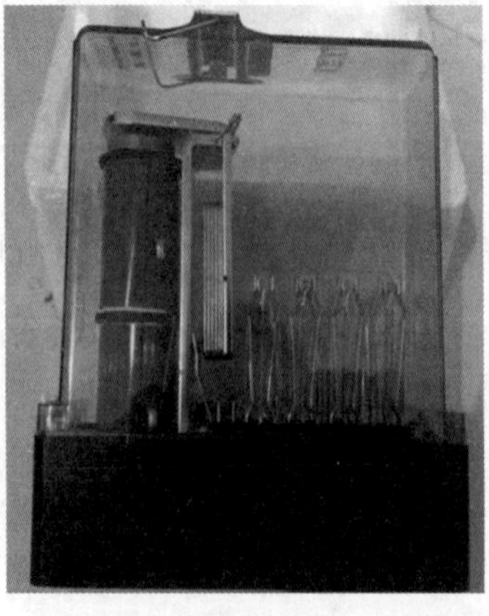

图 2－2 直流无极继电器外观

子任务 2.2.1　直流无极继电器

1. 结构

直流无极继电器结构示意图如图 2－3 所示。直流无极继电器由直流电磁系统和触点系统两部分构成。电磁系统由铁芯、线圈、轭铁、衔铁等组成。线圈通电后产生磁场，吸起衔铁；线圈断电时依靠重力作用使衔铁可靠释放。触点系统包括拉杆和触点组，触点组分为静止的前接点、后接点和固定在拉杆上的动触点。触点的接通情况可以反映继电器的状态，用于控制其他设备。直流无极继电器一般共有 8 组触点，彼此独立，但是动作一致。

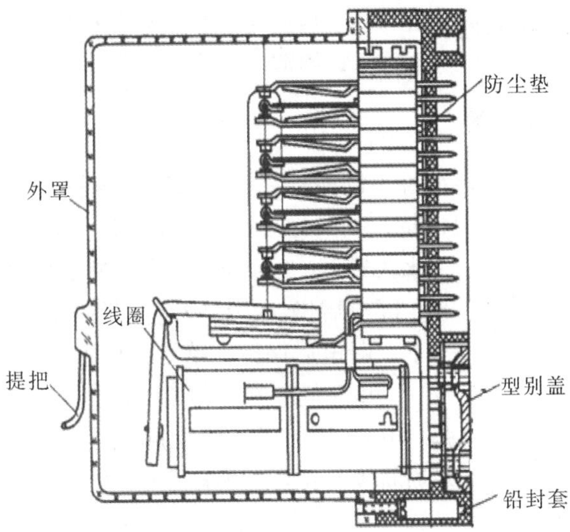

图 2－3　直流无极继电器结构示意图

2. 工作原理

当线圈通以直流电流后，产生磁通，经铁芯、衔铁、轭铁和气隙形成闭合磁路，因而使铁芯励磁对衔铁产生吸引力。当此吸引力增大到足以克服重锤片和拉杆等重力时，就能将衔铁吸向铁芯，于是衔铁带动拉杆推动动触点向上动作，使动触点与前接点闭合，此时称为励磁状态（又称为吸起状态）。

当线圈中的电流减少或断电时，磁通随之减少，铁芯对衔铁的吸引力相应减少，当吸引力不足以克服重锤片和拉杆的重力时，衔铁即释放，使动触点与前接点断开并与后接点闭合，此时称为失磁状态（又称为落下状态）。这种继电器的电源使用直流电，同时继电器的动作与通入线圈的电流方向无关，故称为无极继电器。

子任务 2.2.2 整流式继电器

整流式继电器应用于交流电路中，其电磁系统、触点系统、动作原理与直流无极继电器相同，差别是在直流无极继电器的基础上增加了一个整流电路，一般采用 4 个二极管组成的桥式整流电路，如图 2－4 所示，将交流电源整流后输入继电器线圈。

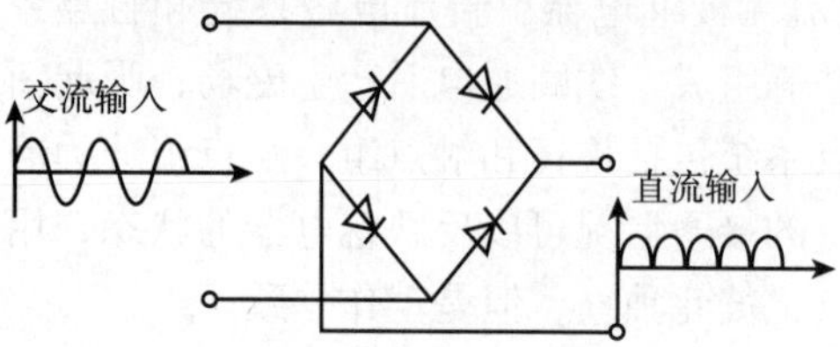

图 2－4 桥式整流电路

整流式继电器的动作原理与无极继电器相同，但由于交流电源通过整流后动作，继电器在线圈中通入的是全波或半波脉动直流电，其中存在交变成分，会使电磁吸引力产生脉动，工作时发出响声，从而给继电器的正常工作带来不利影响。

子任务 2.2.3 有极继电器

有极继电器根据线圈中电流极性不同而具有定位和反位两种稳定状态，这两种稳定状态在线圈中电流消失后，仍能继续保持，故又称极性保持继电器。它的特点是电磁系统中增加了永久磁钢。在线圈中通以规定极性的电流时，继电器吸起，断电后仍保持在吸起位置；通以反方向电流时，继电器落下，断电后保持在落下的位置。

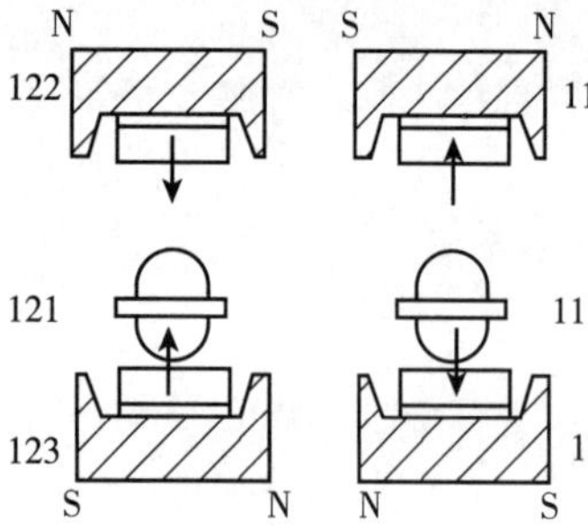

图 2－5 磁吹弧装置

当电路的电流较大时，触点断开过程中在触点间会产生电弧。电弧温度过高，会引起触点表面氧化，造成接触不良。为了通断较大电流，可采用改进型的有极继电器，其主要特点是动触点改为面接触，以增大接触面积，触点系统配备永久磁钢材料的磁吹弧装置，如图 2－5所示。

子任务 2.2.4 偏极继电器

偏极继电器是为了满足信号电路中鉴别电流极性的需要而设计的。它与无极继电器有所不同，衔铁的吸起与线圈中电流的极性有关，只有通过规定方向的电流时，衔铁才能吸起，电流方向与要求的方向相反时，衔铁不动作。它只有一种稳定状态，衔铁靠电磁力吸起，若断电立即落下。

偏极继电器的两组线圈串联使用，接线方式与无极继电器相同。偏极继电器的触点系统与无极继电器完全相同，具有 8 组触点。

JPXC－1000 型继电器（如图 2－6 所示）是典型的偏极继电器，是为了满足信号电路中鉴别电流极性的需要而设计的。

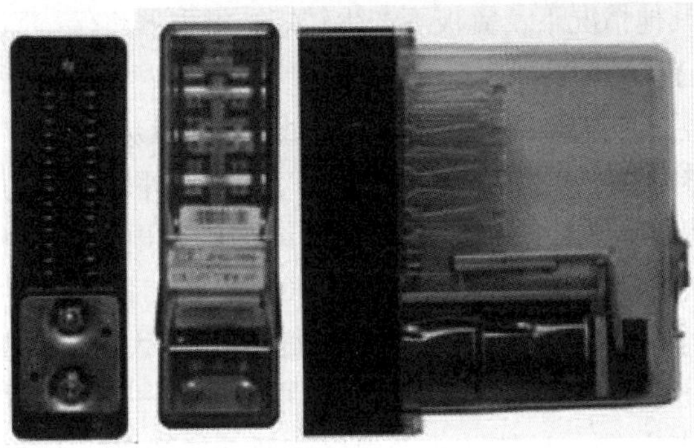

图2－6　JPXC－1000型偏极继电器的背面、正面和侧面图

子任务2.2.5　交流二元继电器

交流二元继电器属于交流感应式继电器，具有两个既相互独立又相互作用的交变电磁系统，故称二元继电器，有吸起和落下两种状态。根据不同频率，交流二元继电器分为25 Hz和50 Hz两种。

交流二元继电器的结构如图2－7所示，由电磁系统、翼板、触点等组成。交流二元继电器的电磁系统包括局部电磁系统和轨道电磁系统。局部电磁系统由局部线圈和局部铁芯组成；轨道电磁系统由轨道线圈和轨道铁芯组成。

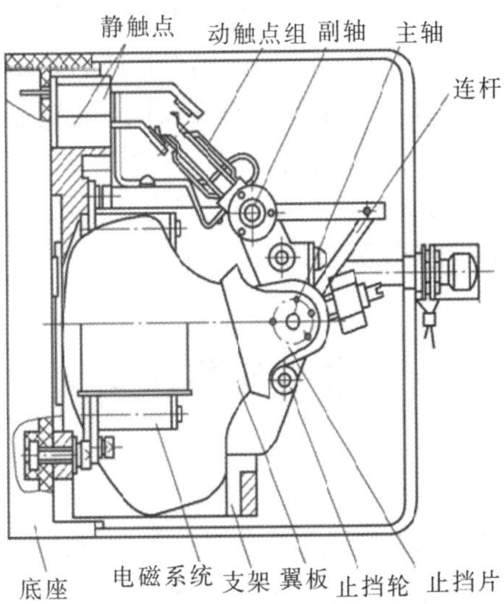

图2－7　交流二元继电器的结构

交流二元继电器与直流继电器的工作原理完全不同，只有在其局部线圈和轨道线圈中输入电流频率相同且局部线圈中电流相位超前轨道线圈中电流相位90°时，翼板中才能产生正方向

的转矩，接通前触点；其他情况下，翼板不产生转矩，继电器将保持原来的位置而不动作。

交流二元继电器具有以下两个特点。

① 具有频率选择特性：当交流二元继电器局部线圈中电流频率为50 Hz时，只有在轨道线圈接收到50 Hz电流时，继电器才可能动作，除此之外，翼板中平均转矩为零，继电器不动作。

② 具有相位选择特性：即使轨道线圈与局部线圈中的电流频率相同，继电器并不一定吸起，只有局部线圈电流相位超前轨道线圈相位0°～180°时，翼板中才产生正转矩，使继电器能够吸起。通过计算可知，当相位超前90°时正转矩最大。

交流二元继电器常应用于相敏轨道电路，这种“故障—安全”特性不仅能够解决轨道电路轨端绝缘的破损防护问题，还能防止牵引电流及其他频率的干扰。当轨道线圈的电流频率为局部线圈电流频率的 n 倍时，不论电压多高，翼板均不能产生转矩使继电器出现误动。

子任务2.2.6 “故障—安全”原则对安全型继电器的结构要求

在轨道交通信号系统中，凡是涉及行车安全的继电电路都必须采用安全型继电器。也就是说，继电器的结构必须符合“故障—安全”原则（发生安全侧故障的可能性远远大于发生危险侧故障的可能性；处于禁止运行状态的故障有利于行车安全，称为安全侧故障；处于允许运行状态的故障可能危及行车安全，称为危险侧故障）。它是一种故障不对称器件，在故障情况下使前接点闭合的概率远小于后接点闭合的概率。这样，就可以用前接点代表危险侧信息，用后接点代表安全侧信息。

为了达到“故障—安全”要求，安全型继电器在结构上有以下特点：

① 前接点采用熔点高、不会因熔化而使前接点粘连的导电性能良好的材料；

② 增加衔铁重量，采用“重力恒定”原理在线圈断电时强制将前接点断开；

③ 采用剩磁极小的铁磁材料构成磁路系统，并在衔铁与极靴之间设有一定厚度的非磁性止片，当衔铁吸起时仍有一定的气隙以防剩磁吸力将衔铁吸住；

④ 衔铁不会因机械故障而卡在吸起状态。

思考与实训2

一、思考题

1. 继电器的基本原理是什么？继电器在信号系统中有什么作用？
2. 整流式继电器有哪些特点？简述其工作原理。
3. 有极继电器有哪些特点？简述其工作原理。
4. 偏极继电器有哪些特点？简述其工作原理。
5. 交流二元继电器有哪些特点？

二、实训任务

实训任务1：认识继电器的电气特性

1. 任务目的

（1）掌握继电器的工作原理；

（2）掌握不同继电器的电气特性。

2. 设备准备

常用继电器、电源、导线、开关、红灯灯泡、绿灯灯泡等。

3. 实施步骤

（1）将学生分成多个小组，每个小组人数控制在4~5人。

（2）每组学生用所提供的设备制作一个继电器电路，要求用开关控制继电器电路的通断。

（3）每组学生用所提供的设备制作一个红绿灯的继电器控制电路，要求用继电器的通断状态分别控制接通红灯电路和绿灯电路。

4. 任务输出和评价

各组展示自己的成果，由教师和其他各组同学进行评比，最终做出成绩评定。

实训任务2：继电电路的识图与制作

1. 任务目的

（1）了解继电电路的“故障—安全”特性。

（2）理解电路中有关继电器及触点的作用。

（3）理解继电电路的工作特点。

2. 设备准备

直流无极继电器、整流继电器、电源、变压器、导线、开关、灯泡、熔断器等。

3. 实施步骤

（1）将学生分成多个小组，每个小组人数控制在4~5人。

（2）给出调车信号机控制电路图，如图2-8所示。

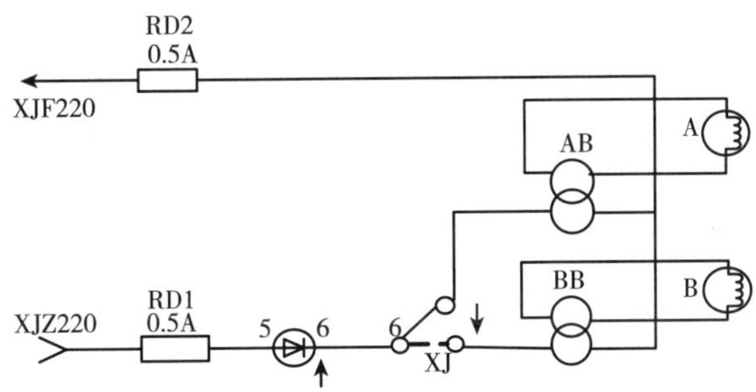

图2-8　调车信号机控制电路图

（3）各小组组织成员读图，并对该电路图进行分析。

（4）分析后，根据所提供的设备搭建模拟调车信号机控制电路图。

4. 任务输出和评价

各组展示自己的成果，由教师和其他各组同学进行评比，最终做出成绩评定。

实训任务3：继电器的故障判断和基本检修

1. 任务目的

（1）掌握继电器的结构、组成和工作原理。

（2）掌握继电器的常见故障。

（3）掌握继电器的基本检修方法。

2. 设备和资料准备

常用继电器、毛刷、电器钳工常用工具、万用表（或双臂电桥）、兆欧表、测力计、电器综合试验台等。

3. 实施步骤

（1）完成继电器的解体和组装。

（2）量继电器的技术参数并使之符合技术要求。

（3）试继电器的动作性能并使之符合技术要求。

4. 任务输出和评价

各组展示自己的成果，由教师和其他各组同学进行评比，最终做出成绩评定。

项目 3

信号基础设备——信号

项目导学

城市轨道交通信号是城市轨道交通保证行车安全的重要设备，是指示列车运行及调车作业进行的命令。城市轨道交通中，传统的列车运行都是依赖轨旁信号机的显示来进行的。现在，随着列车运行的自动化程度逐渐提高，一般采用“地面信号显示与车载信号系统相结合、以车载信号系统为主”的运用方式，信号在保证行车安全、提高运输效率和改善行车工作人员的劳动强度方面发挥了重要作用。

教学目标

1. 了解信号的基本分类。
2. 了解城市轨道交通对信号的基本要求。
3. 掌握地面信号机的设置和常见显示颜色及意义。
4. 熟悉常见的地面信号机。
5. 认识车载信号和轨旁指示标志。
6. 认识并会使用手信号。
7. 认识听觉信号。

建议学时

12 学时。

任务 3.1　了解城市轨道交通系统中的信号

子任务 3.1.1　信号的基本分类

1. 按照信号的接收效果分类

按照信号的接收效果，可以将其分为视觉信号与听觉信号。

视觉信号是以信号的颜色、形状、显示数目和灯光的显示状态等视觉效果来表现的信号，如地面信号机、火炬信号、手信号、信号牌等。火炬信号是一种临时紧急信号，它是当列车发生事故而妨碍邻线行车时，在采取其他防护措施之前所使用的一种应急停车信号，其火光表示要求紧急停车。

听觉信号是以不同器具发出的音响的次数、长短、强弱等听觉效果来表现的信号，如口笛、铃声及车辆的鸣笛声等。图 3－1 所示为电动列车电笛按钮。

图 3－1　电动列车电笛按钮

2. 按照信号的位置能否被移动分类

按照信号的位置能否被移动，可以将其分为移动信号、固定信号和手信号。

当运行线路在特殊情况下需要施工、救援，要求列车禁止驶入某地点、区域或须减速运行时，应设置移动信号，移动信号根据需要临时设置或撤除。如停车信号牌或灯（如图 3－2 所示）、减速信号牌或灯、减速防护地段终端信号牌或灯。

固定信号是固定设置在运行线路规定位置的信号装置，用以指示列车运行和调车工作，如地面信号机、行车信号标志牌、信号表示器等。

手信号是行车有关人员拿信号旗或信号灯或者直接用手臂显示的信号，用来表达相关的含义，指示列车或车辆的允许和禁止条件。

3. 按照信号机设置的位置分类

按照信号机设置的位置，可以将其分为：地面信号和车载信号。

地面信号是设置在线路附近，为驾驶员提供信息的信号。

车载信号是将地面信号通过传输设备或其他方式传送到列车的信号。车载信号设备安装在列车两端的驾驶室。

4. 按信号的使用时间分类

按信号的使用时间，可以将其分为昼间信号、夜间信号和昼夜信号。

昼间信号只能在白天使用，如信号旗（如图3－3所示）、信号牌等。

夜间信号只能在夜间使用，如信号灯等。

城市轨道交通信号机采用昼夜通用信号，在隧道内采用夜间信号。地面在昼间遇降雾、暴风雨雪等情况，致使调车手信号的显示距离不足100 m，引导手信号显示距离不足50 m时，应采用夜间信号。

图3－2　停车信号牌（灯）

图3－3　信号旗

子任务3.1.2　城市轨道交通对信号的基本要求

城市轨道交通信号必须满足以下要求：

① 各种信号机的灯光排列顺序、颜色、外形尺寸应符合规定的标准；

② 信号机的显示方式和表达的含义必须统一并且符合规定的要求；

③ 信号机的设置须能够进行实时检测、故障报警，为列车运行提供安全保障、正确指示；

④ 行车手信号、行车听觉信号的显示方式和表达的含义应该符合规定的要求；

⑤ 信号机的设置以及行车手信号、行车听觉信号的表示应该考虑线路地形、环境的相关影响。

为了保证信号显示明确，防止行车有关人员误认，在城市轨道交通沿线及站内，禁止设置妨碍确认信号的红、黄、绿色装饰彩布、广告、标语和灯光。如车站内已装有妨碍确认信号的灯光设施时，应改装或采取遮光措施。另外，站内所装设施妨碍司机瞭望信号时，对该设施要采取移位或拆除。

任务 3.2　认识地面信号机

子任务 3.2.1　地面信号机的设置

地面信号机通过其颜色、数目和灯光的状态向列车驾驶员传递线路信息，从而指导列车运行。其设置原则如下。

1. 设置于列车运行方向的右侧

城市轨道交通与铁路运输的一个很大的区别在于采用右侧行车制。所以不论列车运行线路是正线还是车辆段，地面信号机均应设置于列车运行方向的右侧，与驾驶员的驾驶位置相同，便于瞭望和确认信号。通常地面信号机设置于隧道墙壁上，特殊情况（如受到设备限界、其他建筑物或线路条件等影响时）可设于列车运行方向的左侧或其他位置。

2. 信号机不得侵入设备限界

设备限界是用来限制设备安装的轮廓控制线。

直线地段的设备限界通常是在直线地段车辆限界外扩大一定安全间隙后形成的：车体肩部横向向外扩大 100 mm，边梁下端横向向外扩大 30 mm，接触轨横向向外扩大 185 mm，车体竖向加高 60 mm，受电弓竖向加高 50 mm，车下悬挂物下降 50 mm。

曲线地段设备限界需要在直线地段设备限界的基础上，按所在曲线的半径过超高或欠超高引起的横向和竖向偏移量，以及车辆、轨道参数等因素综合计算而确定。

如果地面信号机的设置侵入了设备限界，就会直接或间接地影响列车正常、安全运行，还有可能造成设备不同程度的损坏，甚至导致列车的颠覆。

3. 选择合适的信号机柱

根据信号机安装的地段和线路特征选择合适的信号机柱。

高柱信号机具有显示距离远、观察位置明确等优点，因此车辆段的进、出段信号机和停车场的进、出场信号机等均选用高柱信号机。其他信号机由于不要求较远的显示距离，而且受隧道安装空间狭小的限制，一般采用矮型信号机。

子任务3.2.2　地面信号机的常用信号颜色及意义

信号颜色的选择，应能达到显示明确、辨认容易、便于记忆和具有足够的显示距离等基本要求。经过理论分析和长期实践，城市轨道交通的信号颜色主要采用“红、绿、黄”作为三种基本颜色，并以月白色信号作为辅助颜色，各种颜色的作用如下。

① 红色：停车信号，禁止越过该信号机（通常信号熄灭或显示不明时，也应视为停车信号）。

② 绿色：允许信号，信号处于正常开放状态，可按规定速度通过该信号机。

③ 黄色：允许信号，信号处于有限开放状态，要求列车注意或减速运行（有时也可作为调车信号机使用，表示准许机车或车辆越过该信号机进行调车作业）。

但在有些情况下，允许信号的绿灯、黄灯并不表示列车的运行速度，而是代表列车前方的运行进路是选择直股道还是弯轨道。

④ 月白色：调车作业时，月白色用于指示调车进路在开通状态，允许越过该信号机调车。图3-4所示为调车信号机月白色灯光。

在车辆段，红色信号灯同样可以表示禁止机车或车辆越过该信号机进行调车作业，但在有些城市的轨道交通中，蓝色灯光表示禁止机车或车辆越过该信号机进行调车作业。

图3-4　调车信号机月白色灯光

子任务3.2.3　地面信号机的显示制度

1. 信号显示基本要求

将信号机经常保持的显示状态作为信号机的定位。一般将保证行车安全、提高运输效率的信号确定为信号机的定位显示。

调车信号机在调车车列全部越过该调车信号机后，自动关闭（即从月白色灯切换为红色灯）；除调车信号机外，其他信号机等列车的第一轮对越过该信号机后均须及时地自动关闭。

当信号机的灯光熄灭、显示不明或者不能正确显示时，均按停车信号处理。

当防护、调车信号机所防护的进路运行方向有两个及以上时，该信号机装设进路表示器（见图3-5），由进路表示器指示开通的具体运行方向。

图3－5　进路表示器指示进路开通方向

2. 信号显示意义

《地铁设计规范》对信号显示未作出统一的规定。

一般来说，除预告信号机为黄、绿、红三显示外，其他所有的正线信号机的主体信号均为绿、红两显示，绿灯表示行驶，红灯表示停车。进站信号机带引导月白灯。各地可以对信号显示作出有关规定。

3. 信号显示距离

各种地面信号机及表示器的显示距离需要符合下列规定：

① 行车信号和道岔防护信号应不小于400 m；

② 调车信号和道岔状态表示器应不小于200 m；

③ 引导和道岔状态表示器以外的各种表示器应不小于100 m。

子任务3.2.4　常见的地面信号机

城市轨道交通有的车站设有道岔，有的车站仅有上下行方向正线，因此信号机应该结合各站的具体情况来设置。城市轨道交通系统规定，在ATC控制区域线路的道岔区设置防护信号机或道岔状态表示器，其他类型的信号机可根据需要设置。

1. 进站信号机

进站信号机设在车站的入口处，用来防护车站，指示列车能否由区间进入车站，在站内不具备接车条件时，不准列车进入站内；或者指示列车进站后的运行条件，是停车还是通过。进站信号机通常定为显示绿灯，两显示带引导信号，如图3－6所示。

2. 出站信号机

出站信号机设在车站正线出口处，用于指示列车在站内的停车位置，同时也是作为列车占用区间或闭塞分区的行车凭证。出站信号机定为显示绿灯，旧式出站信号机为两显示不带引导信号，新式出站信号机为两显示带引导信号，如图3－7所示。

图3－6　进站信号机

图3－7　出站信号机

3. 区间分界点信号机

区间分界点信号机设在站间间距较大的站间区间内。按站间自动闭塞行车时，区间分界点信号机作为列车占用闭塞区间的行车凭证。区间分界点信号机定为显示绿灯，旧式信号机为两显示不带引导信号，新式信号机为两显示带引导信号，如图3－8所示。

4. 防护信号机

图3－8　区间分界点信号机

防护信号机向司机提示道岔状态及位置，指示列车运行方向，锁闭该信号机进路上的有关道岔及敌对信号，防护闭塞区间，确保调车作业的顺利进行及行车安全。

防护信号机通常设置在正线道岔岔前适当地点。过去使用的防护信号机大多数采用两显示带引导信号机构（见图3－9），防护逆向道岔时带有进路表示器。现在常用的防护信号机采用三显示机构（见图3－10），不带引导信号，自上而下为黄（或月白）、绿、红，具体显示意义为：

① 红色——表示禁止越过该信号机，实际是命令列车在该架信号机外方停车；

② 绿色——表示前方进路道岔开通直向位置，允许列车按照规定速度越过该信号机；

图3－9　旧式防护信号机

（a）高柱　　（b）矮型

图3－10　新式防护信号机

③ 黄色——表示前方进路道岔开通侧向位置，允许列车按照规定速度越过该信号机，运行至折返点。

防护信号机的定位显示为红灯。

5. 阻挡信号机

在调车线路尽头线处设置阻挡信号机，表示列车停车位置，或在停运检修期间指示检修作业位置，阻挡列车（车辆）越过，确保安全。

小贴士：

线路尽头线，是指线路一端已经终止，无任何道岔连接，并设置安全车挡，以防车辆溜出的线路。

阻挡信号机有反向阻挡信号机和顺向阻挡信号机之分。

反向阻挡信号机用来指示调车车列通过道岔区段的停车位置。采用单显示机构，只有一个红灯。如果不发生断电或其他故障，它永远亮红色灯光。当阻挡信号机显示红灯时，列车必须在信号机前停下。其定位显示为红灯，如图 3－11 所示。

在通常情况下，顺向阻挡信号机随着列车运行自动变换显示，起通过信号机的作用。办理调车作业时，通过人为关闭使之成为阻挡信号机。顺向阻挡信号机通常为两显示，不带引导信号，如图 3－12 所示。

顺向阻挡信号机定位显示一个绿色灯光——表示此架信号机兼有通过信号机的作用。

顺向阻挡信号机采用人工控制方式显示一个红色灯光——用以阻挡调车机车或车辆在该信号机前停车后，进行折返调车。

图 3－11　反向阻挡信号机

图 3－12　顺向阻挡信号机

6. 预告信号机

预告信号机设在进站防护分界点等信号机前方，用来复示进站、防护、分界点信号机的显示，以使司机掌握其后方信号机的开放或关闭状态。预告信号机为三显示信号机，没有定位显示，如图 3－13 所示。目前新建城市轨道交通线路通常会取消预告信号机的设置。

图3－13　预告信号机

7. 通过信号机

通过信号机一般设在区间内的线路上，用于防护前方进路。

现在城市轨道交通普遍采用列车自动控制（ATC）系统，一般在区间不设置通过信号机。但当ATP车载设备发生故障时，为了方便驾驶员更好地掌握列车的位置、控制列车运行，可以结合系统特点设置必要的地点标志，根据需要设置通过信号机，目前北京地铁环线仍保持有个别通过信号机。通过信号机通常为三显示机构，自上而下为黄、绿、红，具体显示意义为：

① 一个绿色灯光——表示列车运行前方至少有两个闭塞区间空闲，准许列车按规定速度运行；

② 一个黄色灯光——表示列车运行前方下一个信号机显示停车信号，准备在下一个信号机前停车；

③ 一个红色灯光——表示列车须在该信号机前停车。

8. 引导信号

引导信号设置在进站防护调车信号机机柱上，当设备故障或其他原因使信号机不能开放，在符合接、发车条件或调车条件时，可开放引导信号，指示列车运行条件。引导信号为辅助信号，旧式引导信号为红色和月白色的组合灯光（见图3－14），新式引导信号为红灯与黄灯的组合灯光（见图3－15）。开放引导信号须人工确认、人工操作。

图3－14　旧式引导信号

图3－15　新式引导信号

9. 列车出发计时器（TDT）

列车出发计时器固定于车站列车到发线前上方，显示自列车到达车站距列车运行图规定的发车时刻的时差。未到达运行图规定的发车时刻时则显示为倒计时，如图 3－16 所示。到达列车运行图规定的发车时刻则显示为 000，如图 3－17 所示。

图 3－16　列车出发计时器
（表示还有 39 s 到达运行图规定发车时刻）

图 3－17　列车出发计时器
（表示到达运行图规定发车时刻）

超过运行图规定的发车时刻显示为正计时。提前发车显示为“000”。扣车时显示为“H”，如图 3－18 所示。列车通过时显示为“－－－”，如图 3－19 所示。

图 3－18　列车出发计时器（表示扣车）

图 3－19　列车出发计时器（表示列车通过）

任务 3.3　认识车载信号

城市轨道交通为满足大容量和小间隔的运输，多采用列车自动控制（ATC）系统，所以更多地以车载信号作为司机驾驶的命令信息。

车载信号主要通过司机驾驶控制台（如图 3－20 所示）得以体现。司机驾驶控制台是司机驾驶车辆的操作台，集成了车辆的各种状态信息、性能信息及控制手段。虽然各个车辆厂生产的列车根据用户要求有所差别，但是驾驶台的布置内容基本相同，驾驶员控制器、操纵台显示屏等按照标准的制式规格统一制作。驾驶控制台在驾驶员的正前方，这种设计使驾驶员有良好的视野进行观察，方便操作和驾驶。

图 3－20　司机驾驶控制台

下面介绍两种形式的车载信号。

1. 目标速度灯形式车载信号

第一种车载信号由速度表和五个列车目标速度灯组成，红色信号灯表示目标速度为零，其他四个绿色信号灯分别表示 73 km/h、58 km/h、37 km/h、27 km/h 四个目标速度灯，如图3－21所示。

① 对应 0 km/h 的目标速度灯显示红色灯光——表示列车须在本闭塞区间内的规定地点停车；

② 对应 73 km/h、58 km/h、37 km/h、27 km/h 的四个目标速度灯显示绿色灯光——表示列车进入下一个闭塞区间的最高速度为 73 km/h；

③ 对应 58 km/h、37 km/h、27 km/h 的三个目标速度灯显示绿色灯光——表示列车进入下一个闭塞区间的最高速度为 58 km/h；

④ 对应 37 km/h、27 km/h 的两个目标速度灯显示绿色灯光——表示列车进入下一个闭塞区间的最高速度为 37 km/h；

⑤ 对应 27 km/h 的目标速度灯显示绿色灯光——表示列车进入下一个闭塞区间的最高速度为27 km/h。

2. 双指针形式车载信号

第二种车载信号由双指针速度表组成，如图 3－22 所示。

图 3－21　目标速度灯形式车载信号

图 3－22　双指针形式车载信号

电动列车双指针速度表中黄色指针表示列车的实际运行速度；红色指针表示列车进入下一个闭塞区间的最高速度。

双指针形式车载信号显示下列信号时的速度要求：

① 运行指示灯显示绿色灯光，红色指针指示 73 km/h 目标速度时，表示列车进入下一个闭塞区间的最高速度为 73 km/h；

② 运行指示灯显示绿色灯光，红色指针指示 58 km/h 目标速度时，表示列车进入下一个闭塞区间的最高速度为 58 km/h；

③ 运行指示灯显示绿色灯光，红色指针指示 37 km/h 目标速度时，表示列车进入下一个闭塞区间的最高速度为 37 km/h；

④ 运行指示灯显示绿色灯光，红色指针指示 27 km/h 目标速度时，表示列车进入下一个闭塞区间的最高速度为 27 km/h；

⑤ 运行指示灯显示绿色灯光，红色指针指示 19 km/h 目标速度时，表示列车进入下一个闭塞区间的最高速度为 19 km/h；

⑥ 零目标速度灯显示红色灯光，红色指针指示 0 km/h 目标速度时，表示列车须在本闭塞区间内的规定地点并在规定的时间内停车。

车载信号速度显示与上述要求不符或故障报警指示灯显示红色灯光时，按故障处理。

3. 行车凭证相关规定

按非超速防护自动闭塞法行车时的主体信号为地面信号。按超速防护自动闭塞法行车时的主体信号为车载信号，列车进入闭塞区间的凭证是车载信号（指列车目标速度灯或目标速度指针）。遇下列情况时，行车凭证规定如下。

① 车载信号显示红灯或灭灯时，如预告信号机为红灯，列车在该信号机前等候 20 s。如车载信号继续显示红灯或灭灯，预告信号机仍为红灯时，司机须与行车调度员或相关站行车值班员联系，按调度命令执行；如车载信号仍显示红灯或灭灯，预告信号机显示黄色灯光时，列车凭该信号机的黄色灯光运行。

② 车载信号显示红灯或灭灯时，如进站信号机显示红色灯光，列车在该信号机前停车。如引导信号开放，则凭开放的引导信号运行；如引导信号不能开放，凭行车值班员的引导手信号运行。

③ 车载信号显示红灯或灭灯，防护信号机显示红色灯光或灯光熄灭时，列车在该信号机前停车，须按下列规定办理：如引导信号开放，司机确认道岔位置正确，状态良好后，凭开放的引导信号以不超过 20 km/h 的速度越过该道岔区段；如引导信号不开放，司机须与行车调度员或相关站行车值班员联系，得到允许后，司机确认道岔位置正确，状态良好后，以不超过 20 km/h 的速度越过该道岔区段。

任务3.4　认识轨旁指示标志

城市轨道交通系统中，分布在轨旁指示行车的标志分为线路标志和信号标志两种。它们是行车工作的一个很重要的组成部分，主要用来对列车运行时的驾驶以及运行设备的巡检、维修等指示相关目标、条件、操作要求。

子任务3.4.1　线路标志

表示建筑物及线路设备位置或状态的标志称为线路标志。通过各种线路标志可以使工作人员知道或了解线路情况，方便进行各种设备维修、检查工作，使驾驶员能够掌握和依据各种标志指示的条件与要求驾驶列车，达到运行安全和规范行车的目的。

与行车直接有关的线路标志主要有以下5种。

1. 百米标

地铁线路设有百米标，它是表示正线每百米离该线路起点的长度。将这种长度从起点算起，以百米为单位。用数字标在白色方形板上，固定于右侧边墙的上部，如图3－23所示。

2. 曲线标

曲线标是曲线起点和曲线终点标志的简称，通常设在曲线线路中点的右侧边墙上，标识上通常标明了曲线中心里程、半径大小、圆曲线及缓和曲线长度、超高、加宽等有关数据，如图3－24所示。

图3－23　百米标

图3－24　曲线标

3. 圆曲线和缓和曲线始终点标

圆曲线和缓和曲线始终点标设在直线、圆曲线、缓和曲线三者相互联系的节点处或开始处、终止处右侧边墙上，标明所向方向为直线、圆曲线、缓和曲线，如图 3 – 25 所示。

知识链接

① 缓和曲线是指线路上直线和圆曲线相接处为减少震动而设置的一段半径渐变的曲线，它的起点没有弯度，然后逐渐变弯，弯度加大、半径减小，与圆曲线半径相同时和圆曲线相接，这种曲线称缓和曲线。

② 圆曲线是线路上的一段弧，它的弯曲程度用圆半径表示，即曲线半径，以“米”为单位。曲线半径越大，弯度越缓和；曲线半径越小，弯度越紧促。

4. 坡度标

坡度标设在线路纵断面的变坡点处。它在正面与背面分别表示两边的坡度与坡段长度，箭头所指为上坡或下坡，箭尾数字表示坡度千分率，侧面标明变坡点位置，如图 3 – 26 所示。

5. 限制速度标

限制速度标设在列车运行方向右侧，用数字标明限速线路地段的最大速度，如图 3 – 27 所示。

图 3 – 25　圆曲线和缓和曲线始终点标

图 3 – 26　坡度标

图 3 – 27　限制速度标

子任务 3.4.2　信号标志

表示运行线路所在地点的情况和状态，指示行车人员依据标志的要求，及时、正确地进行相关作业与操作的标志称为信号标志。

与行车相关的信号标志主要有以下几种。

1. 警冲标

在两条线路汇合处，为了防止停留在一条线路上的车辆与邻线上的车辆发生侧面冲撞而设在两汇合线路之间间隔 4 m 处的中间的标志，为警冲标。股道之间间距不足 4 m 时，警冲标应设在两线路中心线最大间距的起点处，如图 3－28 所示。

在线路曲线部分所设道岔附近的警冲标与线路中心线间的距离，应按限界的加宽增加。如图 3－29 所示。

图 3－28 警冲标

图 3－29 曲线部分的警冲标

2. 站界标

站界标是车站与区间的分界处的标志，主要用于车站管辖范围区界划分和列车运行时的位置识别，如图 3－30 所示。

3. 鸣笛标

鸣笛标是要求驾驶员鸣笛的标志。一般设在道口、桥梁、隧道口以及线路状况复杂地段的外方规定位置，如图 3－31 所示。

图 3－30 站界标

图 3－31 鸣笛标

4. 停车标

停车标是指示列车停车位置的标志，通常用于车站站台规定的乘客上下车的停车地点以及列车折返时指示驾驶员停车的地点。它固定设置在规定位置，如图 3－32 所示。

5. 一度停车牌

一度停车牌是要求列车（机车）在该地点停车后进行确认线路、道岔以及进行相关操作后继续行驶的指示标志。

6. 车挡表示器

车挡表示器是设在线路尽头线车挡上的表示器，便于驾驶员确认车挡位置，如图 3－33 所示。隧道内车挡表示器显示红色灯光，地面线路车挡表示器昼间使用红色方牌、夜间使用红色灯光。

图 3－32　停车标

图 3－33　车挡表示器昼间使用红色方牌

7. 接触网终止标

接触网终止标是接触网已终止的标志，如图 3－34 所示。接触网终止标设在接触网终端，警告驾驶员不准越过该标，防止脱弓。

图 3－34　接触网终止标

8. 预告标

预告标通常设于非自动闭塞区段进站信号机外方，是用以预告进站信号机位置距离的标志。在城市轨道交通车场的试车线设置了类似的预告牌（警告牌），用于预告试车线尽头端距离。预告牌（警告牌）为直立白色长方形牌，三个为一组，牌上分别涂有三条、二条、一条黑色斜线，表示距尽头端距离。图 3－35 所示为预告标的尺寸和显示意义。图 3－36 所示为地铁线路旁的预告标实图。

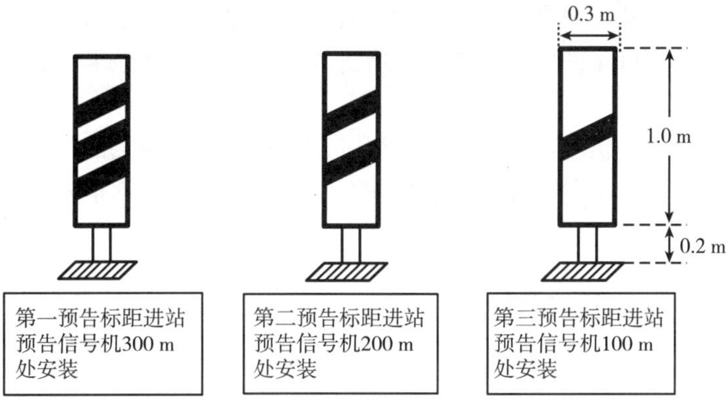

图3－35 预告标的尺寸和显示意义

图3－36 预告标实图

立牌地点距尽头的距离由城市轨道交通管理部门依据实际情况制订。

在信号标志中，有些标志具有警告意义和防护功能，运行列车必须在其标志的内方停车，不得越过或者相碰，一旦越过或者相碰将构成行车事故（事件），如警冲标、车挡表示器、接触网终止标等，它们与行车信号显示有相同性质的含义。

任务3.5 认识手信号

手信号多在信号设备故障或者特殊运营时段等情况下使用。手信号必须手持信号旗或者手提信号灯发出，紧急情况下也可以徒手指示，其主要作用是凭借信号旗、手提信号灯或信号员手臂的状态变化使接收信号的行车人员明确显示的意义并遵守执行。手信号不得只固定于地面某一个地方或其他地方发出。驾驶员看到任何错误展示的手信号、看不见或看不清楚指挥列车运行的手信号时必须停车；手信号员撤销停车信号后，在可让列车安全行进时，必须展示前进或减速手信号。

手信号有红、绿、黄、白色信号旗四种，其中红、绿、黄所表示的意思和固定信号基本一致，白色手信号是末班车的指示，表示所有进入付费区的乘客已上车，末班车驾驶员可按信号指示行进。

手信号的基本作用是机动地指挥列车运行和调车作业，对相关的行车事项进行联络。显示的准许通行信号、停车信号、注意或减速信号、引导信号同地面信号机对列车运行的指示作用是一样的。

子任务 3.5.1 与列车运行有关的手信号

1. 停车手信号（如图 3－37 所示）

停车手信号要求列车停车：

昼间——展开的红色信号旗；

夜间——红色灯光。

昼间无红色信号旗时，两手臂高举头上，向两侧急剧摇动；夜间无红色灯光时，用白色灯光上下急剧摇动。

图 3－37 停车手信号

2. 减速手信号（如图 3－38 所示）

减速手信号要求列车降低到要求的规定速度运行：

昼间——展开的黄色信号旗；

夜间——黄色灯光。

昼间无黄色信号旗时，用绿色信号旗下压数次；夜间无黄色灯光时，用白色或绿色信号灯下压数次。

图 3－38　减速手信号

3. 发车手信号（如图 3－39 所示）

发车手信号要求驾驶员发车：

昼间——展开的绿色旗面对驾驶员做顺时针圆形转动；

夜间——绿色灯光面对驾驶员做顺时针圆形转动。

图 3－39　发车手信号

4. 通过手信号（如图 3－40 所示）

通过手信号是在列车行车凭证具备的条件下，向准许由车站通过的列车显示的信号：

昼间——展开的绿色信号旗；

夜间——绿色灯光。

图 3－40　通过手信号

5. 引导手信号（如图 3－41 所示）

引导手信号准许列车进入车站或车场内：

昼间——展开的黄色信号旗高举头上左右摇动。

夜间——黄色灯光高举头上左右摇动。

图 3－41　引导手信号

6. 临时停车手信号

临时停车手信号是必须使列车临时停车时显示的信号，要求驾驶员立即采取停车措施：

昼间——展开的红色信号旗高举头上左右摇动；

夜间——红色灯光高举头上左右摇动。

临时停车手信号与引导手信号动作一样，只是信号旗或信号灯的颜色应为红色。

7. 道岔开通手信号（如图3－42所示）

道岔开通手信号表示进路已经准备妥当，准许列车通过该道岔区段：

昼间——拢起的黄色信号旗高举头上左右摇动。

夜间——白色灯光高举头上。

图3－42　道岔开通手信号

子任务3.5.2　联系用手信号

一般情况下，联系用手信号与调车手信号配合使用，在整个调车作业包括正线列车救援作业时，仅有调车手信号的显示是不能够完成调车作业任务的，所以必须有联系用手信号辅助配合，才能形成完整的调车作业的过程。由于在调车作业时会存在特殊环境因素的影响，如噪声、距离、气候、语言规范程度等，使用一般的语言联系会产生误解与失误，所以用联系用手信号作为调车工作特殊的“语言”表示形式，更加精确地表达工作要求。

1. 连挂信号（如图3－43所示）

连挂信号向驾驶员指示可以进行连挂作业：

昼间——两臂高举头上，使拢起的手信号旗杆成末端水平相接；

夜间——红绿灯光交替显示数次（无绿色灯光时用白色灯光交替显示数次）。

图3－43　连挂信号

2. 停留车位置信号（如图3－44所示）

停留车位置信号用于向机车、列车驾驶员指示线路上停留车地点和位置，便于驾驶员确认，准备停车进行下一程序的作业步骤。

停留车位置信号通常用于夜间作业时或确认停留车位置较困难实现时，具体为：

夜间——白色灯光左右小动。

3. 三、二、一车距信号（如图3－45所示）

“三、二、一车距信号”用于向驾驶员指示推进车辆的前端距被连挂车辆的距离，便于驾驶员在调车作业时掌握制动时机，进行相应的减速措施，采取适当的运行速度。具体操作如下：

昼间——展开的绿色信号旗单臂平伸，在距离停留车三车（约60 m）时连续下压三次，二车（约90 m）时连续下压二次，一车（约20 m）时下压一次；

夜间——绿色灯光在距离停留车三车（约60 m）时连续下压三次，二车（约40 m）时连续下压二次，一车（约20 m）时连续下压一次。

图3－44 停留车位置信号

图3－45 三、二、一车距信号

子任务3.5.3 手信号的显示原则

手信号的显示原则是指在进行手信号显示时要遵循的使用规范，否则其显示将失去意义或是无效的。手信号的显示原则如下：

① 地面车站及车辆段为昼间使用信号旗，夜间使用信号灯；地下站一律按夜间办理，全部使用信号灯；

② 在显示手信号时左手持红旗，右手持绿旗（扳道员须右手持黄旗）。

子任务3.5.4 手信号的显示时机

手信号时机的掌握对安全行车与提高行车效率有着直接、密切的关系。如果过早显示将影响行车工作效率，易产生行车节奏被打乱的现象，而显示太迟将不能够保证列车运行安全，从而失去显示要求所要达到的目的。各类手信号的显示时机如下：

① 显示通过、停车等信号时，必须在看见列车灯光时开始显示，待列车头部越过显示信号地点后方可收回；

② 显示发车信号必须在确认列车起动后方可收回；

③ 显示引导信号要待列车越过显示地点后方可收回；

④ 显示调车信号必须待驾驶员回示后方可收回；

⑤ 显示停车信号和临时停车信号必须待列车或车辆停止后方可收回。

任务 3.6　认识听觉信号

子任务 3.6.1　听觉信号的用途及标准

1. 用途

在行车工作中，各工种或作业人员相互之间有时不能通过口头、电信及视觉信号的方法取得联系，因此必须使用听觉信号进行相互的联络，从而维持工作的持续、高效和安全。

2. 标准

鸣示听觉信号时，为防止混淆，应按音节长短及间隔的规定标准进行，其规定有以下 4 点内容：

① 长声显示时间为 3 s，短声显示时间为 1 s，音响的间隔时间为 1 s；

② 如果需要重复鸣示时，每次（组）间隔 5 s 时间以上；

③ 一般情况下在隧道内取消列车、机车启动鸣笛和声响联络，如遇到运行中发生危及行车安全以及人身安全的突发事件和特殊情况时除外；

④ 地面车站、停车场作业时应充分考虑城市社会生活、居民区等情况，执行城市轨道交通有关规定。

子任务 3.6.2　听觉信号的含义

1. 电动列车及内燃机车鸣笛鸣示方式

电动列车及内燃机车鸣笛鸣示共有 6 种情况：通知注意信号、退行信号、召集信号、呼唤信号、警报信号、紧急停车信号。显示方式及含义如下。

1）通知注意信号

鸣示时机：列车起动或机车、车辆前进时；接近车站、鸣笛标、道口、曲线、遇行人侵入限界、施工地点或天气不良时。

鸣示方式：一长声；符号：“—— ”。

2）退行信号

鸣示时机：列车、机车（车辆）开始退行时。

鸣示方式：二长声；符号："—— ——"。

3）召集信号

鸣示时机：要求防护人员撤回或根据某种事先约定原因呼唤回规定地点时。

鸣示方式：三长声；符号："—— —— —— "。

4）呼唤信号

鸣示时机：机车或列车要求出入库、出入场时；在车站、车场要求显示信号时。

鸣示方式：二短一长声；符号："· · ——"。

5）警报信号

鸣示时机：发现线路有危及行车安全的不良处所时；列车发生重大事故、大事故、火警以及其他需要救援时；列车在区间停车后，不能立即运行，通知车长时。

鸣示方式：一长三短声；符号："——· · ·"。

6）紧急停车信号

鸣示时机：要求操纵列车驾驶员采取紧急停车措施时；邻线发生障碍，向邻线运行列车发出紧急停车信号时。

鸣示方式：连续短声；符号："· · · · · · ·"。

2. 车内蜂鸣器及车内电铃鸣示方式

车内蜂鸣器及车内电铃鸣示共有 7 种情况：发车信号、可否发车信号、请注意信号、再次表示信号、紧急停车信号、取消信号和离车信号。

1）发车信号

鸣示时机：车长指示司机发车时。

鸣示方式：一长一短声；符号："——· "。

2）可否发车信号

鸣示时机：车长与司机相互间问对方是否可以发车时。

鸣示方式：三短声；符号："· · ·"。

3）请注意信号

鸣示时机：告诉对方注意将要表示的信号时使用。

鸣示方式：一长一短一长声；符号："——·——"。

4）再次表示信号

鸣示时机：要求对方再次表示信号时使用。

鸣示方式：二长二短声；符号："—— ——· · "。

5）紧急停车信号

鸣示时机：要求对方采取紧急停车措施时使用。

鸣示方式：连续短声；符号："· · · · · · ·"。

6）取消信号

鸣示时机：表示信号一方因故取消其所表示的信号时。

鸣示方式：一短一长一短声；符号："· —— ·"。

7）离车信号

鸣示时机：车长因防护或其他事由离开列车时。

鸣示方式：一短一长声；符号："· ——"。

站台关门提示铃设置于始发站站台一侧，如图3-46所示，是用于通知车长及警告乘客关闭车门的信号，鸣示方式为一长声。此外，行车调度员于必要时也可操纵此电铃，催促司机发车。

图3-46 站台关门提示铃

思考与实训3

一、思考题

1. 什么是城市轨道交通信号？按照不同的分类方式，城市轨道交通信号可以分为哪些种类？

2. 地面信号机设置的原则是什么？

3. 简述地面信号机常见显示颜色及意义。

4. 列举常见的地面信号机及其显示状态表达的含义。

5. 列举车载信号、轨旁指示标志的种类和表达的含义。

6. 列举手信号的种类和表达的含义。

7. 列举听觉信号的种类和表达的含义。

二、实训任务

实训任务1：学会布置正线信号设备

1. 任务目的

（1）掌握城市轨道交通正线信号设备的种类与设置原则。

（2）掌握城市轨道交通正线有关信号机的显示方式与显示意义。

（3）掌握发车表示器的设置位置及显示意义。

2. 设备和资料准备

城市轨道交通正线信号平面图、正线信号机图片、视频等资料。

3. 实施步骤

（1）将学生分成多个小组，每个小组人数控制在4～5人。

（2）给出未设置信号机的正线线路图，由学生分组设计正线有关信号机的布置。

（3）设计完成后，各小组给出各信号机的设置意义、显示方式等信息。

（4）在完成信号机布置的基础上，分析城市轨道交通正线车站线路布置及列车作业的特点。

4. 任务输出和评价

各组展示自己的成果，与实际正线信号平面图相对照，由教师和其他各组同学进行评比，最终做出成绩评定，并讨论如何解决设计中存在的问题。

实训任务2：信号机故障时的处理办法

1. 任务目的

（1）熟练掌握信号显示的有关要求。

（2）正确执行手信号的有关规章。

（3）掌握信号机的结构、工作原理及检修方法。

2. 设备和资料准备

（1）信号旗、手提信号灯。

（2）《行车组织规章》中信号显示的相关章程和手信号的规章。

3. 实施步骤

（1）将学生分成多个小组，每个小组人数控制在4～5人。

（2）以小组为单位，组织组员正确识别信号机或发车表示器故障。

（3）角色扮演，体会不同岗位在设备故障时的处理办法（主要角色有：驾驶员、行车调度员、行车值班员、信号检修工等）。

4. 任务输出和评价

教师和其他各组同学对角色扮演中的工作任务进行评比，最终做出成绩评定，并讨论解决设计中存在的问题。

项目 4

信号基础设备——转辙机

项目导学

列车在线路运行的过程中，不可避免地需要在线路之间进行牵出、折返、过渡等作业，这就需要在线路之间设置转换和过渡装置。道岔是列车从一个股道转向另一个股道的转辙设备，它是轨道线路中最关键的特殊设备，也是信号系统的主要控制对象之一，所以信号专业人员必须对道岔有足够的了解和认识。

道岔的转换和锁闭，直接关系到行车安全。转辙机是对道岔的转换和锁闭进行自动控制、集中操纵的重要的信号基础设备，它对于保证行车安全、提高运输效率、改善行车人员的劳动强度，起着非常重要的作用。

教学目标

1. 掌握道岔的结构和种类。
2. 掌握转辙机的作用。
3. 掌握 ZD6 型电动转辙机各部件的名称，了解其工作原理。
4. 认识 S700K 型电动转辙机各部件的名称，了解其工作原理。

建议学时

8 学时。

任务 4.1　认识道岔

子任务 4.1.1　道岔的结构

在地铁车站、区间或站场，为使列车由一条线路转往或越过另一条线路，使线路在同一水平上连接或交叉，都需要设置线路连接和交叉设备。在此类设备中，最广泛采用的是道岔、交叉和道岔与交叉的组合。把一条轨道分支为两条或两条以上的设备，称为道岔。道岔结构复杂，零件多，养护较难，是线路上的薄弱环节。同时，道岔的质量好坏也直接影响行车安全。如图 4－1 所示为道岔实物图。

图 4－1　道岔实物图

道岔由转辙部分、连接部分和辙叉部分组成，如图 4－2 所示。道岔有两根可以移动的尖轨，尖轨的外侧是两根固定的基本轨。

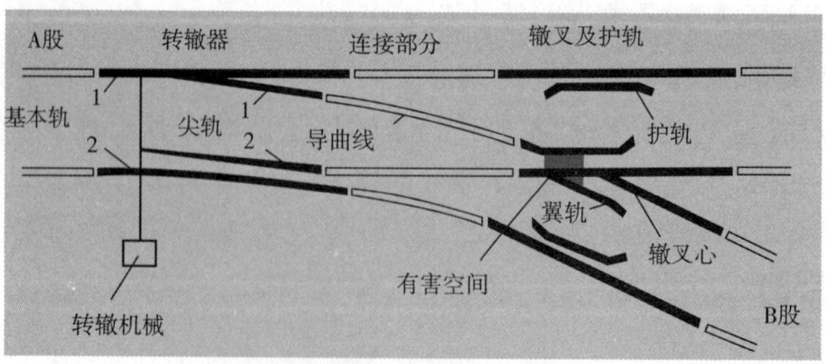

图 4－2　道岔结构图

（1）转辙部分

由尖轨、基本轨、连接零件（包括连接杆、垫板、滑床板、轨撑、顶铁、尖轨跟端结构等）及转辙机械组成。操作转撤机械，可改变尖轨位置，设定道岔开通方向。

（2）连接部分

由两根曲线导轨、两根基本轨组成，其作用是将转辙部分和辙叉部分连接在一起成为完整的道岔。

（3）辙叉部分

由辙叉心、翼轨、护轨等组成，其作用是保证车轮安全通过两股轨线的交叉处。

子任务 4.1.2　道岔的位置状态

道岔有两根可以移动的尖轨，一根尖轨与基本轨密贴，另一根尖轨与基本轨分离。必须同时改变两根尖轨的位置，才能使原来密贴的尖轨分离，而原来分离的尖轨密贴。可见，道岔有两个可以改变的位置。通常把道岔经常所处的位置叫作定位状态（简称为定位），临时根据需要改变的另一个位置叫作反位状态（简称为反位）。为改变道岔的两个位置，在道岔尖轨处安装道岔转辙机械设备，这就是转辙机。

尖轨与基本轨密贴的程度如何，对行车安全的影响很大，例如列车迎着尖轨运行时，如果尖轨与基本轨不密贴，其间隙超过一定限度（大于 4 mm），则车辆的轮缘有可能撞着或从间隙中挤进尖轨尖端，从而造成颠覆或脱轨的严重行车事故。因此，对尖轨和基本轨的密贴程度，有严格的标准，为了保证行车安全，当尖轨和基本轨不密贴时，不能锁闭道岔，也不允许开放信号。

子任务 4.1.3　道岔的分类

1. 按列车运行方向分类

道岔的种类很多，按列车运行方向可分为顺向道岔和逆向道岔。使列车先经过辙叉心，后经过尖轨的道岔叫顺向道岔。使列车先经过尖轨，后经过辙叉的道岔叫逆向道岔。

2. 按道岔几何形状分类

按道岔几何形状可将其分为单式道岔和复式道岔。

1）单式道岔

① 单开道岔：单开道岔的主线为直线方向，侧线由主线向左侧或右侧岔出，如图 4－3 所示。

② 单式对称道岔：把直线轨道分为左右对称的两条轨道的道岔，如图 4－4 所示。

③ 单式不对称道岔：把直线轨道分为左右不对称的两条轨道的道岔。

④ 单式同侧道岔：把直线轨道在同一侧分为两条轨道的道岔，如图 4－5 所示。

图4－3 单开道岔

图4－4 单式对称道岔

2）复式道岔

① 三开道岔：主线为直线，用同一部位转辙机，将一条轨道分为三条，两侧对称分支的道岔，如图4－6所示。

图4－5 单式同侧道岔

图4－6 三开道岔

② 不对称三开道岔：主线为直线，在不同部位用两组转辙机，将一条轨道分为三条，两侧不对称分支的道岔。

③ 交分道岔：可保证车辆由一条线路进入或越过另一条线路的道岔，如图4－7所示。

3）其他类型道岔

（1）交叉

两条线路平面相交，形成交叉。根据交角的大小，分为菱形交叉（如图4－8所示）和直角交叉。交叉角小于90°的称为菱形交叉，菱形交叉由两组锐角辙叉和两组钝角辙叉组成；交叉角等于90°时称为直角交叉。

(2) 渡线

连接两条平行线或近乎平行线路的线路称为渡线。渡线分单渡线和交叉渡线两种。当两条线路平行，用两个号码相同的单开道岔，将两组单开道岔的岔尾直接连接，这样的渡线称作单渡线。把两条单渡线重叠起来，即形成交叉渡线，如图4－9所示。

图4－7　复式交分道岔

图4－8　菱形交叉

图4－9　交叉渡线

3. 按照道岔转换时的控制方式分类

按照道岔转换时的控制方式分类，可以分为单动道岔和双动道岔。扳动一根道岔握柄（手动道岔的操纵元件）或按压一个道岔按钮（电动道岔的操纵元件），仅能使一组道岔转换，则称该道岔为单动道岔。如果能使两组道岔同时或顺序转换，则称为双动道岔。双动道岔有时也称为联动道岔。

4. 按照道岔号数分类

道岔辙叉角的余切值叫道岔号数或辙叉号码。

城市轨道交通线路常用的标准道岔有7号、9号、12号。正线及折返线上统一采用9号道岔。为了行车安全平稳，列车过岔速度应有一定的限制，如表4－1所示，其中车场内基本为7号道岔，其侧向通过最高速度为25 km/h。

表4－1　道岔侧向允许通过速度

辙叉号	7	9	12
速度/（km/h）	25	30	50

子任务4.1.4　手摇道岔

利用手摇把摇动道岔，必须掌握手摇道岔的方法，具体如下：

① 一看：看道岔开通位置是否正确，是否需要改变位置；

② 二开：打开孔盖板及钩锁器的锁，拆下钩锁器；

③ 三摇：摇道岔转向所需位置，在听到"咔嚓"的落槽声音后停止；

④ 四确认：手指尖轨，口呼"尖轨密贴，开通×位"，并和另一人共同确认；

⑤ 五加锁：另一个人在确认道岔位置开通正确后，用钩锁器锁定道岔尖轨；

⑥ 六汇报：向车站综控室汇报道岔开通位置正确。

子任务 4.1.5　道岔手摇把的管理

1. 手摇把编号、保管规定

① 手摇把应统一编号。编号以区域为单位，由 01～09 两位数字组成。由车辆部安全技术室登记造册，一式两份，车辆部安全技术室存档一份，手摇把存放室一份。

② 手摇把的保管。设加锁手摇把保管箱，由车辆部统一配置，设置在规定地点。信号楼要把保管箱的钥匙由车辆段/停车场值班员保管。

③ 手摇把配备数量。由车辆部根据道岔组数确定应配数量。

2. 手摇把取出与收回

① 维修人员检修道岔或处理转辙机故障需使用手摇把时，由信号人员在《行车设备检查登记簿》上登记，写明用途、手摇把编号，经车辆段/停车场值班员签认后，方可开锁取出手摇把；使用完毕后，应由车辆段/停车场值班员清点数量、核对编号后签收加锁。

② 因设备停电或故障需手摇道岔排列进路时，手摇把取出与收回手续同上。

③ 紧急处理故障时，可先应急使用，后补签手续。

3. 手摇道岔排列进路的规定

① 信号维修人员负责手摇转换道岔，并确认道岔密贴。

② 车辆段/停车场助理值班员负责确认道岔位置开通正确，负责钩锁器的加固、加锁。

任务 4.2　认识转辙机

子任务 4.2.1　转辙机的作用

转辙机是道岔控制系统的执行机构，用于道岔的转换与锁闭，它是道岔动作的动力部分，其通过杆件做直线运动，从而使道岔尖轨通过位移来改变道岔的位置，并给出道岔状态的表示。

转辙机控制道岔尖轨动作，它的基本任务是转换道岔、锁闭道岔和反映道岔的位置和状态。除转辙机本身外，还包括锁闭装置和各类杆件及安装装置，它们共同完成道岔尖轨的转换和锁闭。

转辙机的作用总结如下：

① 转换道岔的位置，根据需要转换至定位或反位。

② 道岔转至所需位置而且密贴后，实现锁闭，防止外力转换道岔。

③ 正确地反映道岔的实际位置，道岔的尖轨密贴于基本轨后，给出相应的表示。

④ 道岔被挤或因故处于“四开”（尖轨与基本轨不密贴，如图4－10所示）位置时，及时给出报警及表示。

图4－10 “四开”状态

子任务4.2.2 道岔转换对转辙机的要求

道岔在转换中对转辙机有如下要求：

① 作为转换器，应具有足够大的拉力，以带动尖轨做直线往返运动；当尖轨受阻不能转换到底时，应随时通过操作使尖轨回复原位。

② 作为锁闭器，当尖轨和基本轨不密贴时，不应进行锁闭；一旦锁闭，则不能由于车辆通过道岔时的振动而错误解锁。

③ 作为监督器，应能正确反映道岔的状态。

④ 道岔被挤后，在未修复前不应再使道岔转换。图4－11所示为挤岔的示意图。

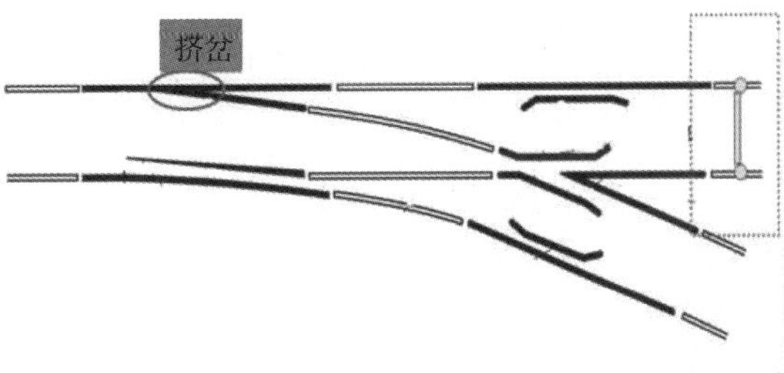

图4－11 挤岔的示意图

子任务4.2.3 转辙机的分类

1. 按动作能源和传动方式分类

按动作能源和传动方式分类，转辙机可分为电动转辙机、电动液压转辙机和电空转辙机。

电动转辙机由电动机提供动力，采用机械传动方式。ZD6系列转辙机和S700K型转辙机都属于电动转辙机。

电动液压转辙机（简称电液转辙机）由电动机提供动力，采用液力传动的方式。ZY

（J）系列转辙机属于电动液压转辙机。

电空转辙机由压缩空气作为动力，由电磁换向阀控制。ZK 系列转辙机属于电空转辙机。

2. 按供电电源分类

按供电电源分，转辙机可分为直流转辙机和交流转辙机。

直流转辙机采用直流电动机，工作电源是直流电。ZD6 系列电动转辙机、电空转辙机就是直流转辙机，由直流 220V 供电。直流电动机的缺点是，由于存在换向器和电刷，易损坏，故障率较高。

交流转辙机采用三相交流电源，由三相异步电动机作为动力来源。S700K 型电动转辙机和 ZYJ7 型电液转辙机为交流转辙机。交流转辙机采用感应式交流电动机，不存在换向器和电刷，因此故障率低，而且单芯线缆控制距离远。

3. 按锁闭道岔的方式分类

按锁闭道岔的方式分，转辙机可分为内锁闭转辙机和外锁闭转辙机。

内锁闭转辙机依靠转辙机内部的锁闭装置锁闭道岔尖轨，是间接锁闭的方式。ZD6 系列等大多数转辙机均采用内锁闭方式。内锁闭方式的锁闭可靠程度较差，列车对转辙机的冲击大。

外锁闭转辙机虽然内部也有锁闭装置，但主要依靠转辙机外的外锁闭装置锁闭道岔，将密贴尖轨直接锁于基本轨，分离尖轨锁于固定位置，是直接锁闭的方式。S700K 型和 ZYJ7 型转辙机采用外锁闭方式。外锁闭方式锁闭可靠，列车对转辙机几乎无冲击。

4. 按动作速度分类

按动作速度分类，转辙机可分为普通动作转辙机和快动转辙机。

动作时间在 3.8 s 以上的为普通动作转辙机，动作时间在 0.8 s 以下的为快动转辙机。

5. 按是否可挤岔分类

按是否可以挤岔分类，转辙机分为可挤型和不可挤型。电动转辙机和电液转辙机都有可挤型和不可挤型。

可挤型转辙机内设挤岔保护装置，道岔被挤时，动作杆解锁，保护了整机。

不可挤型转辙机内不设挤岔保护装置，道岔被挤时，会挤坏动作杆与整机连接机构，需要整机更换。

图 4－12 AT 道岔

子任务 4.2.4 转辙机的设置

城市轨道交通的正线上一般采用 9 号道岔，车辆段（停车场）一般采用 7 号道岔，通常一组道岔由一台转辙机牵引。如果正线上采用的是 12 号 AT 道岔，这是一种弹性可弯道岔，需要两点牵引，即一组道岔需两台转辙机牵引，如图 4－12 所示。

任务4.3 认识ZD6系列电动转辙机

子任务4.3.1 ZD6—A型电动转辙机

ZD6系列电动转辙机是我国轨道交通中使用最为广泛的电动转辙机，包括A、D、E、J等派生型号。ZD6型电动转辙机采用内锁闭方式。

ZD6—A型是ZD6系列转辙机的基本型，ZD6系列内其他型号的转辙机都是以ZD6—A型为基础改进、完善而发展起来的，故本节以ZD6—A型转辙机为重点进行介绍，其实物图如图4-13所示。

ZD6—A型电动转辙机主要由电动机、减速器、摩擦连接器、主轴、动作杆、表示杆、移位接触器、外壳等组成。图4-14所示为ZD6—A型转辙机结构图。

图4-13 ZD6—A型转辙机实物图

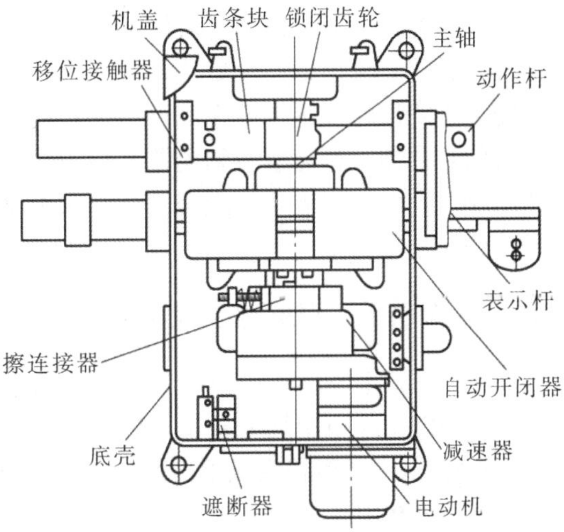

图4-14 ZD6—A型转辙机结构图

电动机采用直流串激电动机，为电动转辙机提供动力。

减速器用来降低转速，以获得足够的转矩，并完成传动。减速器由第一级齿轮和第二级行星传动式减速器组成，两级间以输入轴联系。减速器与主轴之间通过输出轴联系。

摩擦连接器由弹簧和摩擦制动板组成，可防止尖轨受阻时损坏机件。

主轴由输出轴通过启动片带动旋转，主轴上安装锁闭齿轮。

锁闭齿轮和齿条块相互动作，将转动变为平动，通过动作杆带动道岔尖轨动作，并完成锁闭作用。

动作杆和齿条块用挤切销相连，正常动作时，齿条块带动动作杆。挤岔时，挤切销折断，动作杆和齿条块分离，避免机件损坏。

表示杆由前、后表示杆及两个检查块组成。表示杆随尖轨移动，只有当尖轨密贴且锁闭后，自动开闭器的检查块才能落入表示杆缺口，接通道岔表示电路。挤岔时，表示杆被推动，顶起检查柱，从而断开道岔表示电路。

自动开闭器由静接点、动接点、速动片、速动爪、检查柱组成，用来表示道岔尖轨所在位置。

位移接触器用来监督挤切销的受损状态，道岔被挤或挤切销折断时，断开道岔表示电路。

安全接点（遮断接点）用来保证维修安全。正常使用时，只有遮断接点接通，才能接通道岔动作电路。检修时，断开遮断开关，以防止检修过程中转辙机转动影响维修人员作业。

壳体用来固定转辙机各部件，防护内部机件免受机械损伤和雨水、尘土侵入，提供整机安装条件。它由底壳和机盖组成。底壳是壳体的基础，也是整机安装的基础。底壳上设有特定形状的窗孔，便于整机组装和分解。机盖内侧周边有盘根槽，内镶有密封用盘根（胶垫）。

以道岔由左侧密贴向右转换为例，当电动机通入规定方向的道岔控制电流，电动机按逆时针方向旋转。电动机通过齿轮带动减速器，这时输入轴按顺时针方向旋转，输出轴按逆时针方向旋转。输出轴通过启动片带动主轴，按逆时针方向旋转。锁闭齿轮随主轴逆时针方向旋转，锁闭齿轮在旋转中完成解锁、转换、锁闭三个过程，拨动齿条块，使动作杆带动道岔尖轨向右移动，密贴于右侧尖轨并锁闭。同时通过启动片、速动片、速动爪带动自动开闭器的动接点动作，与表示杆配合，断开原来接通接点，接通原来断开接点，完成电动转辙机转换、锁闭及给出道岔表示的任务。

子任务 4.3.2　ZD6 系列其他型号电动转辙机

ZD6 系列电动转辙机包括满足各种需求的 ZD6 型转辙机的派生型号。各型 ZD6 电动转辙机的额定工作电压均为直流 160 V。

ZD6—A、D 型转辙机单机使用时，摩擦电流为 2.3 ~ 2.9 A，E 型和 J 型双机配套使用时，单机摩擦电流为 2.0 ~ 2.5 A。

1. ZD6—D 型转辙机

ZD6—D 型转辙机是在 ZD6—A（B，C）型的基础上研制的，适用于牵引道岔尖轨。它扩大了表示杆的功能，使之对尖轨也有机械锁闭作用，构成双锁闭。在表示杆检查块处增加一个销子（称为副锁闭销），使检查块与表示杆连为一体，检查柱落入缺口，道岔便被表示杆锁住。挤岔时副锁闭销切断，表示杆照常有挤岔断表示的功能。在前表示杆上设有前、中、后三个横穿孔，使后表示杆与之配合时有更大的选择余地，这样就扩大了表示杆动程的可调反位，使之既能适应普通道岔尖轨的动程，也能适应交分道岔和可动心轨道岔的动程需要。

2. ZD6—E 型转辙机

ZD6—E 型转辙机在原有电流消耗的前提下，增大了牵引力，扩大了转换动程，具有双锁闭功能，还设计了与之配套的新型电动机（与原电机通用），适用于特种断面的道岔、大号码道岔。它将单侧圆弧锁闭改进为卧式圆柱体下方两侧对称圆弧接触面，实现双圆弧组成的圆槽锁闭，提高了锁闭的可靠性。它的启动齿结构从原来的半齿弱力启动改进为全齿啮合抗过载强力启动，提高了耐磨性能，延长了零件的使用寿命。此外，它还强化了减速器，采用轴承钢，增设了固化板，行星齿轮的滚动轴承由滚珠式改为滚柱式，增加壳体局部厚度，提高了机械强度。

3. ZD6—J 型转辙机

ZD6—J 型是 ZD6—D 型的派生产品，适用于 AT 道岔的第二牵引点，用来辅助牵引尖轨。它与 ZD6—E 型转辙机配合牵引 AT 道岔，称为“双机牵引”制式。它更换了 ZD6—E 型转辙机的第一级减速齿轮，使之与 ZD6—E 型转辙机动作同步；它使用前表示杆的第一个横穿孔，以适用道岔第二点动程销的需要；取消杆内副锁闭销，使之顺利地实现挤岔报警。

此外，复式交分道岔尖轨采用 ZD6—C 型电动转辙机，岔心采用 ZD6—F 型电动转辙机。

任务 4.4　认识 S700K 型电动转辙机

S700K 型电动转辙机（如图 4－15 所示）是由于我国铁路提速需要，从德国西门子公司引进设备和技术，经消化吸收和改进后，迅速在主要干线推广运用的转辙机。经数年的实践表明，该型转辙机结构先进，工艺精良，不但解决了长期困扰信号维修人员的电机断线、故障电流变化、接点接触不良、移位接触器跳起和挤切销折断等惯性故障，而且可以做到“少维护，无维修”，符合中国铁路运营的特点和发展方向，也适用于城市轨道交通。

图 4－15　S700K 型电动转辙机内部实物图

城市轨道交通运行速度不高，可采用普通的直流转辙机，但采用三相交流电动机，线路上的电能损失大大减少；又由于采用摩擦力非常小的滚珠丝杠传动装置，因此机械效率较高。在同样的控制电流下，可以增大控制距离，或减小电缆芯线的截面。采用三相交流电动转辙机后，由于没有直流电动机的整流子，维修工作量大大减少。

S700K 型电动转辙机的产品代号来自德文“Simens – 700 – Kugelgewinde”，其含义为“西门子 – 具有 700kgf（6 860 N）保持力 – 带有滚珠丝杠”的电动转辙机。

子任务 4.4.1 转辙机结构

S700K 型电动转辙机主要由外壳、动力传动机构、检测和锁闭机构、安全装置、配线接口 5 大部分组成，其结构如图 4 – 16 所示。

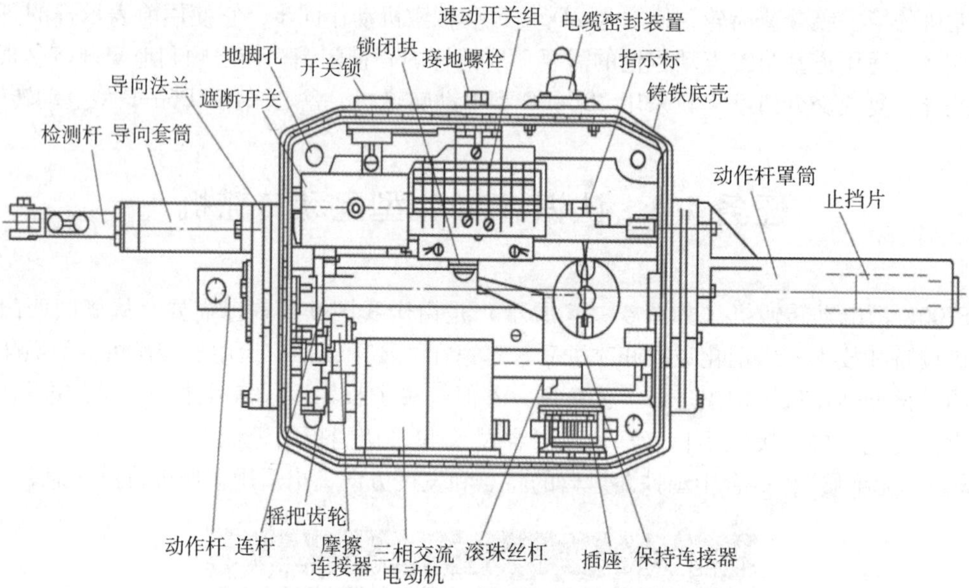

图 4 – 16 S700K 型电动转辙机结构图

1. 外壳

外壳主要由铸铁底壳、机盖、动作杆罩筒、导向套筒、导向法兰等组成。

2. 动力传动机构

动力传动机构主要由三相交流电动机、齿轮组、摩擦连接器、滚珠丝杠、保持连接器、动作杆等组成。

三相交流电动机为转辙机提供动力来源。

齿轮组将电机的旋转驱动力传递到摩擦连接器上，并将电动机的高速转速降速，以增大旋转驱动力，适应道岔转换的需要。

摩擦连接器将齿轮组变速后的旋转力传递给滚珠丝杠，当作用于滚珠丝杠上的旋转阻力大于摩擦结合力时，主、被摩擦片之间相对打滑空转，保护了电动机。对于交流转辙机来说，其动作电流不能直观地反映转辙机的拉力，现场维修人员不能像对直流转辙机那样，通过测试动作电流来对摩擦力进行监测，必须由专业人员用专业器材才能进行这一调整，故该转辙机在出厂时已对摩擦力进行标准化测试调整，所以现场维修人员不得随意调整摩擦力。

滚珠丝杠相当于一个直径 32 mm 的螺栓和螺母，当滚珠丝杠正向或反向旋转一周时，螺母前进或后退一个螺距。它一方面将电动机的旋转运动变成丝杠的直线运行，另一方面起到减速作用。

3. 检测和锁闭机构

检测和锁闭结构主要由检测杆、叉形接头、速动开关组、锁闭块和锁舌、指示标等部分组成。

检测杆随尖轨或心轨转换而移动，用来监督道岔在终端位置时的状态。

道岔在终端位置，当检测杆指示缺口与指示标对中时，锁闭块及锁舌应能正常弹出。锁闭块的正常弹出使速动开关的有关启动接点闭合及表示接点断开。锁舌的正常弹出用于阻挡转辙机中保持连接器的移动，实现转辙机的内部锁闭。

速动开关实际上是采用了沙尔特堡接点组的自动开闭器。它随着尖轨或心轨的解锁、转换、锁闭过程中锁闭块的动作自动开闭，以自动开闭电动机动作电路和道岔表示电路。

4. 安全装置

安全装置主要由开关锁、遮断开关、连杆、摇把孔挡板等组成。

开关锁是操纵遮断开关闭合和断开的机构。在检修人员打开电动转辙机机盖进行检修作业或车务人员插入摇把转换道岔时，开关锁能可靠断开电动机动作电路，防止电动机误动，保证人身安全。

遮断开关接通时，摇把挡板能有效阻挡摇把插入摇把齿轮，防止用钥匙打开电动转辙机机盖。断开遮断开关时，摇把能顺利插入摇把齿轮；或用钥匙打开电动转辙机机盖时，电动机的动作电源将被可靠地切断，不经人工操纵和确认不能恢复接通。

5. 配线接口

配线接口主要由电缆密封装置、接插件插座组成。

子任务 4.4.2 转撤机外锁闭装置

S700K 型电动转辙机配套外锁闭装置。当道岔由转辙机带动转换至某个特定位置后，通过外锁闭装置，直接把尖轨与基本轨密贴夹紧并固定，即道岔的锁闭主要不是依靠转辙机内部的锁闭装置，而是依靠转辙机外部的锁闭装置实现的。外锁闭装置受力合理，基本上避免了轮对对尖轨产生的侧向冲击，克服了内锁闭道岔的缺陷。

外锁闭装置先后出现了燕尾式和钩式两种。

燕尾式外锁闭装置在结构受力和安装调整方面不适合我国铁路道岔的实际情况，对道岔尖轨病害的适应能力较差，卡阻现象时有发生，故障率较高，产品工艺性较差，质量不易控制，于是又研制成钩式外锁闭装置。图 4－17 所示为燕尾式外锁装置结构示意图。

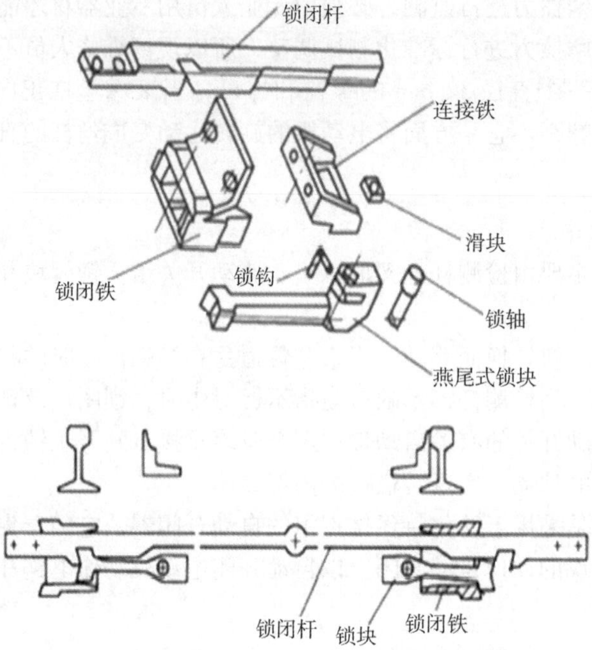

图 4－17　燕尾式外锁装置结构示意图

钩式外锁闭装置的锁闭方式为垂直锁闭。锁闭力通过锁闭铁、锁闭框直接传给基本轨。锁闭铁和锁闭框基本不承受弯矩，锁闭更加可靠。同时各配件全部经锻造调质处理，具有良好的综合机械性能，避免了原尖轨部分燕尾式外锁闭装置的锁闭铁因承受弯矩和锻造缺陷而出现的断裂现象。钩式外锁闭装置受力结构合理，能有效适应道岔尖轨的不良状态，锁闭可靠，安装调整方便。

钩式外锁闭装置分为分动尖轨用和可动心轨用两种。城市轨道交通中只用到分动尖轨用钩式外锁闭装置。分动尖轨用钩式外锁闭装置由锁闭杆、锁钩、锁闭框、尖轨连接铁、锁轴、锁闭铁组成。图 4－18 所示为尖轨用钩式外锁闭装置。

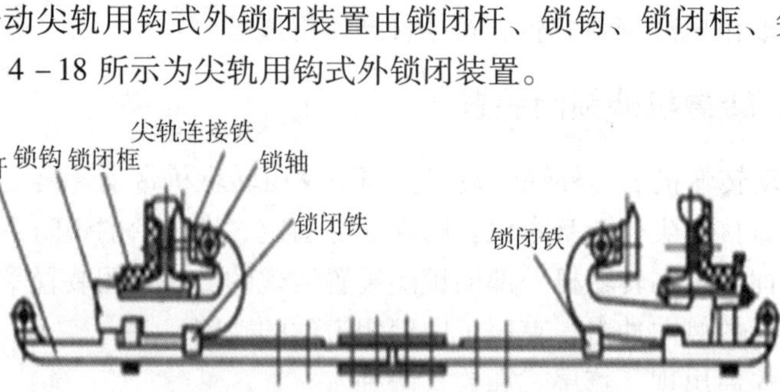

图 4－18　尖轨用钩式外锁闭装置

锁闭杆的作用是通过安装装置与转辙机动作杆相连，利用其凸台和锁钩缺口带动尖轨。第一牵引点锁闭杆与第二牵引点锁闭杆凸台尺寸不同，不能通用。锁钩头部与销轴连接，下部缺口与锁闭杆凸台作用，通过尖轨连接铁带动尖轨运动，尾部内斜面与锁闭铁作用，锁闭密贴尖轨和基本轨。第一牵引点锁钩与第二牵引点锁钩也不能通用。

锁闭框固定锁闭铁，支撑锁闭杆。锁闭铁与锁钩作用，锁闭尖轨和基本轨，导向槽在锁闭杆两侧槽内起导向作用。锁闭框用螺栓与基本轨连接，锁闭铁插入锁闭框方孔内，并用固定螺栓紧固。尖轨连接铁用螺栓与尖轨连接，由锁轴将其与锁钩连接。锁钩底部缺口对准锁闭杆的凸块，并与锁闭杆共同穿入锁闭框。

思考与实训4

一、思考题

1. 简述道岔的结构和各部分的作用。
2. 简述转辙机的作用。
3. 简述ZD6型电动转辙机各部件的名称和工作原理。
4. 简述S700K型电动转辙机各部件的名称和工作原理。

二、实训任务

实训任务1：认识转辙机的基本结构和作用

1. 任务目的

（1）了解转辙机的作用。

（2）掌握转辙机的内部结构，了解各部件的作用。

2. 设备和资料准备

ZD6型和S700K型转辙机、由转辙机牵引的道岔、转辙机组件（电动机、减速器、摩擦连接器、移位接触器、齿条块、挤切销、锁闭齿轮）等，以及转辙机的操作说明书、操作规范等文档资料、视频。

3. 实施步骤

（1）打开转辙机机盖，观察转辙机内部组成结构。

（2）观察转辙机各部件，了解转辙机各部件的作用。

（3）操纵转辙机动作，观察转辙机牵引尖轨转换的过程。

4. 任务输出和评价

各组完成自己的实训任务，总结心得体会，由教师和其他学生做出成绩评定。

实训任务2：练习手摇道岔

1. 任务目的

（1）能够熟练完成手摇道岔的操作。

（2）能够掌握关于手摇道岔的基本操作要求。

2. 设备和资料准备

由转辙机牵引的道岔、手摇把，以及有关手摇道岔的规范等。

3. 实施步骤

（1）将学生分成多个小组，每个小组人数控制在4～5人。

（2）利用手摇把摇动道岔，掌握手摇道岔的办法。

（3）学习道岔故障时的处理方法及手摇把管理的有关规定。

4. 任务输出和评价

各组完成自己的实训任务，总结心得体会，由教师和其他学生做出成绩评定。

项目 5

信号基础设备——轨道电路

项目导学

轨道电路，顾名思义，是利用钢轨线路和钢轨绝缘构成的电路。它用来监督线路的占用情况，将列车运行与信号显示等联系起来，即通过轨道电路向列车传递行车信息。因此，轨道电路是列车运行中的重要基础设备，它的性能直接影响行车安全和运输效率。

随着轨道电路技术的不断发展，轨道电路不仅用来检测线路是否占用，更重要的是要传输 ATP 信息。所以，除车辆段可采用 50 Hz 相敏轨道电路外，正线通常采用音频轨道电路。为便于牵引电流流通，提高线路性能，方便维修，音频轨道电路是无绝缘的。

教学目标

1. 掌握轨道电路的组成和工作原理。
2. 掌握轨道电路的作用。
3. 掌握音频无绝缘数字轨道电路的组成和工作原理。
4. 掌握 50 Hz 相敏轨道电路的组成和工作原理。

建议学时

8 学时。

任务 5.1 认识轨道电路

轨道电路是由钢轨作为导体，两端加上机械绝缘（或电气绝缘），接上送电和受电设备构成的电路。图 5 - 1 所示为轨道电路实物图。

图 5 - 1 轨道电路实物图

子任务 5.1.1 轨道电路的组成

轨道电路的组成示意图如图 5 - 2 所示。

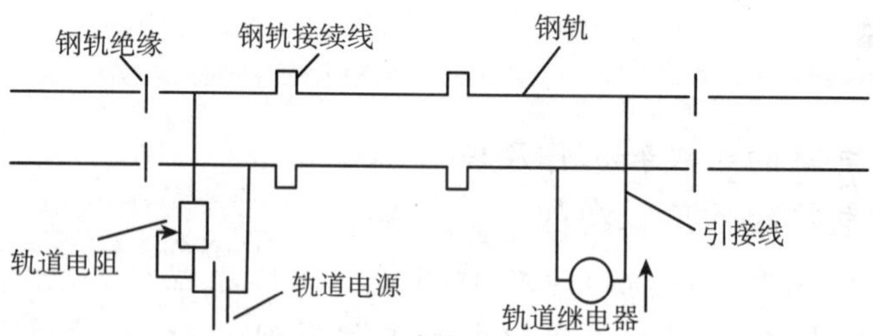

图 5 - 2 轨道电路组成示意图

1. 钢轨与钢轨接续线

在轨道电路中，两条钢轨是传输轨道电流的导体，每两条钢轨接头处，用钢轨接续线连接，可以减少钢轨与钢轨夹板间的接触电阻。钢轨接续线有塞钉式和焊接式两种，图 5 - 3 所示为塞钉式钢轨接续线。

图5-3 塞钉式钢轨接续线

2. 钢轨绝缘

如图5-4所示，安装在相邻两个轨道电路衔接处，以保证相邻轨道电路在电气上的可靠隔离。钢轨绝缘多采用机械强度高、绝缘性能好的材料，在钢轨与夹板间垫有槽形绝缘板，夹板螺栓与夹板之间装有绝缘套管和绝缘垫圈。在两根钢轨衔接的断面间还夹有与钢轨断面相同的轨端绝缘。城市轨道交通的正线多采用无缝线路，需要使用由电子电路构成电气绝缘（又称调谐区）来分隔相邻轨道电路。

图5-4 钢轨绝缘

按照有关要求，车辆段道岔区段设置于警冲标内方的钢轨绝缘，其安装位置距离警冲标不得小于3.5 m。当不得已钢轨绝缘只能设置于警冲标内方小于3.5 m处时，则构成了“侵限绝缘”，又称为“超限绝缘”。侵限绝缘的存在影响有关信号、道岔、轨道电路的联锁关系，有关工作人员，如调车人员、车站操作人员、信号维修人员等，应熟悉现场侵限绝缘位置，当涉及侵限绝缘的作业时，应严格执行有关规定，避免由于停车位置不当造成行车事故或影响列车运行。

3. 送电设备

轨道电路的送电设备可以是电源，用于向轨道电路供电；也可以是能够发送一定信息的电子设备，通过轨道电路向列车传递行车信息。

4. 受电设备

轨道电路的受电设备可以是轨道继电器，用于反映轨道电路范围内有无列车、车辆占用和钢轨是否完整；或者当轨道电路中包含有控制信息时，轨道电路的受电设备也可以是能够接收并鉴别电流特性的电子设备，能够根据接收到的不同特性的电流，使有关继电器动作。

5. 轨道电阻

轨道电阻是一个可调电阻器，连接在轨道电路电源端，用来调整轨道电路的电压。当轨道电路被列车、车辆的轮对分路时，能够防止输出电流过大而损坏电源。

子任务 5.1.2　轨道电路的工作原理

从图 5－5 可以看出：

① 当轨道电路设备、线路完好，又没有列车、车辆占用时，轨道电路的电流从电源正极经钢轨、轨道继电器线圈回到负极而构成闭合回路，继电器处于吸起状态，表示轨道区段内无车占用，此状态称为轨道电路的调整状态，如图 5－5 所示，接通的灯为绿色。

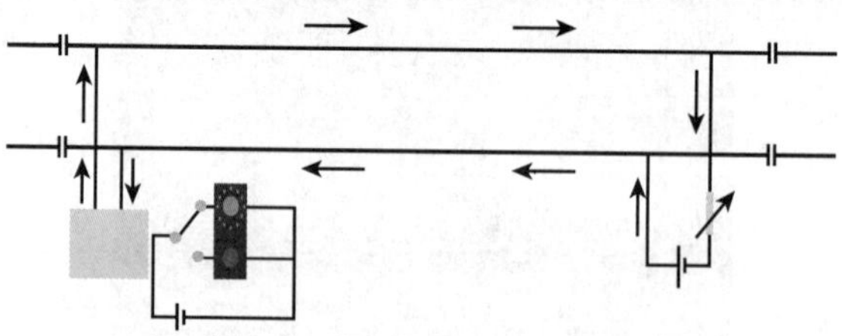

图 5－5　轨道电路调整状态原理图

② 当轨道电路设备、线路完好，但是有列车、车辆占用时，因为车辆的轮对电阻比轨道继电器线圈电阻小，所以轨道电路被轮对分路后，流经继电器线圈的电流急剧变小，不足以使衔铁保持吸起状态，致使继电器失磁落下，表示轨道区段有车占用，此状态称为轨道电路的分路状态，如图 5－6 所示，接通的灯为红色。

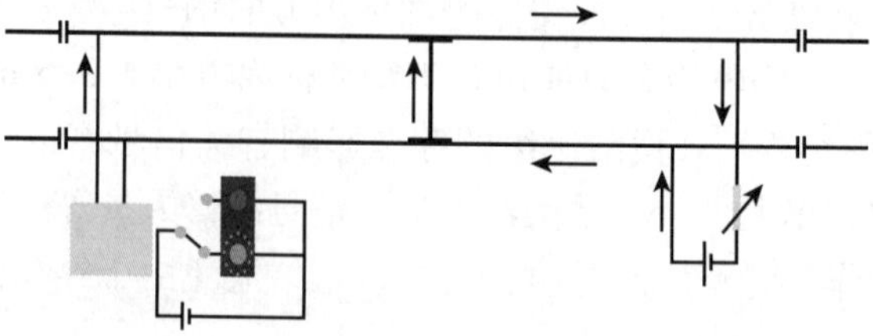

图 5－6　轨道电路分路状态原理图

③ 当轨道区段内发生轨道或线路断裂时，流经继电器的电流中断，使继电器失磁落下，此状态称为轨道电路的断轨状态。

子任务5.1.3　轨道电路的作用

轨道电路的第一个作用是监督列车占用。利用轨道电路监督列车在区间或列车和调车车列在站内的占用情况，是最常用的方法。由轨道电路对线路空闲情况的反映，为开放信号、建立进路或构成闭塞提供依据，还利用轨道电路的被占用状态关闭信号，将信号显示与轨道电路是否被占用结合起来。

轨道电路的第二个作用是传递行车信息。例如数字编码式音频轨道电路中传送的行车信息，为ATC系统直接提供控制列车运行所需要的前行列车位置、前方信号机状态和线路条件等有关信息，以决定列车运行的目标速度，控制列车在当前运行速度下是否需要减速或停车。对于ATC系统来说，带有编码信息的轨道电路是其车、地之间信息传输的通道之一。

子任务5.1.4　轨道电路的分类

1. 按所传送的电流特性分类

轨道电路可分为工频连续式轨道电路和音频轨道电路，音频轨道电路又分为模拟式和数字编码式。

工频连续式轨道电路中传输连续的交流电流。这种轨道电路的唯一功能是监督轨道的占用与否，不能传送更多信息。

模拟式音频轨道电路采用调幅或调频方式，用低频调制载波，除监督轨道的占用外，可以传输较多信息，主要传输列车运行前方三个或四个闭塞分区的占用与否的信息。

数字编码式音频轨道电路采用数字调频方式，但它采用的不是单一低频调制频率，而是一个若干比特的调制频率群，根据编码去调制载频，编码包含速度码、线路坡度码、纠错码等，所以可以传输更多的信息。

2. 按分割方式分类

轨道电路可分为有绝缘轨道电路和无绝缘轨道电路。

有绝缘轨道电路用钢轨绝缘将本轨道电路与相邻的轨道电路互相电气隔离。

钢轨绝缘在车辆运行的冲击力、剪切力作用下很容易破损，使轨道电路的故障率较高。绝缘节的安装，给无缝线路带来一定的麻烦，有时需要锯轨，因而降低了线路的轨道强度，增加了线路维护的复杂性。电气化铁路的牵引回流不希望有绝缘节，为使牵引回流能绕过绝缘节，必须安装扼流电压器或回流线。因此无缝线路和电气化铁路希望采用无绝缘轨道电路，而城市轨道交通中有绝缘轨道电路多用于车辆段内的轨道电路。

无绝缘轨道电路在其分界处不设置钢轨绝缘，而采用电气隔离的方法予以隔离。电气隔离又称谐振式，利用谐振槽路，采用不同的信号频率，谐振回路对不同频率呈现不同阻抗，来实现相邻轨道电路间的电气隔离。

无绝缘轨道电路与有绝缘轨道电路相比较，具有较明显的优点。由于去掉了故障率较高的轨端机械绝缘，因而大大地提高了轨道电路的可靠性。在长轨区段安装无绝缘轨道电路，在电气化区段降低了轨道电路的不平衡系数，避免了锯轨带来的破坏，改善了钢轨线路的运行质量。

城市轨道交通正线上采用无绝缘轨道电路，取消了机械绝缘节和钢轨接头，大大减少了车辆轮对与钢轨接缝之间的碰撞，避免了列车过接缝时乘客的不舒适感，也降低了轮对和钢轨之间的磨损。

3. 按使用处所分类

轨道电路分为区间轨道电路和车辆段内轨道电路。

区间轨道电路主要用于正线，不仅要监督各闭塞分区是否空闲 ，而且要传输有关行车信息。一般来说，要求轨道电路传输距离较长，要满足闭塞分区长度的要求，轨道电路的构成也比较复杂。

车辆段内轨道电路，分布于段内各区段，一般只具有监督本区段是否空闲的功能，不需要发送其他信息。

4. 按轨道电路内有无道岔分类

车辆段内轨道电路分为无岔区段轨道电路和道岔区段轨道电路。

无岔区段轨道电路内钢轨线路无分支，构成较简单，一般用于检车线、停车线，以及尽头调车信号机前方接近区段、两差置调车信号机之间的区段。

在道岔区段，钢轨线路有分支，道岔区段的轨道电路就称为分支轨道电路或分歧轨道电路。在道岔区段，道岔处钢轨和杆件要增加绝缘，还要增加道岔连接线和跳线。当分支超过一定长度时，还必须设多个受电端。

对于城市轨道交通，轨道电路不仅用来检测列车是否占用，更重要的是传输 ATP 信息。所以除车辆段内采用 50 Hz 相敏轨道电路外，其他通常采用音频轨道电路。为便于牵引电流流通，提高线路性能，方便维修，音频轨道电路通常采用无绝缘的数码调制方式（有数字振幅调制、数字频率调制和数字相位调制三种，但多采用频率调制方式），近年来多采用可靠性较高、信息量较大的数字编码式音频轨道电路。

下面主要介绍城市轨道交通中的音频无绝缘数字轨道电路和工频轨道电路中的 50 Hz 相敏轨道电路。

任务 5.2　认识音频无绝缘数字轨道电路

20 世纪 90 年代以来，各种新型轨道电路形式逐渐进入我国，并在部分城市轨道交通工程中得到应用，其中比较突出的是音频无绝缘数字轨道电路，它和绝缘轨道电路相比较，具有较明显的优点。无绝缘接头大大提高了轨道电路的可靠性，在长轨区安装时不用锯轨，在电化轨道区段降低了轨道电路的不平衡系数，改善了钢轨线路的运营质量。另外，无绝缘音频轨道电路还具有向车载设备传输报文信息的功能，从而使轨道电路既具有检查轨道占用、空闲状态的功能，同时还具有传输信息功能。

音频轨道电路是联锁逻辑处理单元和车载设备之间的通信接口，实现了正线区段轨道电路占用检测以及地对车的 ATP 数字信号传输的双重任务。音频无绝缘数字轨道电路所传输的轨道信号内包含的数字信息，例如：列车运行方向、目标距离、目标速度等，能够为车载 ATP 设备提供控制信息。

子任务 5.2.1　音频无绝缘数字轨道电路的设备组成

1. 轨旁设备

轨旁设备由轨道耦合单元、棒线和耦合环线三部分组成，在轨道之间或者沿轨旁安装，采用互耦方式，如图 5－7 所示。

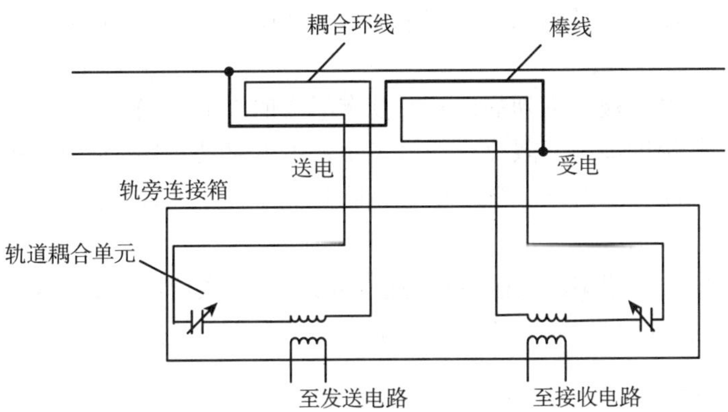

图 5－7　数字轨道电路轨旁设备

图中，轨道耦合单元，将轨道信号连接到室内控制机箱的接收电路和发送电路，并调谐轨道电路的载频频率。每个耦合电路由变压器和可调电容组成槽路。

棒线置于两钢轨之间，端点焊接在钢轨上，形成“S”形棒线。一匝导线构成的环线与“S”形棒线耦合，并与室内控制柜的辅助板相连。

发送的轨道信号电流通过棒线感应到钢轨，由列车车载设备接收。

2. 室内设备

室内设备主要是安装在室内控制柜内的控制机箱，如图 5－8 所示，每个机箱内包括多个 PCB 电路板，每个轨道电路包括控制板、辅助板、电源板。

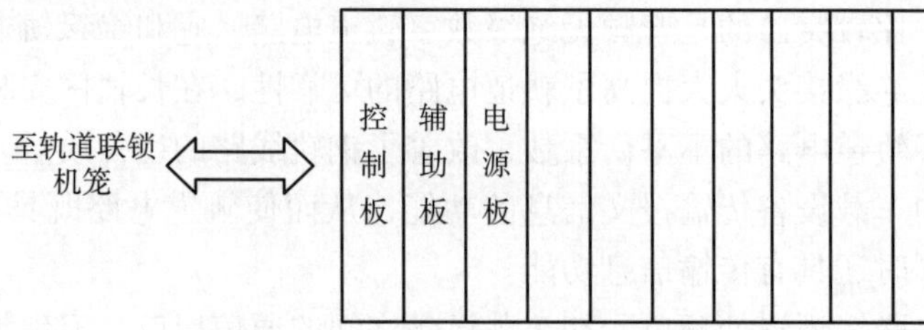

图 5-8 音频轨道电路控制机箱

控制板产生具有 ATP 功能的数字编码信息；辅助板将控制板产生的信息放大发送至室外，并接收来自轨道的信息；电源板产生控制板和辅助板工作所需的电源。

子任务 5.2.2 音频无绝缘数字轨道电路的工作原理

1. 对列车占用区段的检测

音频系统不间断地向轨道发送数字编码信息，并不间断地监视其接收器感应到的信号，作为对列车占用的检测。利用音频信息的标题位（前 8 位）作为列车检测的信号，固定为 01111110。发送端通过耦合单元发送至钢轨，接收端由轨道接收器检测该信号，并设置门限值。

当轨道电路空闲时，被检测到的信号幅度在门限值以上；当列车进入轨道电路，所接收到的信号被分路，其幅度降至门限值以下，表示轨道电路被占用；如果是由于其他原因造成轨道电路短路、断路时，如路基潮湿，也会接收到低于预定的阈值的信号，或者生成错误的轨道 ID 号。

按照“故障—安全”原则，被检测到的信号幅度在门限值以上时控制板向联锁单元传递“区段空闲”信息，否则向联锁单元传递“占用”信息，从而完成列车占用区段的检测功能。

2. 发送 ATP 信息

音频系统与联锁系统之间通过 RS-485 接口进行数据通信，接收来自联锁系统的信息，如目标速度、目标距离等，再加上本轨道区段信息，如轨道电路 ID 号、线路限制速度等，构成复合信息。辅助板将复合信息形成的报文帧，结合机笼后面的方向继电器以 FSK（频移键控）调制方式将报文送至耦合电路，经耦合环线与“S”形棒线耦合，由车载 ATP 设备接收、解码、校验，最终根据 ATP 传递的信息对列车进行控制，从而完成数字车载信号的传输功能。

任务 5.3 认识 50 Hz 相敏轨道电路

用于城市轨道交通的交流工频轨道电路为 50 Hz 相敏轨道电路，它只有监督列车占用的功能，不能传输其他信息。由于城市轨道交通一般采用直流牵引，所以轨道电路可以采用

50 Hz 电源，这与铁路有区别（铁路采用交流工频牵引，轨道电路只能采用 50 Hz 以外的电源，一般为 25 Hz）。

50 Hz 相敏轨道电路用于城市轨道交通的车辆段内（不需要发送 ATP 信息）。50 Hz 相敏轨道电路有继电式和微电子式两种，一般 50 Hz 相敏轨道电路常指继电式。

子任务 5.3.1 50 Hz 相敏轨道电路的组成

50 Hz 相敏轨道电路由送电端、受电端、钢轨绝缘、钢轨引接线、钢轨接续线、回流线及钢轨组成，其结构如图 5－9 所示。

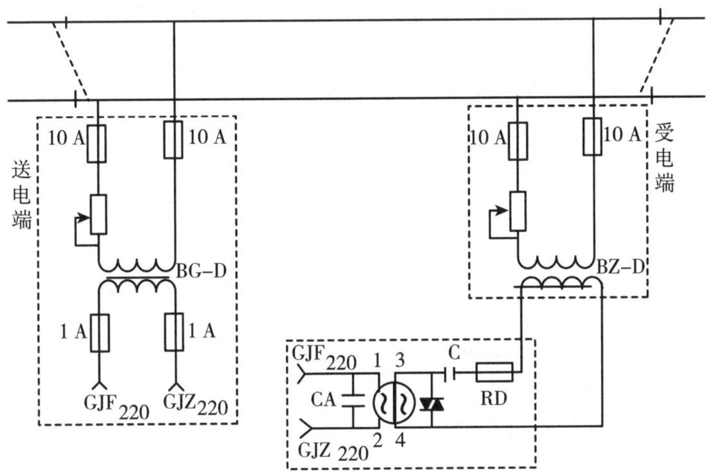

图 5－9 50 Hz 相敏轨道电路结构图

送电端包括轨道变压器、变阻器及断路器，安装在室外的变压器箱内。轨道电源从室内通过电缆送至送电端。

受电端包括中继变压器、变阻器、断路器、轨道继电器、电容器、防雷元件等，其中中继变压器、变阻器及断路器安装在室外的变压器箱或电缆盒内，其他安装在室内的组合架上。

送电端、受电端视相邻轨道电路的不同组合，有双送、一送一受、双受、单送、单受等不同情况，除双受、单受可采用电缆盒外，其他情况必须采用变压器箱。

子任务 5.3.2 50 Hz 相敏轨道电路的工作原理

电源屏分别供出 50 Hz 相敏轨道电源和局部电源。送电端轨道电源经轨道变压器降压后送至钢轨。受电端由钢轨来的电压经中继变压器升压后送至轨道继电器 RGJ 的轨道线圈。轨道继电器 RGJ 的局部线圈接局部电源。

当轨道线圈和局部线圈电源满足规定的相位和频率要求时，RGJ 吸起，轨道电路处于调整状态，表示轨道电路空闲。列车占用时，轨道电源被分路，RGJ 落下；当频率、相位有一个不符合要求时，RGJ 也落下。

这样，50 Hz 相敏轨道电路就具有相位鉴别能力，即相敏特性，抗干扰性能较高。

思考与实训 5

一、思考题

1. 什么是轨道电路？轨道电路由哪几部分组成？简述各部分作用。
2. 简述轨道电路的作用。
3. 简述音频无绝缘数字轨道电路的设备组成和工作原理。
4. 简述 50 Hz 相敏轨道电路的组成。

二、实训任务

实训任务 1：认识轨道电路

1. 任务目的

（1）掌握轨道电路的结构和各部分的作用。

（2）掌握轨道电路的工作原理。

（3）掌握轨道电路的三种工作状态。

2. 设备和资料准备

（1）电源、变压器、继电器、滑动变阻箱、导线、绝缘等。

（2）轨道电路相关图片、视频、资料等。

3. 实施步骤

（1）将学生分成多个小组，每个小组人数控制在 4 ~ 5 人。

（2）根据所提供的电气元件，构建一个模拟轨道电路。

（3）调整轨道电阻，确保轨道电路在调整状态下继电器可靠吸起，在分路状态下可靠落下。

（4）小组进行讨论：

① 利用轨道电路检查线路是否有车占用、传输控制信息等功能时，可能存在哪些不足？

② 轨道电路出现故障时，会对列车运行带来什么影响？

4. 任务输出和评价

各组完成自己的实训任务，总结心得体会，由教师和其他学生做出成绩评定。

实训任务 2：轨道电路的划分

1. 任务目的

（1）掌握车辆段内轨道电路的划分原则。

（2）进一步理解轨道电路划分中需要考虑的实际问题。

2. 设备和资料准备

城市轨道交通车辆段信号平面图。

3. 实施步骤

（1）将学生分成多个小组，每个小组人数控制在4～5人。

（2）分组完成车辆段内轨道电路的划分及命名。

（3）分别讲解各自的划分方法和依据。

（4）讨论各种划分方法中的错误及优劣。

4. 任务输出和评价

各组完成自己的实训任务，总结心得体会，由教师和其他学生做出成绩评定。

项目 6

信号基础设备——计轴器

项目导学

同轨道电路一样，计轴器是另一种能够检测轨道区段空闲与否的装置，它具有特别强的抗机械应变能力，在冰、雨、雪和气候潮湿时都能正常工作，能适应非常恶劣的工作环境，以其诸多优势成为轨道电路的最有力替代者。

教学目标

1. 了解计轴器的概念。
2. 掌握计轴器的组成和工作原理。

建议学时

2 学时。

任务6.1　认识计轴器

子任务6.1.1　计轴器的基本概念

计轴器是用于计算车辆进出区段的轮轴数，分析区段是否有车占用的一种技术设备。它具有检查区段占用与空闲的功能，而且不受轨道线路道床状态等影响。它采用轨道传感器、电子连接单元和计轴运算器（有时也称为计轴核算器或计轴评估器）来记录并比较驶入和驶出轨道区段的轴数，作为检查区段占用情况的安全设备，其作用和轨道电路等效，是目前实现站间闭塞的较为理想的设备。图6－1所示为计轴器实物图。

在采用CBTC（基于通信的列车控制系统）的城市轨道交通线路上，当无线传输设备发生故障时，通常使用计轴器来检测列车的位置，构成“降级”信号。

图6－1　计轴器实物图

子任务6.1.2　计轴器的组成

计轴器由室内设备和室外设备两部分组成，其组成结构如图6－2所示。室外设备由轮轴传感器（或称磁头）K1、K2和电子连接单元（EAK）组成；室内设备由计轴运算器、继电器等组成，或采用微型计算机构成计轴器主机系统ACE。室外设备和室内设备通过传输线路相连接。

计轴器由以下部分组成：

① 计轴点，包括轮轴传感器和电子连接单元，主要用于产生车轴脉冲；

② 信息传输部分，用来传递信息；

③ 计数部分，包括计数、比较、监督、表示等装置，对计轴点产生的车轴脉冲进行计数，并确定列车运行方向，比较计轴点入口和出口所计轴数及记录计数结果；

④ 电源，提供可靠、稳定的电能。

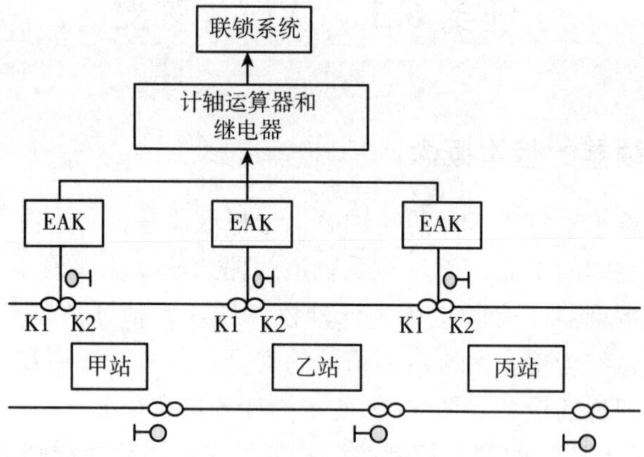

图 6 – 2　计轴器的组成结构

任务 6.2　了解计轴器的工作原理

计轴设备利用轮轴传感器、计数器来记录和比较驶入和驶出轨道区段的轴数，以此确定轨道区段的占用或空闲。其工作原理是：利用电磁感应的原理，当列车出发，车轮进入轮轴传感器作用区时，微机开始计轴，轮对经过轮轴传感器时，计轴磁头可以探测到通过列车的轴数，向微机传送轴脉冲，并经电子连接单元 EAK 向计轴运算器报告。判定运行方向，确定对轴数是累加计数还是递减计数。通常情况下，2 个计轴探头可以确定 1 个闭塞分区。计轴探头沿线路安装在钢轨之上，其位置也是闭塞分区的分界点。计轴运算器是计轴器的核心部件，收集其控制范围内的计轴探头发来的所有信息。计轴运算器计算相邻 2 个计轴探头报告的轴数关系，就可以确定该闭塞分区是否空闲。

通常系统规定：凡进入防护区段的轮轴数进行加轴运算，凡离去防护区段的轮轴数进行递减运算。

思考与实训 6

一、思考题

1. 简述计轴器的组成。
2. 简述计轴器的工作原理。

二、实训任务

实训任务：认识计轴器

1. 任务目的

（1）掌握计轴器的组成和工作原理。

（2）理解计轴器的设置原则。

2. 设备和资料准备

城市轨道交通线路的站场图。

3. 实施步骤

（1）将学生分成多个小组，每个小组人数控制在4~5人。

（2）分组完成站场图内计轴器防护区段的划分和防护意义。

（3）分别讲解各自的划分方法和依据。

（4）讨论各种划分方法中的错误及每种方法的优劣。

4. 任务输出和评价

各组完成自己的实训任务，总结心得体会，由教师和其他学生做出成绩评定。

项目 7

信号基础设备——查询应答器

项目导学

查询应答器是城市轨道交通运行控制系统中一种不可缺少的设备，主要用于地面与列车之间信息的传输，可以单向或双向传输。信息量依据它的类型不同而有差异。目前查询应答器系统在可用性、可靠性、可维护性等方面已经得到很大改善，适应国内运用情况，达到了实用化的要求。

教学目标

1. 掌握查询应答器的组成和工作原理。
2. 了解查询应答器的主要特点。
3. 了解查询应答器的分类。
4. 掌握查询应答器的作用。

建议学时

4 学时。

任务7.1 认识查询应答器

子任务7.1.1 查询应答器系统的组成

查询应答器是一种基于电磁耦合原理而构成的高速点式数据传输设备，是ATP系统的关键部件，用于在特定地点实现地—车间的数据交换，为列车提供ATP所需的各种点式信息，包括进路长度、岔区长度、闭塞分区长度、坡度、曲线等，确保列车在高速运行状态下的安全。

查询应答器系统包括地面设备和车载设备。地面设备主要指地面应答器，车载设备包括车载查询器主机和车载查询器天线。

1. 地面应答器

地面应答器储存特定的地面信息，通常放置在轨道中间。当列车经过地面应答器时，通过无线射频激活应答器，使其发射预置数据，从而使机车获得诸如公里标、限速、坡度等信息，保障列车运行安全。地面应答器实物图如图7－1所示。

图7－1 地面应答器实物图

2. 车载设备

1）车载查询器主机

车载查询器主机检查、校验、解码和传送接收到的报文，选择激活位于机车两端的任一天线，与列车运行控制系统进行单向或双向数据传输，并具有自检和诊断功能。配合列车运行控制系统完成如下主要功能：①自动区分上、下行列车的地面信息；②生成机车信号、速度监督及自动停车；③提供电子里程标校准列车位置；④提供列车前方一定距离内的线路横纵断面的数据，如桥梁、信号机、标志牌等影响列车运行的信息；⑤向地面有源应答器发送车次号信息。

2）车载查询器天线

车载查询器天线置于机车底部，距轨道 180 ~ 300 mm。当天线的导体通过高频电流时，在其周围空间会产生电磁场，电磁场能离开导体向空间传播，形成辐射场。发射天线正是利用辐射场的这种性质，使车载主机传送的高频信号经过发射天线后能够充分地向空间辐射。

当地面应答器被激活后，应答器在其电磁波传播的方向发射另一个高频信号，天线就会产生感应电势。此时与天线相连的接收设备的输入端就会产生高频电流。接收效果的好坏除了电波的强弱外，还取决于天线的方向性和与接收设备的匹配情况。车载查询器天线的外壳通常要由硬质材料作保护，防止异物撞击。车载查询器天线实物图如图 7－2 所示。

图 7－2　车载查询器天线实物图

子任务 7.1.2　查询应答器的工作原理和主要特点

1. 查询应答器的工作原理

查询应答器是利用无线感应原理在特定地点实现列车与地面间相互通信的一种数据传输装置。当列车上的查询器通过设置于地面的应答器时，应答器被发自车上的查询器瞬态功率激活并进入工作状态，它将存于其中的可供列车自动控制或地面指挥用的各种数据向运行中的列车连续发送。但此数据传输只在查询器与应答器的有效作用范围之内进行，当查询器随列车运行到有效作用范围之外时，应答器将不再工作，直至被下次列车上的查询器瞬态功率再次激活。

查询应答器工作的基本原理是电磁感应理论，整个工作原理如图 7－3 所示。

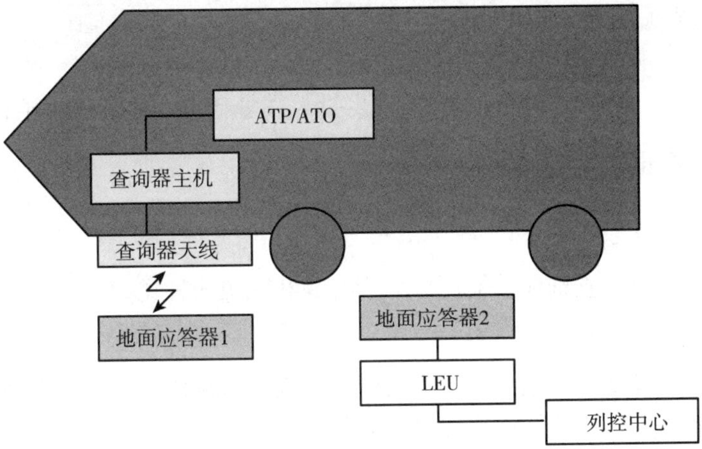

图7－3　查询应答器基本工作原理

地面应答器1—无源应答器；地面应答器2—有源应答器；LEU—控制有源应答器的轨旁电子单元

当查询器与应答器相互作用时，应答器接收到发自查询器的功率载波信号后，整流电路整流出一个可供应答器的其他IC器件使用的直流电平，使应答器进入工作状态。信源编码器为数据编码器，其输出编码经过调制后送到放大电路，经放大后发送出去，如图7－4所示。

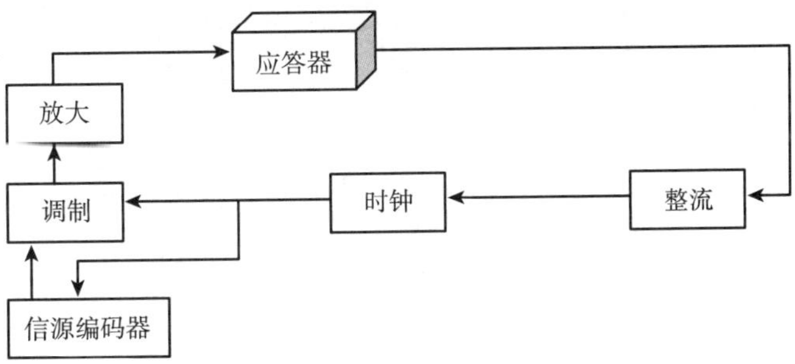

图7－4　地面应答器系统框图

查询器与应答器的有效作用范围与其间的电磁场能量的大小密不可分。在有效作用范围内，要提高车载查询器接收到的数据量，需相应提高数据传输速率。

2. 应答器的主要特点

应答器具有以下主要特点：

① 无源应答器通常不要求提供外接电源（有源应答器除外）；

② 无源应答器可提供固定信息内容，如里程标、区间长度、限速值、坡道值等；

③ 可变编码应答器可提供实时信息，如股道号、进出站等；

④ 使用寿命长，基本无须维护，可节约维修资金；

⑤ 不受话路限制，传输信息量大，有利于实现系统故障—安全；

⑥ 不受频带限制，频率运用灵活；

⑦ 电磁场稳定，可以获得高质量的传输效果；

⑧ 一次性投资可服务于多种应用，实现少投入、多产出，经济效益显著。

子任务 7.1.3　查询应答器的分类

1. 按照供电来源分类

按照供电来源区分，查询应答器可以分为有源和无源两种类型。

1）无源型查询应答器

应答器本身不具备电源，只有当查询器位于其耦合谐振位置时，从查询器送出的高频信号作为电源给应答器，使应答器中事先已存储的信息被发送出来。它相当于计算机存储系统中的 ROM。因此其信息一旦固定到应答器后，只能原封不动地读出，不可改变。列车车载设备通过时，将存储的报文发送给车载设备。图 7－5 所示为无源型查询应答器。

图 7－5　无源型查询应答器

2）有源型查询应答器

应答器本身具备电源，所以它存储的信息是可变的，相当于计算机存储系统中的 RAM，有源型查询应答器的结构如图 7－6 所示 。因此当查询器与应答器耦合谐振时，立即发出应答器内部已存储好的随机信息。列车车载设备通过应答器时，应答器将轨旁电子单元 LEU（如图 7－7 所示）传来的数据转换成报文发送给车载设备；若检查不到与 LEU 之间的链接，列车车载设备通过时，应答器将存储的默认报文发送给车载设备。

2. 按照应用功能归类区分

按照应用功能归类区分，查询应答器可分为普通型、增长型和标定型三类。

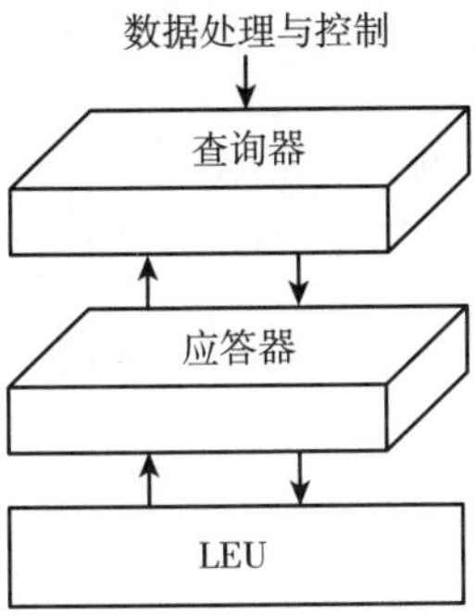

图7－6　有源型查询应答器结构

图7－7　轨旁电子单元LEU

1）普通型查询应答器

该类查询应答器自应答器向查询器传送信息，包含安全信息和非安全信息。查询器和应答器的大小尺寸相同，如图7－8所示。

2）增长型查询应答器

它的查询器与普通型的类似，但应答器则比普通型查询器增长很多，有可能长达10倍。其专门用途是控制列车在车辆段、机械房或机务段内的定位，如图7－9所示。

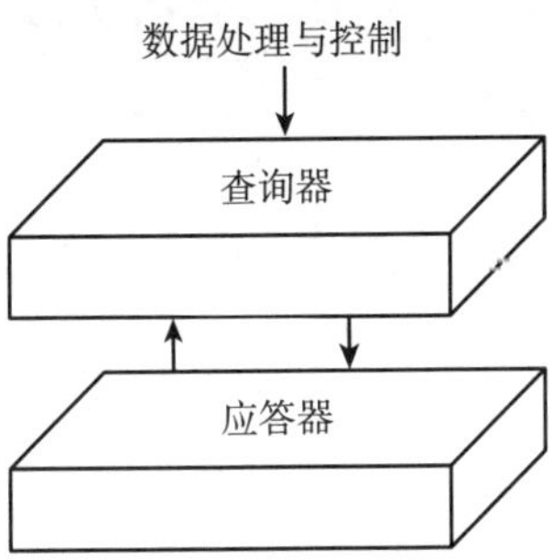

图7－8　普通型查询应答器

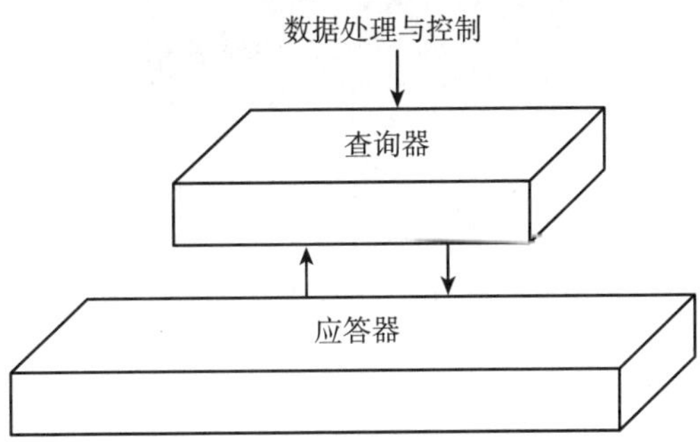

图7－9　增长型查询应答器

3）标定型查询应答器

它的应答器结构连续多环，专门用于标定列车速度，如图7－10所示。

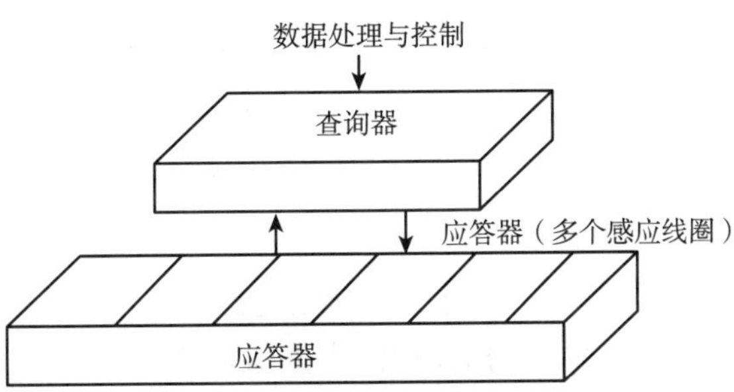

图7－10　标定型查询应答器

3. 按照安装位置分类

按照安装位置分类，查询应答器主要分为中心安装式、侧面安装式和立杆安装式三种。

1）中心安装式

应答器安装在两轨中心部位，而查询器安装在列车底下的中间位置，与应答器相对应耦合，如图 7－11 所示。

2）侧面安装式

查询器安装在列车的侧面，与之相应，应答器也安装在一根钢轨的侧面，与通过机车的查询器相对应耦合，如图 7－12 所示。

图 7－11　中心安装式查询应答器

图 7－12　侧面安装式查询应答器

3）立杆安装式

应答器安装于路旁立杆上，其作用的无线电波可以为无方向性，也可以为有方向性。当装有查询器的移动车辆通过时，立即与它起耦合作用，传递相应信息。

任务 7.2　了解查询应答器的作用

查询应答器的作用可以概括为以下三点：

1. 列车定位信标

当列车定位设备存在测量误差，特别是列车经过长距离运行后，这个误差会不断地积累，直接影响列车定位的精度，沿线路上每隔一段固定距离安装一个地面应答器设备，当列车经过时，通过检测该定位点，获知列车的确切位置，从而消除定位设备所产生的累积定位误差。所以查询应答器可以成为列车定位的信标。

2. 线路地理信息车—地通信的信道

地面应答器可以把一些固定的地理信息，如列车运行前方的弯道曲率及长度、坡道坡度及长度、限速区段长度及限速值等固定信息和位置信息一起存储在应答器中，传输到列车上。在采用轨道电路作为ATC控制信息传输通道的线路上，查询应答器的使用可以大大降低轨道电路需传输的信息量，从而降低ATC信号的传输频率，改善信息传输距离。

3. 临时限速信息的传输通道

当由于施工作业或其他紧急情况出现时，会临时影响列车运行速度，由控制中心通过轨旁电子单元LEU将临时限速信息传送给地面应答器（通常为有源应答器），当列车经过时传递给车载设备，从而完成对列车速度的控制，保证行车安全。

思考与实训7

一、思考题

1. 简述查询应答器的组成和工作原理。
2. 简述查询应答器的作用。

二、实训任务

实训任务：认识查询应答器

1. 任务目的

（1）掌握查询应答器的组成和工作原理。

（2）掌握查询应答器的常见故障和基本排除方法。

2. 设备和资料准备

查询应答器的说明手册和维修指南。

3. 实施步骤

（1）将学生分成多个小组，每个小组人数控制在4~5人。

（2）分组完成查询应答器的结构分析。

4. 任务输出和评价

各组完成自己的实训任务，总结心得体会，由教师和其他学生做出成绩评定。

项目8

联锁设备

项目导学

联锁设备运用在轨道交通车辆段和正线车站上，为了保证机车车辆和列车在进路上的安全、有效利用线路条件、高效率地指挥行车和调车、改善行车人员的劳动条件，利用机械、电气自动控制和远程控制、计算机等技术和设备，使车站范围内的信号机、进路和进路上的道岔相互具有制约关系，这种关系称为联锁。为完成联锁关系而安装的技术设备称为联锁设备。

联锁设备是城市轨道交通的重要设备，主要应用于正线车站和车辆段。在车站和车辆段实现联锁关系，建立进路，控制道岔的转换和信号机的开放，以及进路解锁，可以保证行车安全，提高作业效率。联锁设备，早期采用继电集中联锁，现在多采用计算机联锁。

教学目标

1. 理解联锁的含义。
2. 掌握联锁的内容和联锁设备的内容。
3. 能在6502电气集中联锁中办理列车、调车进路，会开放列车、调车信号，以及进路的解锁。
4. 掌握计算机联锁系统的原理，学会操作SICAS联锁系统。

建议学时

10学时。

任务8.1　了解联锁

子任务8.1.1　联锁的定义

车站内通常有多条线路，线路之间通过道岔彼此相通。列车和调车车列在站内运行所经过的径路，称为进路。各道岔开通的不同方向构成不同的进路，每条进路均由相应的信号机来防护，根据信号机的开放状态，列车或调车车列通过进路。如进路上的道岔位置不正确，或已经有车占用，或敌对进路已建立，有关的信号机就不能开放；信号开放后，防护该进路上的道岔不能转换，即此时该进路不能变动。信号、道岔、进路之间的这种相互制约的关系，称为联锁关系，简称联锁。

广义的联锁泛指多种与行车相关的信号设备之间相互联系制约的关系，是保证轨道交通行车安全的重要技术措施。狭义的联锁即专指车站信号设备之间相互联系制约的关系。为了让列车快速、安全、高效地运行，必须严格遵守联锁关系。

子任务8.1.2　联锁的基本内容与基本条件

联锁的基本内容包括：防止建立会导致机车车辆相冲突的进路；必须使列车或调车车列经过的所有道岔均锁闭在与进路开通方向相符合的位置；必须使信号机的显示与所建立的进路相符。

进路上各区段空闲时才能开放信号，这是联锁最基本的技术条件之一，必须遵守。如果进路上有车占用，却开放信号，则会引起列车、调车车列与原停留车冲突。

进路上有关道岔在规定位置才能开放信号，这是联锁最基本的条件之二。如果进路上有关道岔开通位置不对却开放信号，则会引起列车、调车车列进入异线或挤坏道岔。信号开放后，其防护的进路上的有关道岔必须被锁闭在规定位置，而不能转换。

敌对信号未关闭时，防护该进路的信号机不能开放，这是联锁最基本的技术条件之三。否则列车或调车车列可能造成正面冲突。信号开放后，其敌对的信号也必须被锁闭在关闭状态，不能开放。

任务8.2　认识联锁设备

子任务8.2.1　联锁设备的分类

控制车站的道岔、进路和信号，并实现它们之间的联锁关系的设备称为联锁设备。联锁设备可以采用机械、机电或电气的方法来实现，进行分散控制，也可以集中控制。

联锁设备主要有继电集中联锁和计算机联锁两大类设备。

1. 继电集中联锁

用电气的方法集中控制和监督全站的道岔、进路和信号机，并实现它们之间联锁关系的设备称为继电式电气集中联锁，简称继电集中联锁。继电集中联锁采用色灯信号机，道岔由转辙机转换，进路上所有区段均设有轨道电路，在信号楼进行集中控制和监督。

电气集中联锁把全部道岔、进路和信号集中起来控制和监督，在一定程度上实现了站内行车指挥的自动控制，能及时准确地反映现场行车状况，大大提高了行车安全程度和作业效率，极大地改善了行车人员的劳动条件。所以电气集中联锁具有操作简便、办理迅速、表示完善、安全可靠等一系列优点。

2. 计算机联锁

随着微机技术的迅速发展，尤其是对于可靠性技术和容错技术的深入研究，计算机联锁正在逐渐取代继电集中联锁。根据各国对计算机联锁的研究和试用情况来看，计算机在逻辑功能和信息处理方面具有很强的功能，非常适用于车站联锁。

与继电集中联锁相比，计算机联锁的主要特点在于：

① 利用计算机对车站值班员的操作命令和现场监控设备表示信息进行逻辑运算后，完成对信号机、道岔及进路的联锁和控制。

② 计算机发出的控制信息和现场发回的表示信息，均能由传输通道串行传送，可节省大量的干线电缆，同时也为使用光缆提供一定的可能性。

③ 用 CRT 屏幕显示代替现行的表示盘，大大缩小了体积，简化了结构，方便了使用，还可根据需要多台并机使用。

④ 采用积木式的模块化软件和硬件结构，便于站场变更，并容易实现故障控制、分析等功能。

⑤ 不存在方向电路、方向电源的电路层级结构，对于长调车进路一次解锁、中途返回解锁等都能合理地实现。

子任务 8.2.2 联锁设备的功能

联锁设备能够响应来自 ATS 的命令，在满足安全的前提下，控制进路、道岔和信号机，并将进路、轨道电路、道岔和信号机的状态信息提供给 ATS 和 ATP/ATO。

联锁功能包括：

① 联锁逻辑运算：接收 ATS 或车站值班员的进路命令，进行联锁逻辑运算，实现对道岔和信号机的控制。

② 轨道电路信息处理：处理列车检测功能的输出信息，以提高列车检测信息的完整性。

③ 进路控制：设定、锁闭和解锁进路。

④ 道岔控制：解锁、转换和锁闭道岔。

⑤ 信号机控制：确定信号机的显示。

子任务8.2.3　对联锁设备的基本要求

联锁设备应符合下列要求：

① 确保进路、道岔、信号机的联锁，联锁条件不符时，禁止进路开通。敌对进路必须相互照查，不得同时开通。

② 装设引导信号的信号机因故不能开放时，应通过引导信号实现列车的引导作业。

③ 应能办理列车和调车进路，根据需要设置相应的防护进路。

④ 联锁设备宜采用进路操纵方式，应能根据需要，实现车站有关进路、端站折返进路的自动排列。

⑤ 进路解锁宜采用分段解锁方式。锁闭的进路应能随列车正常运行自动解锁、人工办理取消进路和限时解锁，并应防止错误解锁。限时解锁时间应确保行车安全。

⑥ 联锁道岔能单独操纵和进路选动。影响行车效率的联动道岔宜采用同时启动方式。

⑦ 车站站台及车站控制室应设站台紧急关闭按钮。站台紧急关闭按钮电路应符合“故障—安全”原则。

⑧ 车站联锁主要控制项目包括：列车进路、引导进路、进路解锁和取消、信号机关闭和开放、道岔操纵及锁闭、区间临时限速、扣车和取消、遥控和站控、站台紧急关闭和取消。

任务8.3　认识城市轨道交通的联锁设备

城市轨道交通的联锁设备与传统铁路电气集中系统有所不同。例如，列车运行进路的三级控制、多列车进路、追踪进路、折返进路、联锁监控区段、保护区段和侧面防护等。

1. 列车运行控制

列车进路由进路防护信号机防护，但列车在进路中的运行安全由ATP负责，这为城市轨道交通高密度行车提供了前提和安全保证。列车运行进路控制采用三级控制，即控制中心控制（ATS自动控制）、远程控制终端控制和车站工作站控制。

控制中心集中控制全线的列车运行（不包括车辆段内列车的运行控制）。系统根据列车运行时刻及列车运行状况发出列车运行控制命令，并进行自动调整。在车站设置必要的自动控制功能，控制中心故障时，转入车站级控制。图8-1所示为列车进路控制示意图。

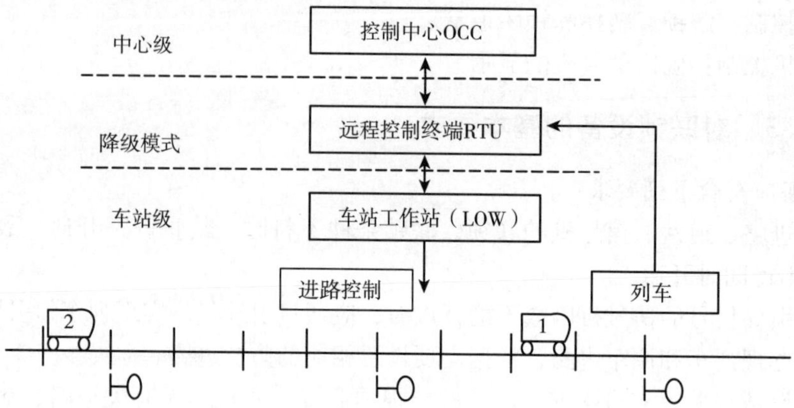

图 8－1　列车进路控制示意图

1）控制中心控制

控制中心控制为全自动的列车监控模式，在该模式下，列车进路设置命令由自动进路设定系统发出，其信息来源于时刻表和列车运行自动调整系统。控制中心调度员也可以人工干预，对列车进行调整，操作非安全相关命令，排列和取消进路。

列车自动选路是 ATS 系统的一个功能，其任务是与联锁设备协同为列车运行自动地排列运行进路。为达到此目的，进路自动排列具有这样的功能：其自动操作单元具有自动操纵功能，而联锁系统根据来源于控制中心的自动进路设定系统排列进路指令，负责实际的进路排列。当许可校核得出否定结论时，联锁系统将向 ATS 系统回送一个相应的信息，然后由 ATS 系统重复传输相同的控制命令，直至达到规定的次数和时间。

2）远程控制终端控制

在控制中心设备故障或控制中心与下级设备的通信线路故障时，控制中心将无法对远程控制终端进行控制，此时系统自动地转入列车自动控制的降级模式。在降级模式下，由司机在车上输入目的地码，通过列车上的车次号发送系统发出带有列车去向的车次号信息，远程控制终端自动产生进路控制命令，联锁系统根据来自远程控制终端的进路号排列进路。在这种情况下，系统不具备列车运行自动调整功能，但对于高密度的列车运行，用此功能可以节省车站操作人员大量的精力。

3）车站工作站控制

在车站工作站控制模式下，列车运行的进路控制由车站值班员负责，但此时只要控制中心设备及通信线路功能完好，自动进路设置仍可进行。车站工作站控制时，列车进路的设定完全取决于车站值班员。值班员选择通过联锁区的预期进路后，联锁控制逻辑检查并确认进路没有被占用，并且没有建立敌对进路，然后自动排列通过联锁区的进路，锁闭进路，在所有条件满足列车的安全运行后开放地面信号机，并允许 ATP 将速度命令传送给列车。信号机的开放表示通过联锁区的进路开通。

2. 多列车进路

进路分为单列车进路和多列车进路，这主要是因为城市轨道交通运行间隔小，车流密度大，列车的运行安全由 ATP 系统保护，所以在一条进路中可能出现多列列车在运行。

图 8－2 所示为多列车进路示意图，S1→S2 为多列车进路，只要监控区空闲，以 S1 为始端的进路就可以排出，S1 信号开放。

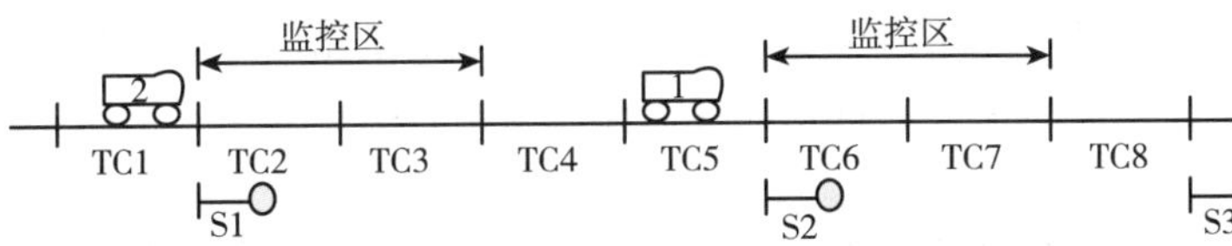

图 8－2 多列车进路示意图

对于多列车进路，当列车 1 离开进路始端信号机 S1 后的监控区后，可以排列车 2 相同始终端的进路。列车 2 进路排出，列车 1 通过后，进路中的轨道区段直到列车 2 通过后解锁。

多列车进路排出后，如果是进路中有列车运行，则人工取消进路时，只能取消最后一次排列的进路至前行列车所在位置的进路，其余进路由前行列车通过以后解锁。

人工取消多列车进路的前提是：进路的第一个轨道电路必须空闲。

如图 8－3 所示，S6→S7 为多列车进路，列车 1 通过 TC2、TC3、TC4 以后，这 3 个轨道区段正常解锁。这时，可以再次排列进路 S6→S7，S6 开放绿色信号。如果列车 1 继续前进，则通过区段 TC5、TC6、TC7 后，这 3 个区段不解锁，只有在列车 2 通过这三个区段后才解锁。如果第二次排列的进路需要取消，这时只能取消从始端信号机 S6 到列车 1 之间的进路，其余的进路会随着列车 1 通过后自动解锁。

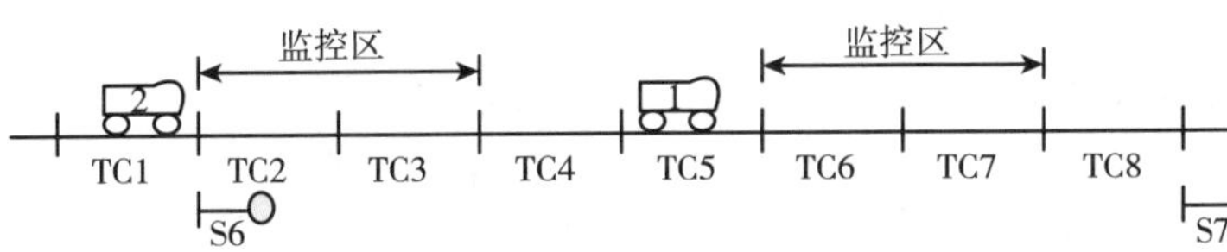

图 8－3 多列车进路排列图

3. 追踪进路

追踪进路为联锁系统本身的一种自动排列进路功能。列车接近信号机，占用触发区段（触发区段是指列车占用该区段时引起进路排列的区段，触发区段可能是信号机前方第 1 个接近区段，也可能是第 2 个接近区段，触发区段根据线路布置和通过能力而定）时，列车运行所要通过的进路自动排出。追踪进路排出的前提除了满足进路排出的条件外，进路防护信号机还必须具备进路追踪功能。

如图 8－4 所示，S3、S4 具有追踪功能，TC1、TC5 分别是以 S3、S4 为始端的进路的触发区段，列车占用 TC1 时，S3→S4 进路自动排出，S3 开放。列车占用 TC5 时，S4→S5 进路自动排出，S4 开放。

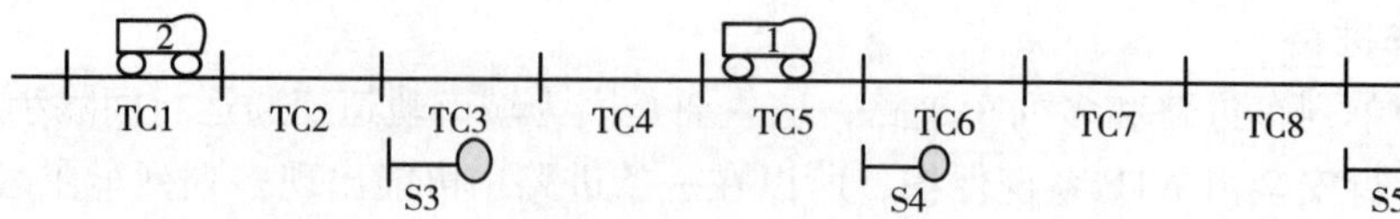

图 8－4　追踪进路示意图

当一信号机被预设具有进路追踪功能时，则对一规定进路的进路命令便通过接近表示自动产生。这个进路命令被储存，一直到信号机开放为止。接近表示将由确定的轨道电路的占用而触发。

当对一信号机接通自动追踪进路后，也可以执行人工操作。若接收到接近表示之前已人工排列了一条进路，则自动调用的进路被拒绝，重复排列进路也不能被储存。

假如排列的进路被人工解锁，则该信号机的自动追踪进路功能便被切断。

4. 折返进路

列车折返进路作为一般进路纳入进路表。通常，通过列车自动选路、追踪进路或人工排列的折返进路从指定的折返线开始。

5. 联锁监控区段

在装备准移动闭塞的城市轨道交通中，开放信号机前联锁设备不需要检查全部区段，只要检查部分区段即可，这些被检查的区段叫作联锁监控区段。

联锁监控区段即排列进路时信号机开放所必须空闲的区段，一般为信号机内方两个区段，如监控区段内有道岔，则在最后一个道岔区段后加一区段作为监控区段。监控区段的长度，应满足驾驶模式转换的需要。

进路设有监控区段时，只要监控区段空闲，进路防护信号机便可正常开放。

列车通过监控区段后自动将运行模式转为 ATO 自动驾驶模式或 SM 模式（ATP 监督人工驾驶模式），列车之间的追踪保护就由 ATP 来实现了。

6. 保护区段

为了保证列车的运行安全，避免列车由于某种原因不能在信号机前停住而导致事故的发生，充分考虑了列车的制动距离及线路等因素，在停车点后设置了保护区段，即终端信号机后方的一至两个区段为保护区段。

进路可以带保护区段或不带保护区段排出。如果进路短，则排列进路时带保护区段；多列车进路无保护区段时，进路防护信号机可以正常开放。

根据设计，保护区段可以在主体信号控制层内受到监督，也可能不在主体信号控制层内受到监督。此外，也有可能在进路排列时直接征用保护区段，或进路先排列，保护区段设置延时，直至进路内的接近区段被占用。延时的保护区段设置是一种标准方式，为多列车进路内的每个列车提供保护区段条件。

当排列的运行进路无法成功地进行保护区段设置或延时保护区段设置没有成功时，保护区段可稍后设置，只要到达线和指定保护区段的轨道区段空闲，并且设置保护区段的条件得以满足。

在设定的时间截止后，保护区段便解锁。延时解锁从保护区段接近区域被占用时开始。在列车反向运行情况下，保护区段的延时解锁仍将继续。

7. 侧面防护

城市轨道交通侧面防护是指为了避免其他列车从侧面进入进路，与列车发生侧面冲突。根据防护对象的不同，侧面防护可以分成两种：主进路的侧面防护和保护区段的侧面防护。

侧面防护由防护道岔确保，或者通过显示红色信号来确保。道岔为一级侧面防护，信号机为二级侧面防护。排列进路时先找一级侧面防护，再找二级侧面防护。

侧面防护的任务是通过操作、锁定和检测邻近分歧道岔，使通向已排运行进路的所有路径均不能建立。侧面防护也可通过具有停车显示和位于有侧面防护要求的运行进路方向的主体信号机来获得。在进路表中已为每一条运行进路设计了侧面的防护区域。

如果采用了一个道岔的侧面防护，而道岔的实际位置和所要求的位置不一致时，则应发出一个转换道岔位置的命令。当该命令不能执行时，该操作命令将被储存，直至要求的终端位置达到为止，否则通过取消或解锁该运行进路来取消操作命令。

排列进路时，除检查始端信号机外，还检查终端信号机和侧防信号机的红灯灯丝，只有这两种信号机的红灯功能完好，进路防护信号机才能开放。

当侧面防护的运行进路要求解锁时，运行进路侧面防护区域也将解锁。

任务 8.4　车辆段电气集中联锁

用电气的方法集中控制和监督全站的道岔、进路和信号机，并实现它们之间联锁的设备称为电气集中联锁设备，简称电气集中联锁。用继电器组成的电路进行控制并实现联锁的设备，称为继电式电气集中联锁，简称继电集中联锁。继电集中联锁采用色灯信号机，道岔由转辙机转换，进路上所有区段均设有轨道电路，在信号楼进行集中控制和监督。

目前，我国城市轨道交通多条线路的车辆段均采用 6502 电气集中联锁，如北京地铁 1 号线车辆段、广州地铁 1 号线车辆段等，下面以 6502 电气集中联锁为例介绍车辆段的电气集中联锁操作。

子任务 8.4.1　6502 电气集中联锁的设备组成

6502 电气集中联锁设备分为室内和室外两部分。信号楼内设有控制台、继电器组合及组合架、区段人工解锁按钮盘、电源屏和分线盘。室外有色灯信号机、电动转辙机、轨道电路、电缆及电缆盒。

1. 室内设备

1）控制台

电气集中联锁室内设备一般设置在信号楼内，设有控制台的信号楼是车站的控制中心。控制台的盘面是按照每个车站站场的实际情况而布置的，盘面上的模拟站场线路，接发车进路方向，道岔和信号机位置均与室外站场实际位置相对应。6502 电气集中控制台是用各种定型的标准单元块拼装而成的，称为单元拼装式控制台。在控制台盘面上设有各种用途的按钮和表示灯，以及电流表。在控制台中部设有供车站值班员使用的工作台，下部背面设有配线端子板、熔断器及报警电铃。控制台是车站值班员集中控制和监督全站的道岔、进路和信号机，指挥列车运行和调车作业的控制中心；也是信号维修人员分析判断控制系统故障范围的辅助设备，如图 8－5 所示。

2）区段人工解锁按钮盘

在离开控制台一定距离的室内墙面上，装设有区段人工解锁按钮盘（见图 8－6）。它是控制台操作时的辅助设备，盘面设有许多带有铅封的事故按钮，每个按钮对应于车站的一个道岔区段或有列车经过的无岔区段。当轨道区段因故障不能正常解锁时，用它办理故障解锁；在更换继电器或停电后恢复时，用它来使设备恢复正常状态；在用取消进路办法不能关闭信号时，可用它关闭信号。区段人工解锁盘必须与控制台隔开一定的距离，操作时，一人按压控制台上的总人工解锁按钮，另一人按压区段人工解锁按钮盘的按钮，避免单人操作危及行车安全。

图 8－5　控制台

图 8－6　区段人工解锁按钮盘

3）继电器组合及组合架

在信号楼继电器室内设有继电器组合及组合架。在电气集中车站，需要大量继电器，把具有相同控制对象的继电器按照定型电路环节组合在一起，叫作继电器组合，简称组合。

组合架是用于放置组合的装置。因此，继电器组合及组合架是实现电气集中联锁的设备。为了集中对轨道电路的有关参数进行测试，在组合架上还设有轨道电路测试盘。

图 8 –7所示为继电器组合架。

6502 电气集中的定型组合是根据车站信号平面布置图上的道岔、信号机和道岔区段设计的，共有 12 种定型组合。6502 电气集中组合架分 11 层，1 ~ 10 层每层安装一个继电器组合。继电器按组合放置在组合架上，每个组合包括的继电器数量应接近，最多不超过 10 个。

4）电源屏

在信号楼电源室设有电源屏，电源屏是电气集中的供电设备。城市轨道交通一般要求有两路可靠的电源，即主电源和副电源。主、副电源引至信号楼内，要求主、副电源能够自动和手动相互切换，以保证不间断地供给电气集中需要的各种交流电源和直流电源。

6502 电气集中车站一般设置一套电源屏，其中包括转换屏一面、调压屏一面、交流屏两面（其中一面备用）、直流屏两面（其中一面备用），如图 8 –8 所示。

图 8 –7　继电器组合架

图 8 –8　电源屏

5）分线盘

在室内电缆引出处，设有分线盘（如图 8 –9 所示）。电气集中的室内与室外联系导线都必须经过分线盘端子，因此它是室内外设备电缆连接处。

图 8 –9　分线盘

2. 室外设备

1）色灯信号机

信号机用来防护进路，给出各种信号显示，指示列车运行及调车作业。为使信号机有足够显示距离，进站、进路、预告、正线出站及专用线和牵出线的调车信号机一般采用高柱信号机，其他的一般采用矮型信号机。

6502 电气集中采用透镜式色灯信号机。电气集中车站按用途设有进站信号机、进路信号机、出站信号机、预告信号机、复示和调车信号机六种类型。

信号机有关闭和开放两种状态。信号机的开放和关闭时机由 6502 电气集中联锁电路控制，其控制用继电器应遵循安全对应原则，用安全型信号继电器落下反映信号关闭，用吸起反映信号开放。信号机的关闭并非是不亮灯，而是显示禁止信号，如进站信号机关闭，实际则是显示红灯，调车信号机关闭则是指亮蓝灯。信号机开放有时也称为信号机允许信号或允许灯光。图 8－10 所示为色灯信号机。

2）电动转辙机

在电气集中车站的集中区内，对应每组道岔，都要设一台或多台电动转辙机，用以转换和锁闭道岔，反映道岔的动作状态。目前，在一般车站使用 ZD6 型直流电动转辙机和 S700K 型交流电动转辙机，也有的车站使用电液转辙机。图 8－11 所示为电动转辙机。

图 8－10　色灯信号机

图 8－11　电动转辙机

3）轨道电路

在电气集中车站，凡是由信号机防护的进路，以及信号机的接近区段均要装设轨道电路。在非电气化区段，广泛采用交流连续式轨道电路。在电气化区段一般采用 25 Hz 相敏轨道电路。

车站内轨道电路有道岔时称为道岔区段轨道电路。道岔区段轨道电路要增设道岔绝缘和道岔连接线及跳线，其组成要比无岔区段和区间的轨道电路复杂些。图8－12所示为轨道电路。

图8－12 轨道电路

4）电缆和电缆盒

在电气集中车站，室外信号机、电动转辙机和轨道电路与室内设备之间的连接导线一般采用电缆，按控制对象不同可分为信号电缆、道岔电缆和轨道电路电缆。这些电缆敷设在地下电缆沟槽内。按照电缆径路和设备连接顺序，室外电缆分为干线电缆和分支电缆。

在干线电缆或干线电缆与分支电缆接头处设有电缆盒，分支电缆与设备连接处设有各种变压器箱和电缆盒，这些箱、盒主要供放置变压器和电缆连接用。

子任务8.4.2 6502电气集中控制台盘面

6502电气集中控制台采用控制和表示合用的控制台。控制台上设按钮和表示灯，按钮用来进行各种操作。控制台按钮均采用二位式。二位式按钮只有定位（平时所处的位置）和按下两个位置。

按钮分为自复式和非自复式两种：自复式按钮带复位弹簧，按下时接通，松手后自动回复定位；非自复式按钮无复位弹簧，按下后处于按下位置，恢复时需手动拉出。

控制台上涉及行车安全的按钮必须加铅封，必要时可装计数器加以监督。

在控制台盘面上利用光带模拟站场线路。排列与取消进路时，控制台上有明显的表示，通过光带状态来监督进路的开通、解锁及轨道电路区段的占用、空闲和故障等，同时利用信号复示器和道岔表示灯监督现场信号机、道岔的状态。

1. 与排列进路有关的按钮和表示灯

1）进路按钮

①列车进路按钮：列车进路按钮为二位自复式绿色按钮，设在对应进站及出站信号机

处的光带上，办理列车进站时作为始终端按钮。

② 调车进路按钮：调车进路按钮为二位自复式白色按钮，设在对应调车信号机处光带旁边，办理调车进路时作为始终端按钮。

③ 变通按钮：在大站，咽喉道岔较多，从进路的始端至终端有几条进路时，一般根据作业需要规定其中一条为基本进路，其余均为变通进路。在变通进路与基本进路不重叠的位置上，如果无调车进路按钮，则在相应位置的光带上增设变通按钮。交通按钮为二位自复式绿色按钮，专门用于办理变通进路。

2）按钮表示灯

为了记录或监督按钮的按下，对应每个按钮设置一个表示灯，按钮表示灯显示闪光或稳定灯光时，表示进行了按下按钮的操作。

3）光带

在控制台盘面上利用光带模拟站场线路，通过光带的不同状态监督进路的锁闭和解锁、轨道电路区段的占用、空闲和故障及道岔的开通方向等。

用于监督站内轨道电路的光带有三种状态：平时应处于灭灯状态；控制台显示红光带时，表示对应的轨道电路区段被占用或故障；当办理好进路时，控制台上该进路有关的轨道电路区段显示白光带。

4）信号复示器

信号复示器用于监督信号机状态。除进站信号机的复示器经常显示红灯外，其他信号复示器平时均处于熄灭状态，表示有关信号机关闭。

2. 与操纵道岔有关的按钮和表示灯

每个咽喉区，设道岔总定位按钮和总反位按钮各一个，二者均为二位自复式，总定位按钮上方有一个绿灯，总反位按钮上方有一个黄灯，按下按钮时灯点亮。

每组道岔设一个道岔单独操纵按钮和一个道岔单独锁闭按钮（双动道岔合用一个道岔按钮）。单独操纵按钮为自复式，用于单独转换该组道岔。道岔单独锁闭按钮为非自复式，按下时，按钮表示等（红色）点亮，用于锁闭该组道岔。

每个道岔按钮上方设两个表示灯，亮绿灯表示道岔在定位，亮黄灯表示道岔在反位，道岔在转换中或挤岔时，其黄灯和绿灯均不亮。

子任务 8.4.3 对联锁设备的主要技术要求

1. 基本操作原则

6502 电气集中联锁设备采用双按钮操纵方式，进路的办理与取消、人工解锁进路、单独操作道岔都要按压两个按钮才能动作设备，这样可以防止由于误操作按钮造成信号设备错误动作。

2. 进路锁闭

列车进路、调车进路均设置进路锁闭。进路锁闭指的是进路排通、防护进路的信号开放后，进路上有关道岔不能转换，有关敌对信号不能开放。控制台上办理好进路后，从防护进路的信号开始至进路的终端显示白光带，称该进路处于锁闭状态。集中联锁的道岔区段是锁闭的主要对象，进路锁闭的实质是由构成该进路的各轨道区段均锁闭。

根据进路的接近区段占用状态不同，进路锁闭分为预先锁闭和接近锁闭。

① 预先锁闭：进路排通、防护进路的信号开放后，信号机外方接近区段空闲时的进路锁闭，又称为进路的预先锁闭。

② 接近锁闭：进路排通、防护进路的信号开放后，信号机外方接近区段有车占用时的进路锁闭，称为进路的接近锁闭，又称为完全锁闭。

当调车信号机为设接近区段时，调车信号开放后即构成接近锁闭。

进路的锁闭程度不同，主要影响人工办理进路解锁的方式。

3. 信号的开放

控制台上操纵按钮排列进路后，满足下列条件信号即可自动开放：

① 进路空闲；

② 有关道岔转换至规定位置；

③ 敌对进路未建立并锁闭在未建立状态；

④ 进路处于锁闭状态。

信号机应设灯丝监督装置，不间断地检查正在点亮的灯泡灯丝的完整性。信号电灯电路应具有主、副灯丝自动转换功能，主灯丝断丝后能自动转换至副灯丝继续点亮灯光，室内控制台上有相应的灯光和声音报警装置。

4. 信号的关闭

已经开放的信号，在下列情况下应能自动关闭：

① 列车信号：当列车进入该信号机内方第一个轨道区段时。

② 调车信号：当调车机车车辆全部越过开放的调车信号，即出清调车进路接近区段。若接近区段留有车辆，则车列出清调车信号内方第一个轨道区段时信号关闭。

③ 当信号显示与防护进路的条件不符合时（如进路上轨道电路故障、道岔位置改变，或信号灯丝断丝等）。

④ 办理取消或人工解锁进路时。

5. 进路的自动解锁

进路的自动解锁是指进路锁闭信号开放后，随着列车越过信号机进入进路或调车机车车辆的牵出、折返，进路上有关轨道区段自动解锁，控制台上相应轨道区段的白光带自动熄灭。自动解锁分正常解锁和调车中途返回解锁两种。

① 正常解锁：也称为逐段解锁，即列车或调车机车车辆顺序占用和出清进路的各轨道

区段后，进路上的轨道区段自动顺序解锁。

② 调车中途返回解锁：在调车过程中，调车机车车辆未压上或部分压上的轨道区段，能够随着调车机车车辆的折返而自动解锁。

6. 人工办理解锁进路及解锁轨道区段

人工办理解锁进路指的是进路建立后，不经列车或调车机车车辆运行，经人为操作将进路解锁。人工办理解锁分以下 3 种情况：

① 取消解锁：当进路处于预先锁闭时，办理“取消解锁”，可将进路解锁。

② 人工解锁：当进路处于接近锁闭时，须办理“人工解锁”，才能将进路解锁。当进路处于接近锁闭办理人工解锁进路时，进路自动延时解锁，其中接车进路和正线发车进路延时 3 min，站线发车进路及调车进路延时 30 s。

设置延时解锁，是为了防止解锁原有进路改办其他进路时，处于接近区段的列车或调车车列可能由于停车不及冒进信号而压上正在转换的道岔。延时 3 min 或 30 s 能够确保列车或调车车列有足够的停车时间。

③ 区段故障解锁：当发生车站停电后恢复供电，以及进路没有完全解锁等情况时，控制台上全部或部分轨道区段显示白光带，此时有关区段均处于锁闭状态，须办理“区段人工解锁”手续，才能将有关轨道区段解锁。

7. 道岔的锁闭

除进路锁闭外，联锁道岔还有以下 3 种锁闭方式：

① 区段锁闭：道岔区段有车占用时，区段内有关道岔不能转换，称为区段锁闭，此时控制台上有关道岔区段显示红光带。

② 单独锁闭：单独锁闭即利用控制台上道岔单独锁闭按钮断开道岔控制电路，使该道岔不能转换。对道岔进行单独锁闭后，控制台上该道岔表示灯显示红灯。

③ 故障锁闭：在故障情况下道岔区段被锁闭时，控制台上有关道岔区段显示白光带。如当列车经过进路后，由于分路不良造成部分轨道区段不能解锁，控制台遗留白光带。

8. 道岔的转换

在不被上述任何一种锁闭的条件下，联锁道岔允许单独操纵，根据在控制台上的操作，能够进路式选动。在进路操纵过程中，如果尖轨转换遇阻不能转换到底时，为保护电机，允许单独操纵转回原来的位置。

为保证列车和调车作业安全，联锁道岔一经启动，则不受列车或调车车列进入道岔区段的影响，应继续转换到底。

转换到位后控制台有相应定位或反位表示，联动道岔只有两端尖轨均转换到位才能构成位置表示。

9. 引导接车

办理列车进段时，当有关信号机、轨道电路或道岔等故障时，进段信号不能正常开放，应使用引导接车的方式将列车接入车辆段内。

子任务 8.4.4 6502 电气集中联锁的工作原理

6502 电气集中电路的动作层次是：先选择进路，再锁闭进路，然后开放信号，最后解锁进路。

6502 电路是继电逻辑电路，包括网路电路和局部电路。网路电路的形状与站场形状相似。6502 电气集中的主要电路由 15 条网路线构成，其中 1～7 线为选路电路，8～15 线为执行电路，所以可将 6502 电路分为选择组电路和执行组电路两大部分。

1. 选择组电路

选择组电路由记录电路和选路电路组成，主要用来记录车站值班员按压按钮的动作，按要求自动选通所需进路，并将操作意图传给执行组电路。在记录电路中，由按钮继电器电路记录按压进路按钮的动作，由方向继电器根据所按压进路的顺序来区分进路的性质和运行方向。

选路网路包括选岔电路和开始继电器电路。在 7 条网路线中，1～6 线是道岔操纵继电器动作网路线，组成六线制选岔电路，用来在排列进路的过程中自动选出进路上的各有关道岔所需的位置；第 7 线是开始继电器励磁网路，用以检查所选进路和所排进路的一致性。进路选定后，即将车站值班员的操作意图传达到执行组电路，构成执行组的动作条件。

2. 执行组电路

执行组电路的作用是检查所有联锁关系，包括检查进路中的道岔位置、区段空闲、未建立敌对进路，实现道岔区段锁闭和开放信号，以及检查各种解锁条件，完成进路的解锁。执行组电路可分为信号检查、区段检查、信号开放、锁闭及解锁等环节。

执行组电路主要由 8 条网路线组成。其中，8 线是信号检查继电器电路，用来检查开放信号的可能性，即进路空闲、没有建立敌对进路、道岔位置正确；9 线是区段检查继电器和股道检查继电器电路，用来检查区段空闲，实现进路锁闭；10 线是区段检查继电器网路，用来实现进路锁闭，完成进路的正常解锁、取消、人工解锁、调车中途返回解锁及引导锁闭等；14、15 线是控制台光带表示灯电路。

除了 8 条网路线外，执行组电路还包括一些局部电路，如道岔控制电路、信号灯光控制电路、取消继电器电路、接近预告继电器电路、照查继电器电路、传递继电器电路、锁闭继电器电路，以及控制台的各种表示灯电路、报警电铃电路等。

任务 8.5 计算机联锁

计算机联锁是用微型计算机的软硬件和其他一些电子、继电器件组成的，具有“故障一安全”性能的实时控制系统。计算机联锁无论在安全性、可靠性、经济性等方面都是继电集中联锁无法比拟的，而且设计、施工、维修和使用大为方便，是一套全新的系统设备，被认为是车站联锁设备的发展方向。

子任务 8.5.1 计算机联锁控制系统的功能和特点

1. 计算机联锁控制系统的功能

① 联锁逻辑运算：接收 ATS 系统或车站值班员的进路命令，进行联锁逻辑运算，实现对道岔和信号机的控制。

② 轨道电路信息处理：处理列车检测功能的输出信息，以提高列车检测信息的完整性。

③ 进路控制：设定、锁闭和解锁进路。

④ 道岔控制：解锁、转换和锁闭道岔。

⑤ 信号机控制：确定信号机的显示。

2. 计算机联锁控制系统的特点

① 性能方面：大大减少了系统的设计与施工工作量，并方便系统的功能扩容与完善；提供了现代化的声像图文显示，人机交互功能完善；系统的可靠性和安全性更高。

② 经济方面：性能价格比高，适于大型车站的系统应用；采用分布式系统结构，节省了干线电缆的使用造价；体积小，占地面积小，而且车站规模越大，面积节省越显著。

③ 维护方面：安装、运行、维修费用大幅度减少；具有自诊断、故障定位等功能，可实现远程实时控制；继电部分结构简单，便于维护。

④ 其他方面：系统便于联网，为轨道交通信号系统的智能化和网络化方向发展创造了条件。

子任务 8.5.2 计算机联锁的操作方式

计算机联锁基本保留了 6502 电气集中的操作原则，但计算机联锁多采用显示和操纵分开的方式。按人机会话硬件设备形式不同，计算机联锁有以下几种方式。

1. 控制台方式

在计算机联锁发展的初级阶段，系统的操作通过控制台实现，有的采用专用按钮盘（由绘制站场图的金属板和按钮组成）配备显示器，有的直接采用原有电气集中控制台。但这种设备不能完全体现计算机联锁的特点，在站场改扩建时，控制台的配线和开关量输入板改动较大。

2. 数字化仪方式

数字化仪由各种标准尺寸的面板和控制定位工具组成，与计算机通过串行口连接，通过编制通用程序即可实现上位机的按钮发送任务。车站值班员的操作意图通过操作光笔动作数字化仪实现，与传统的按压按钮的操作方式相像。其特点是不用另外增加硬件设备，只需通过各种绘图软件绘制相应站场图并输入相应数据即可完成控制台的设计。

3. 鼠标方式

通过鼠标单击显示器上的按钮实现各种功能。目前多采用鼠标方式。

使用数字化仪方式或鼠标方式，计算机联锁系统一般都使用大屏幕显示器（CRT 显示器）或液晶监视器（LCD 显示器），以使车站值班员能清晰地看到站场的实际状态及各种信息。当站场规模较大时，可以采用多屏显示卡，连接多个大屏幕显示器，分屏显示站场的结构。显示器能给出控制台的全部信息，以彩色光带和图形符号模拟表示出整个站场的线路、轨道电路区段、信号机及道岔等设备的位置及状态，并给出各种操作表示。显示器还能提供当前时间、无效操作的提示，并配合语言系统发出各种报警信号。

子任务 8.5.3　TYJL－Ⅱ计算机联锁系统

1. TYJL－Ⅱ计算机联锁系统的结构

TYJL－Ⅱ计算机联锁系统是由铁科院通号所研制的双机热备结构计算机联锁系统，是分布式多微机系统，其主要设备包括操纵显示设备、监控机、联锁机、执表机和输入/输出接口、现场设备和其他设备。图 8－13 所示为 TYJL－Ⅱ计算机联锁系统结构。

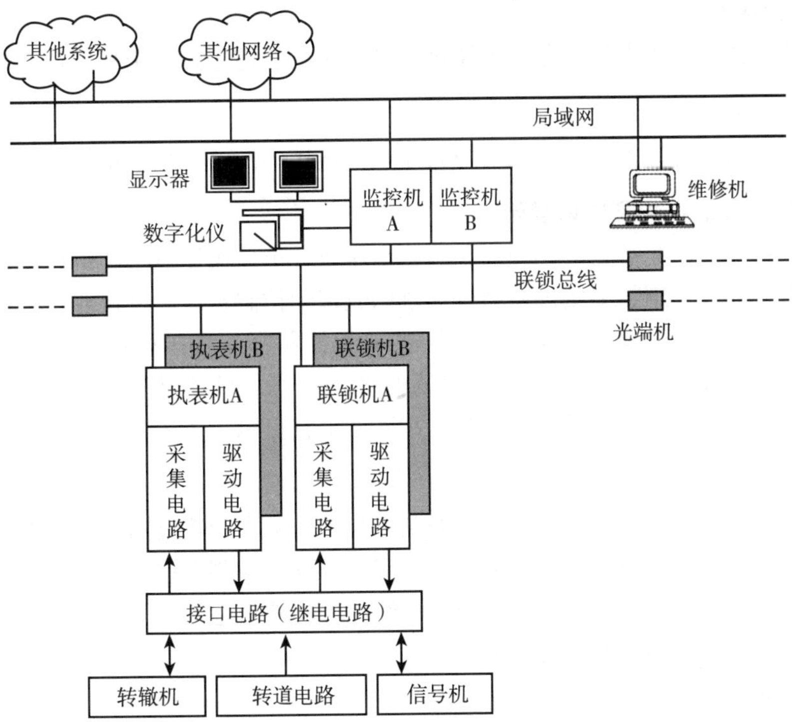

图 8－13　TYJL－Ⅱ计算机联锁系统结构

1）操纵显示设备

计算机联锁的操纵显示设备有多种形式：数字化仪加显示器、鼠标加表示器及控制表示合一的控制台等多种形式，其主要功能是供值班员办理各种行车命令，提供站场图形显示、语音和文字提示等。

2）监控机

监控机的主要功能是作为人机接口，一方面接收来自控制台的操作命令和向控制台提供图像显示、语音、文字等信息，另一方面与联锁机进行信息交换，向联锁机提供初选的操作命令并接收来自联锁机的道岔、信号、轨道电路等表示信息。

3）联锁机

联锁机是计算机联锁系统的核心，根据现场信号设备状态和控制台操作命令，实现信号设备的联锁逻辑处理功能，完成进路选择和锁闭，发出转换道岔和开放信号等控制命令。

4）执表机和输入/输出接口

执表机通过由继电电路构成的输入/输出接口，接收并执行来自联锁机的控制命令，采集并向联锁机发送现场设备信息。

5）现场设备

现场设备保留电气集中的设备，转辙机、信号机、轨道电路等仍采用现有的成熟电路。

6）其他设备

计算机联锁除上述设备外，还包括与其他系统连接的网络、维修机等设备。

2. 计算机联锁的操作及屏幕显示

计算机联锁根据作业情况可办理列车、调车作业，单独操作道岔和单独锁闭道岔，引导接车等，操作方式可采用数字化仪控制台、鼠标或单元控制台，所有作业均在数字化仪上通过点压按钮或用鼠标在屏幕上按压“按钮”或单元控制台上按压按钮进行操作。通过显示器（或控制台）显示操作的控制命令和现场的设备状态，显示器屏幕上有各种汉字提示，并通过语音代替电铃报警。当操作有误时，在屏幕上将显示“办理有误”的提示。

1）屏幕显示

屏幕显示按站场图形布置，平时显示的灰色光带为基本的轨道图形。有连续溜放作业的站场，在溜放区设有小区段，在屏幕上用蓝色竖线分隔。为调车作业设置的绝缘是大区段绝缘，在屏幕上用竖线表示，灰色为普通绝缘，红色带圆圈为超限绝缘。

屏幕图形显示各种颜色的含义如下：

（1）轨道区段

平时轨道区段为粗线，当该区段的轨道继电器前后接点校核错时为细线，各种颜色的含义如下：

灰色光带——基本图形；

白色光带——进路在锁闭状态或溜放进路在退路锁闭状态；

红色光带——轨道区段有车占用，或故障；

绿色光带——区段出清后尚未解锁或溜放进路在有车占用后处于退路锁闭状态；

蓝色光带——进路初选状态；

青色光带——接通光带，或连溜时溜放区的道岔位置。也可点压机占按钮和股道上的信号按钮，人工设置或取消机占标志，用于办理特殊作业或封锁股道。

（2）列车信号

各种颜色的列车信号含义如下：

红色——信号关闭；

绿色、单黄、绿黄、双黄及双绿——信号开放；

红色、白色同时显示——引导信号开放；

红色闪光——灯丝断丝；

白色闪光——溜放及退路信号开放；

白色外框（方形）——表明信号处于封闭状态，按钮失效；

粉红色外框（圆形）闪光——表明信号前后接点校核错。

（3）调车信号

各种颜色的调车信号含义如下：

蓝色——调车信号机关闭；

红色——起阻挡作用的调车信号机关闭（用在某些地方，如专用线入口处）；

白色——调车信号机开放；

白色闪光——溜放进路及退路信号开放；

红色闪光——表示灯丝断丝；

白色外框（方形）——表明信号处于封闭状态，按钮失效；

粉红色外框（圆形）闪光——表明信号前后接点校核错。

信号机旁平时不显示信号名称，只有在信号开放、相应股道被占用、信号前后触点校核错、灯丝断丝或办理进路时显示。点压“信号名称”按钮可显示信号名称。信号名称显示的含义为：

绿色闪光——办理列车作业，始端或终端按钮按下，进路尚未排通；

黄色闪光——办理调车作业，始端或终端按钮按下，进路尚未排通；

粉红色闪光——办理总取消；

红色闪光——办理总人解，正在延时解锁；

黄色——提示该信号在开放状态或相应股道被占用，信号前后触点校核错或断丝（断丝时信号复示器为红闪）；

浅灰色——办理总人解时，等待输入口令；

深灰色——按下信号名称按钮，显示全部信号名称；

红色外框（方形，在名称外）——表明该信号的接近轨道被占用，不允许再在该区段排列进路，机车退出后占用自动消失。

（4）道岔

道岔岔尖处用缺口表示道岔位置，无缺口的一侧表示道岔开通位置。当道岔无表示时，道岔岔尖处闪白色光，挤岔时岔尖闪红色光，同时出现道岔名称。数字化仪盘面上道岔处箭头所指方向为道岔定位位置。点压道岔名称时，在显示器上道岔岔心处的短绿光带表示定位，短黄光带表示反位。

道岔颜色有以下含义：

黄色——道岔正在转换；

红色——道岔单独锁闭；

白色——道岔封闭；

灰色——按下道岔名称按钮 ，显示全部道岔名称。

道岔单独锁闭的含义是指可通过该道岔锁定位置排进路，但不能操纵；道岔封闭是指不能通过该道岔排进路，但道岔可以单独操纵。道岔封闭是专为电务人员维修道岔而设。

（5）按钮设置

采用数字化仪的站场，按钮设在数字化仪控制台上，操作时用光笔在控制台上点压有关按钮进行，信号员在用数字化仪办理完操作后，务必不要将光笔放在数字化仪上站场平面图的有效范围内。采用鼠标控制的站场，利用单击鼠标左键来实现在屏幕上按压“按钮”的功能，屏幕上设置的按钮有通用按钮及其他按钮，除信号和道岔按钮外其他按钮平时都隐含在屏幕内。

在屏幕空白处单击鼠标左键，屏幕上会出现功能按钮，在屏幕空白处单击鼠标右键可取消这些按钮。屏幕下方虚框为提示框。屏幕上的主要按钮包括：

① 信号按钮——数字化仪盘面线路上的绿色方块是列车按钮，线路旁的蓝色方块是调车按钮或变更按钮。用鼠标操作时，用股道旁的列车信号机作为列车按钮，调车信号机作调车按钮。列车按钮用鼠标右键，调车按钮用左键。列车终端、调车终端的变更按钮为灰色方块。

② 功能按钮——包括“总取消”“总人解”“道岔总定”“道岔总反”“道岔单锁”“道岔单解”“封闭”“清封闭”“区段故障解锁”“破封检查”等按钮。办理时，先单击功能按钮，屏幕上出现该功能的提示，再单击有关的道岔或信号按钮。对于铅封按钮，单击后需输入口令，单击一次功能按钮，只能有效一次。凡是单击带口令的按钮时，屏幕均有计数器记录使用次数。按下破封检查按钮可依次查看各个铅封按钮的使用次数。

③ 道岔按钮——设于道岔岔尖处的黄色圆块为道岔按钮，双动道岔两端均设有黄色圆块，用鼠标时，屏幕上道岔岔尖处为道岔按钮，双动道岔两端均为道岔按钮，单击任意一个均可。

④ 其他按钮——包括“上电解锁”“区段解锁”“信号名称”“道岔名称”“接通光带”

“清提示”“清按钮”“车次”“破封检查”等，单击后完成相应功能。例如单击“道岔名称”按钮后屏幕上出现所有道岔名称及道岔所在位置，绿色短光带表示道岔处于定位，黄色短光带表示道岔处于反位，再单击一次显示消失。

2）操作举例

（1）进路的办理与操作

进路的办理方法如下：

单击“始端—终端”，开通基本进路。

单击“始端—变更（或多个变更）—终端”，开通变更进路。

① 列车进路。

先单击始端信号按钮。例如单击 X 信号，相应的 X 信号名称绿色闪光，并在屏幕下端提示：“始端—X”。再单击终端信号按钮，例如单击 S1 信号，相应的 S1 信号名称绿闪，屏幕下端提示变为：“始端—X—终端—S1”。若满足选路条件，则开始动岔、锁闭进路、开放信号。若选路条件不满足，则在以上提示后面加“—按钮不符”或“—选路不通”或“—有区段锁闭”或“—有区段占用”或“—有道岔要点”等，并给出道岔或区段名称。正线通过进路时，须先单击进站信号机列车按钮，再单击出发咽喉的列车终端按钮。

② 调车进路。

调车进路同样通过单击始端、（变更）、终端按钮办理。

反向单置信号可做调车变更，并置或差置信号可做同向进路变更。变更按钮不受此限。调车进路的办理方法和显示与列车进路相同。

③ 对原铅封按钮的相应办理。

为办理慎重起见，相对于原铅封按钮单击后，屏幕将提示输入口令，单击口令后操作才被执行，微机系统自动记录，并且在屏幕提示栏有记录显示。以总人解 X 进路为例：先单击“总人解”，再单击 X 按钮，此时屏幕下方提示“总人解—X—请输入口令—123—”，据此依次单击数字 123，正确后屏幕下方提示“OK”，此时操作被执行。

④ 误办的进路。

误办的进路，需要变更时，在进路未锁闭前可单击本咽喉的“总人解”或“总取消”按钮取消，然后还需单击“清按钮”按钮；锁闭后的进路需单击“总取消”或“总人解”按钮和“始端”按钮取消进路；当接近区段有车占用时，必须单击“总人解”按钮和进路始端按钮，延时 30 s 或 3 min 后解锁。

⑤ 进路的故障解锁。

计算机联锁取消了继电联锁的区段事故解锁盘，转而采用始、终端进路故障解锁，故共有以下几种故障解锁情况：

a）尚未使用的进路中某区段故障，出现红光带，此时信号关闭，进路处于锁闭状态，如接近区段无车，单击“总人解”和“始端”按钮并输入口令，进路自始端至故障区段解锁，若接近区段有车，进路延时 30 s 或 3 min 解锁。故障区段至终端之间的进路，需单击

“总人解”和“终端”按钮并输入口令，延时30 s解锁。若故障区段为进路的第一区段，接近区段又有车，则进路无法解锁，应等待设备恢复。

b）某进路列车已驶入，但由于进路中的某区段故障，在列车驶离后，仍保留红光带，致使此区段到终端的部分进路无法解锁。若故障区段为进路的第一区段，则需单击“总人解”和“始端”按钮并输入口令，将进路的始端取消，再单击“总人解”和“终端”按钮并输入口令，将进路解锁，进路始端取消后（始端标志消失），也可采用区段故障解锁逐段解锁故障进路。如果故障区段非第一区段，在列车正常驶过第一区段后，第一区段自动解锁，原进路的始端已不存在，待列车驶出该进路后，单击“总人解”和“终端”按钮并输入口令，故障区段至终端的进路解锁，也可采用区段故障解锁逐段解锁故障进路。为保证自进路终端的故障解锁不会导致列车进路的迎面解锁，必须要求故障区段（红光带）至终端的各区段均被车列占用过又出清后，单击“总人解”和“终端”按钮才能生效。

c）进路中某区段轨道电路分路不良，在列车通过后进路不能正常解锁。若进路始端尚存在时，单击“总人解”和“始端”按钮可将整条进路解锁；若第一区段已正常解锁，进路始端消失，或始端信号已作别的进路的始端或始端至未解锁区段间道岔已改变位置，则可用“总人解”和“终端”按钮将进路解锁，或采用区段故障解锁逐段解锁故障进路。如果用“终端”按钮也不能解或找不到“终端”按钮时，就要用区段故障解锁的办法来解，即单击区段故障解锁按钮和故障区段中的任一道岔按钮将该区段解锁。车列出清道岔区段和股道时，先显示绿光带，待进路经3 s解锁后恢复灰光带。

d）进路排通后，因某种原因使轨道继电器瞬间落下，此时信号关闭，该区段屏幕显示由白光带转为绿光带，进路仍处在锁闭状态，单击进路信号“始端”按钮，信号重复开放，绿光带保持不变。

（2）单独操纵和单独锁闭道岔

道岔区段在解锁状态时，允许办理单独操纵道岔。同时单击“总定位”（总反位）按钮和“道岔”按钮，屏幕提示处显示“道岔总定（总反）……C×××”。在道岔转换过程中，屏幕道岔岔尖处闪白光，同时道岔号显示黄色。

单击“单独锁闭”按钮和“道岔”按钮，屏幕提示处显示“单独锁闭……C×××”，同时显示红色道岔号。单独锁闭后，不能再单独操纵道岔，但还可通过该道岔排列进路。单击“单独解锁”和“道岔”按钮，该道岔解锁。

（3）封闭信号和封闭道岔

先单击“封闭”按钮，再单击“信号”按钮或“道岔”按钮，这时信号机外套上白色方框，道岔名显示白色，表明该按钮已不能再进行操作，也不能再通过该道岔排进路。

（4）闭塞办理

闭塞办理方式与现有技术条件相同，所不同的是，闭塞及复原按钮需单击“确认”后才能执行。屏幕上相应闭塞状态由红、绿、黄三色箭头分别表示。

由于设备故障等原因不能正常复原时，经双方值班员确认区间无车的情况下，可由一方单击“事故复原”按钮使设备复原，但“事故复原”按钮需输入口令后才能执行。

（5）引导接车

① 进路引导接车。

当某轨道区段故障影响正常接车时，可用进路引导接车。办理方法是：首先车务人员必须确认要开通的进路上无车，将道岔单操到需要的位置后单击该进路信号的“引导”按钮，如下行接车，单击“X 引导”按钮，屏幕提示“进路引导接车—X，请按口令 234！”，值班员依次输入 234，屏幕上显示“OK”，进路锁闭，引导信号开放。

和继电设备所不同的是，当进站信号内方第一区段故障时，信号开放 10 s 就会关闭，为保证引导信号开放，需要每隔 8 ~9 s 单击一次“X 引导”按钮，单击完后屏幕提示窗有倒计时提示，直到列车进入进站信号机内方。

在引导信号开放时，第一区段有车占用，单击“引导”按钮，不需输入口令。另外，在这种情况下也可以直接单击该信号的列车按钮。引导信号开放后，可用“总人解”按钮关闭该引导信号，引导进路可自动解锁。

② 引导总锁闭。

在数字化仪上，每个咽喉设一个引导总锁闭按钮。当道岔因电气故障失去表示时，可用引导总锁闭接车，但车务人员必须确认道岔位置走向正确，进路上无机车车列占用，才可用引导总锁闭接车。

办理的方法是：先单击该咽喉的“引导总锁”按钮，如单击下行咽喉的“引导总锁”按钮，屏幕提示：“下行引导总锁，请按口令 369！”，然后依次单击数字按钮 369，屏幕提示“OK”，同时有红色闪光的“引导总锁”汉字提示，接着再单击进站信号的“引导”按钮，引导信号开放。

取消引导总锁的办理方法是：先单击“总人解”按钮，再单击“引导总锁”按钮，并输入口令 123 即可。

子任务 8.5.4 SICAS 计算机联锁系统

SICAS（西门子计算机辅助信号系统，其英文全称为 Siemens computer aided signalling）是基于“故障—安全”高可用性的微机联锁系统，可以监督和控制道岔、轨道区段、信号机及其他室外设备的部件，包括单独操作和排列进路、辅助操作、操作员动作记录、进路占用和解锁、与列车自动控制系统设备的集成等。它具备集中和本地操作能力的 ATS 系统，可以保证系统的高可用性和扩展性。

1. SICAS 联锁系统的组成和功能

SICAS 联锁包括：LOW（现场操作员工作站）、SICAS（联锁计算机）、STEKOP（现场接口计算机）、DSTT（现场接口模块）以及现场的道岔、轨道电路和信号机，如图 8 – 14 所示。

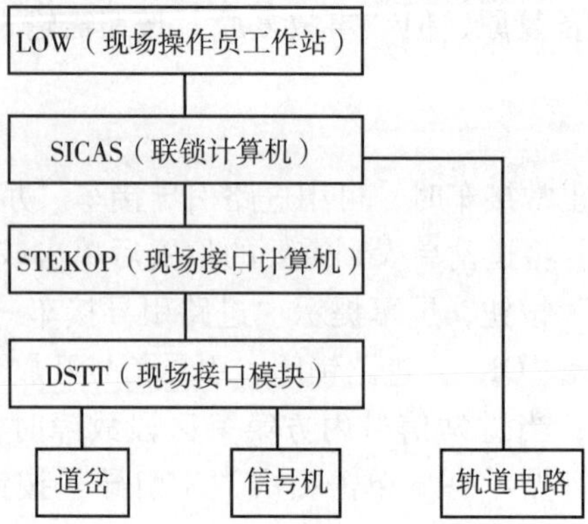

图 8-14　SICAS 联锁总体结构图

系统中，联锁计算机对现场设备的控制有三种基本配置。一是带 DSTT 的系统，由 SICAS 直接经 DSTT 控制现场设备；二是带 DSTT 和 STEKOP 的系统，SICAS 经 STEKOP 和 DSTT 控制现场设备；三是带 ESTT（电子元件接口模块系统）的系统，SICAS 直接经 ESTT 控制现场设备。

除上述外，SICAS 联锁系统还有与 ATC 系统、其他联锁（车辆段联锁设备、相邻 SICAS）的接口。

LOW（现场操作员工作站）是人机操作界面，将设备和列车运行情况图形化显示，接受操作人员的操作指令，并传递给联锁计算机进行处理。

SICAS 的联锁计算机根据需要可采用 2 取 2 结构或 3 取 2 结构，主要功能是：接收来自 LOW 的操作指令和来自现场的设备状态信息，联锁逻辑运算，排列、监督和解锁进路，动作和监督道岔，控制和监督信号机，防止同时排列敌对进路，向 ATC 发出进入进路的许可，并将产生的结果状态和故障信息传送至 LOW。

根据配置不同，SICAS 对现场设备控制部分包括 ESTT、STEKOP、DSTT 几部分：

① ESTT 可直接连接 SICAS 和现场设备，ESTT 到联锁计算机的距离可达 100 km。每个轨旁元件，如转辙机、信号机、速度监督元件等，都有一个电子元件接口模块。每个电子元件接口模块都有完整的硬件和所需控制轨旁元件的软件，大部分电子元件接口模块包含一个现场总线接口板 FEMES，用于保证 SICAS、ESTT、监控对象之间数据的传输。

② DSTT 是分散式元件接口模块，经由并行线与 SICAS 相连，根据 SICAS 的命令控制现场设备，如道岔、信号机或轨道空闲检测系统。从联锁计算机到 DSTT 的最大距离是30 m，DSTT 与轨旁元件间最大距离 1 km。

③ STEKOP 是一个采用二取二结构的“故障—安全”型联锁主机，实现联锁计算机与 DSTT 间的连接，可控制 100 km 的范围。STEKOP 的主要功能是：读入轨道空闲表示信息和开关量信息，根据 SICAS 发出的命令和 DSTT 的结构，分解命令，输出并控制 DSTT，实现对转换设备、显示单元的控制，并将开关量信息回传给 SICAS。

2. 联锁主机的结构

为保证设备安全和提高设备可靠性，目前联锁主机主要采用两种冗余方式：二乘二取二系统和三取二系统。

二乘二取二系统由两个各自独立的、相同的、对命令同步工作的计算机通道组成，过程数据由两个通道分别输入、比较并进行处理，并且只有当两个通道处理结果相同时才能输出。独立于数据流的在线计算机监测功能在一定的周期内完成一次，一旦检测到故障，此系统将停止工作，以避免连续出现故障引起的危害。

三取二系统由三个各自独立的、相同的、对命令同步工作的计算机通道组成。过程数据由三个通道分别输入、比较并进行处理，只有当三个或两个通道处理结果相同时结果才能输出。如果其中一个通道故障，在该检测周期内相关通道会被切除，联锁计算机按二取二系统方式继续工作，只有当又一个通道故障时，系统才停止工作。采用这种三取二的方式，提高了系统的可靠性和安全性。

3. 与有关设备的接口

1）与车辆段联锁的接口

正线车站与车辆段的信号接口设有相互进路照查电路，操作人员只有确认设置于控制台或计算机屏幕的照查表示灯显示后才能开放信号。主要联锁关系包括：

① 不能同时向对方联锁区排列进路；

② 当进路中包含有对方轨道电路时，必须根据对方相关轨道电路空闲信息进行进路检查，进路排列后须将排列信息传送至对方，并要求对方排出进路的另一部分；

③ 列车入段时，车辆段必须先排列接车进路，正线车站才能排列入段进路，以减少对咽喉区的影响。

2）与洗车机接口

只有得到洗车机给出的同意洗车信号时，才能排列进入洗车线的进路，否则不能排列进路。

3）与防淹门接口

在特别情况发生时，SICAS 联锁通过与防淹门的接口保证列车运行安全。联锁设备与防淹门间传递的信息包括：防淹门“开门状态”信息、“非开门状态”信息、“请求关门”信息，以及信号设备给出的“关门允许”信息，信息交换过程如下：

① 只有检测到防淹门的“开门状态”信息而且未收到“请求关门”信号时才能排列进路；

② 信号机开放后，收到防淹门“非开门状态”信息时，立即关闭并封锁信号机；

③ 信号机开放后，收到防淹门“请求关门”信息时，关闭并封锁始端信号机并取消进路（接近区段有车占用时延时 30 s 取消进路），通过轨道电路确认隧道内没有列车后立即发

出“关门允许”信号，否则需要防淹门操作人员人工确认列车运行情况，并根据有关规定人工关门。

4）与 ATC 接口

SICAS 联锁与 ATC 的连接通过逻辑的连接来实现，响应来自 ATS 的命令，进行联锁逻辑运算，在满足安全的前提下，控制进路、道岔和信号机，并将进路、轨道电路、道岔、信号机的状态信息提供给 ATS（列车自动监控系统）、ATP（列车自动防护系统）、ATO（列车自动运行系统），主要设备状态信息包括：

① 进路状态——进路的锁闭、占用、空闲；

② 信号机的状态——信号机的开放、关闭；

③ 道岔位置——道岔的定位、反位、四开、挤岔；

④ 轨道电路状态——占用、锁闭、空闲。

5）与相邻联锁系统接口

城市轨道交通正线车站被划分为数个联锁区，各联锁区的相互连接经由联锁总线通过连接中央逻辑层实现，联锁边界处的每个设备均以其进路特征反映至相邻联锁系统。

当一条进路的始端信号机和终端信号机位于不同联锁区时，进路由始端信号机所在的联锁区来设定，进路包括带有自身联锁区内进路部分和相邻联锁区内进路部分的连接点，两部分相互作用实现 SICAS 联锁的链接。

4. LOW 现场操作员工作站的操作

LOW 的全称是 local operator workstation，中文含义为现场操作员工作站。LOW 是具有人机操作界面，将设备和列车运营情况图形化显示，接受操作人员的操作指令并传递给联锁计算机进行处理的区域终端设备。每个联锁站都有一套 LOW 设备，主要由一台电脑和一台记录打印机组成。

联锁设备和行车状况（轨道占用、道岔位置和信号显示等）在彩色显示器上以站场图形式显示，使用鼠标和键盘，在命令对话窗口上可以实现常规命令及安全相关命令的联锁操作。所有安全相关命令的操作、操作员登录/退出操作、设备故障报警等信息将被记录存档。根据实际控制需要，一个联锁系统可以拥有几个操作控制台，几个联锁系统也可以采用一个控制台。

1）LOW 的屏幕显示

显示器屏幕由三个窗口组成，分别为基本窗口、主窗口和对话窗口，每个窗口的排列是固定的。图 8 – 15 所示为 LOW 主界面。

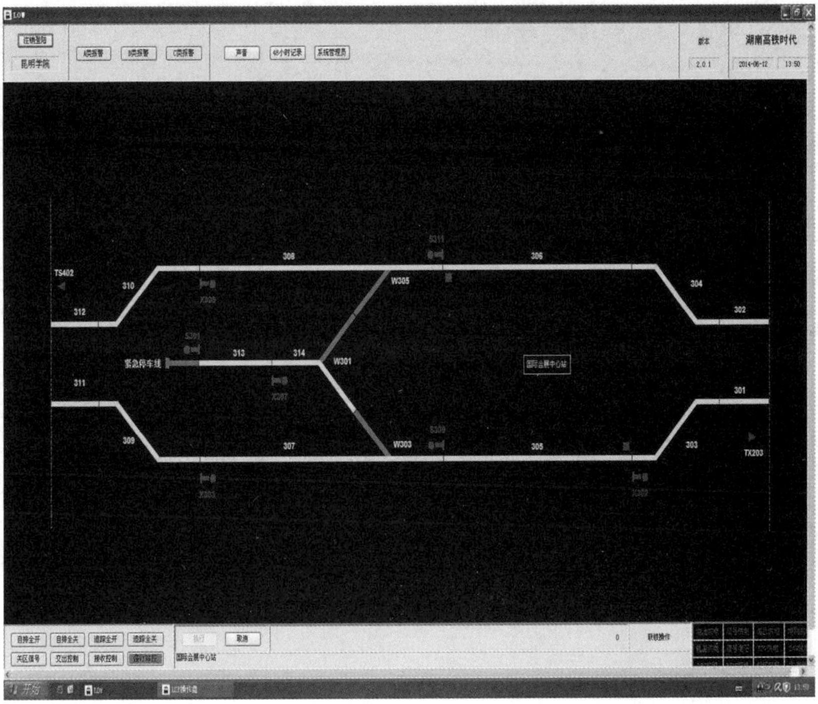

图 8－15　LOW 主界面

（1）基本窗口

系统启动后第一个出现的窗口为基本窗口，基本窗口包括：登记进入/注销登录按钮；A、B、C 类报警按钮；系统管理员按钮；48 小时记录按钮；消除报警音响按钮；日期和时间显示；版本号显示。图 8－16 所示为 LOW 基本窗口。

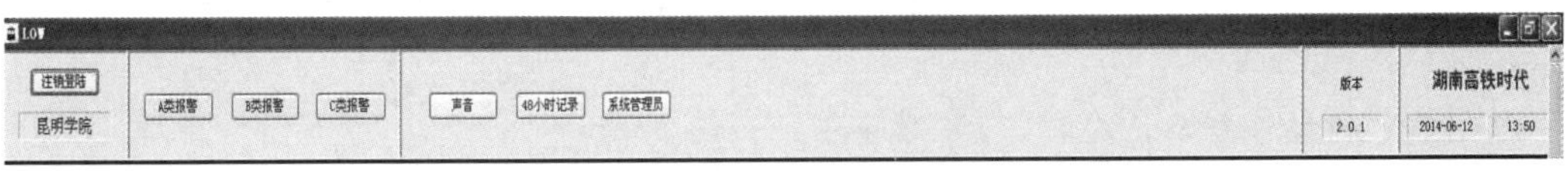

图 8－16　LOW 基本窗口

（2）主窗口

主窗口可以显示整个电子联锁站场及所有过程信息，用于显示站场图，可把本联区管辖的必要设备显示出来。图 8－17 所示为某站的主窗口图。

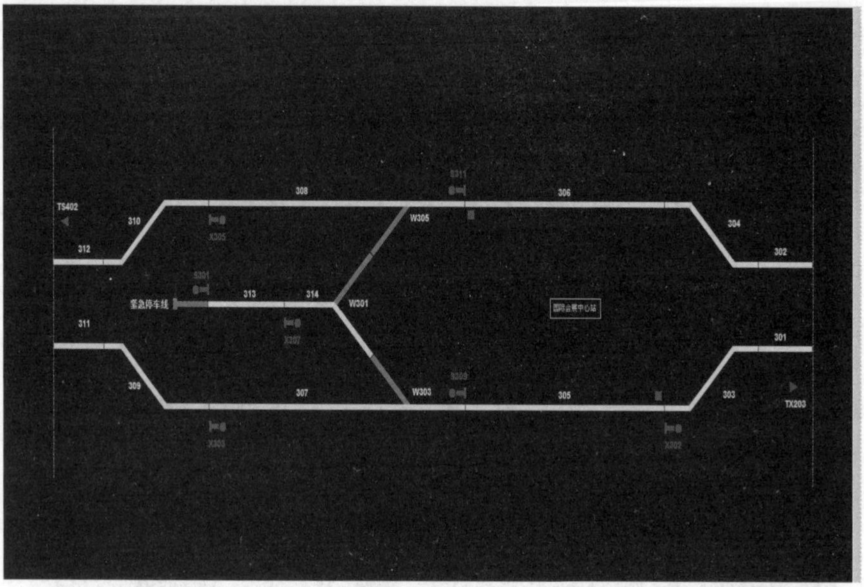

图 8－17　某站的主窗口图

（3）对话窗口

对话窗口主要由命令按钮栏、执行按钮、取消按钮，以及综合信息显示栏组成。图 8－18所示为对话窗口。

图 8－18　对话窗口

2）LOW 的操作命令

LOW 的操作命令根据安全等级分为“常规操作命令”（用 R 表示）和“安全相关操作命令”（用 S 表示）。

安全相关操作命令是指该命令执行后可能会影响行车安全或设备安全。安全相关命令只有在 LOW 上才可以操作，其安全责任主要由操作员承担，故必须确认相关的操作前提并且须输入正确的命令，操作完毕后必须在值班日记中做好记录。表 3－1 所示为 LOW 工作站上的操作命令。

表8-1 LOW工作站上的操作命令

相关设备	按钮名称	命令含义	命令类型	备注
联锁	自排全开	全部信号机处于自动排列进路状态	R	关闭所有具有自排功能的信号机的追踪进路功能
	自排全关	全部信号机处于人工排列进路状态	R	
	追踪全开	全部信号机处于联锁自动排列进路状态	R	关闭所有具有追踪功能的信号机的自排功能
	追踪全关	全部信号机取消联锁自动排列进路状态	R	
	关区信号	关闭联锁区全部信号机，并封锁	R	
	交出控制	向OCC交出控制权	R	
	接收控制	从OCC接收控制权	R	控制中心（ATS）已交出控制权
	强行站控	车站强行从OCC取得控制权	S	强行站控后必须报告行调（C-LOW无此命令）
	重启令解	系统重新启动后，解除命令的锁闭	S	指的是SICAS系统重新启动
	全区逻控	将本联锁区全部轨道区段设置为逻辑空闲	S	
轨道区段	封锁区段	禁止通过该区段排列进路	R	如果该轨道区段已存在进路，只对下一条进路生效
	解封区段	允许通过该区段排列进路	S	
	强解区段	解封进路中的该区段	S	
	轨区逻空	把区段设为逻辑空闲	S	
	轨区设限	设置该轨道区段的限速	S	无进路状态下使用
	轨区消限	取消轨道区段的限速	S	
	终止站停	取消运营停车点	R	只能用于正常运营方向
道岔	单独锁定	锁定单个道岔，阻止转换	R	
	取消锁定	取消对单个道岔的锁定，道岔可以转换	S	
	转换道岔	转换道岔	R	道岔区段逻辑空闲，道岔没有被锁闭，道岔没有挤岔，道岔没有（单独）锁定
	强行转岔	轨道区段占用时，强行转换道岔	S	道岔区段非逻辑空闲，道岔没有被锁闭，道岔没有挤岔，道岔没有（单独）锁定
	封锁道岔	禁止通过道岔排列进路，但道岔可通过转换道岔命令进行位置转换	R	
	解封道岔	允许通过道岔排列进路	S	
	强解道岔	解锁进路中的道岔	S	接近区段有车时延时30 s解锁
	岔区逻空	把道岔区段设置为逻辑空闲	S	
	岔区设限	对道岔区段设置限速	S	限制速度可设为15 km/h、30 km/h、45 km/h、60 km/h
	岔区消限	取消对道岔区段的限速	S	C-LOW没有

续表

相关设备	按钮名称	命令含义	命令类型	备注
道岔	挤岔恢复	取消挤岔逻辑标记	S	道岔没有锁闭，道岔挤岔，道岔没有（单独）锁定；不管道岔区段是逻辑空闲还是逻辑占用，都可以执行“挤岔恢复”命令
信号机	关单信号	设置信号机为关闭状态	R	只能作用于开放的信号机
	封锁信号	封锁在关闭状态下的信号机	R	
	解封信号	取消对关闭状态下的信号机的封锁	S	
	开放信号	设置信号机为开放状态	R	信号达到主信号层，没有被封锁，且信号机正常
	自排单开	设置单架信号机处于自动排列进路状态	R	信号机具备自排功能且追踪全开功能没有打开，根据目的地码排列进路
	自排单关	设置单架信号机处于人工排列进路状态	R	
	跟踪单开	单架信号机由联锁自动排列进路	R	信号机具备追踪功能且自排全开功能没有打开
	跟踪单关	单架信号机取消由联锁自动排列进路	R	
	开放引导	开放引导信号	S	
车站	关站信号	关闭车站所有信号机并锁闭	R	

在操作 LOW 工作站过程中，操作员必须确认进路要素以正确的方式显示，否则应立即停止和取消该项操作，并报告行车调度员（以下简称“行调”），行调根据具体情况，当确认 LOW 不能正常操作时，发布停止使用命令，LOW 工作站设备故障停止使用命令时，按 LOW 工作站设备故障进行处理，组织行车。

LOW 工作站操作员在结束操作或临时离开车站控制室时，应将工作站退回到登记进入状态，严禁中断 LOW 工作站工作，严禁进行与行车无关的工作。

LOW 工作站的设备管理人员或维修人员需操作 LOW 工作站时，应征得车站值班站长同意，并经行调授权后以自己的用户名和口令登记进入系统，在不影响行车的情况下方可进行操作。

3）LOW 上对轨道区段的操作

对轨道区段进行操作，必须用鼠标的左键单击 LOW 主窗口上的轨道元件或轨道元件编号，此时所选元件被打上灰色底色，然后在对话窗口中的命令显示栏用鼠标的左键单击所需的命令，最后用鼠标的左键单击对话窗口中的“执行”按钮即可。图 8－19 所示为 LOW 轨道区段。轨道区段在 LOW 上的显示如表 8－2 所示。

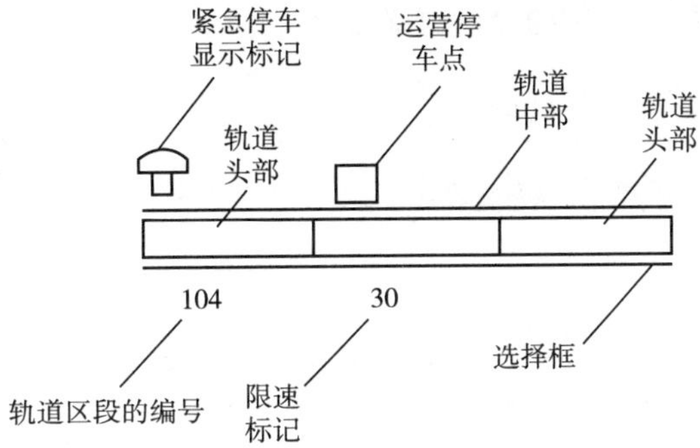

图 8－19 LOW 轨道区段

表 8－2 LOW 上轨道区段的显示意义

元素	显示及状态	显示意义
轨道区段	黄色	常态、空闲、没有被进路征用
	绿色	空闲、被进路征用
	红色	物理占用
	粉红色	逻辑占用
	深蓝色（中部）	区段已被封锁，拒绝通过该区段排列进路
	灰色	无数据（轨道电路设备与联锁计算机连接中断）
	稳定	表示正常
	闪烁	表示在延时解锁中
轨道区段的编号	闪烁	与 ATP 连接中断
	稳定	表示正常
	白色	正常
	灰色	无数据
运营停车点	红色	常态，设置了停车点
	绿色	取消了停车点
紧急停车显示标志	站台区段会出现一个红色闪烁点	按压了按钮，紧急停车生效
	红色闪烁点消失	按压了取消停车按钮，列车可正常运行
区段限速标记	区段下方显示红色字体的 60、45、30、15	列车以不大于此限速通过该区段

4）LOW 上对道岔的操作

在 LOW 上对道岔进行操作，必须用鼠标的左键单击 LOW 主窗口上的道岔元件或道岔编号，此时所选元件被打上灰色底色，然后在对话窗口中的命令显示栏左下角用鼠标的左键单击所需的命令，最后用鼠标的左键单击对话窗口中的“执行”按钮即可。如图 8－20 所示为对道岔的操作。LOW 上道岔的显示意义如表 8－3 所示。

图 8－20　对道岔的操作

表 8－3　LOW 上道岔的显示意义

元素	状态	显示意义
道岔编号	白色	道岔正常、无锁定
	红色	道岔被单独锁定
	稳定	正常
	闪烁	出现 lick－off 储存故障
道岔编号框	不显示	没有被进路征用
	显示	被进路征用锁闭
岔体	黄色	常态、空闲、没有被进路征用
	绿色	空闲、被进路征用
	红色	占用、物理占用
	粉红色	占用、逻辑占用
	深蓝色（中部）	区段已被封锁，拒绝通过该区段排列进路
	灰色	无数据
	淡绿色	空闲、被进路征用为保护区段
道岔位置	有颜色显示	在左位或右位
	道岔左位闪烁（短闪）	道岔左位转不到位（左位无表示）
	道岔右位闪烁（短闪）	道岔右位转不到位（右位无表示）
	道岔左右位及延伸部分闪烁（长闪）	道岔挤岔

道岔区段设置了限速，限速的列车最高速度会以红色的 60、45、30、15 字体在相应的区段下方显示出来。此时，列车通过该道岔区段的最高速度不能大于此限制速度，可设置的速度分别为：60 km/h 、45 km/h 、30 km/h 、15 km/h 四种。图 8－21 所示为 LOW 道岔结构。

5）LOW 上对信号机的操作

对信号机进行操作，必须用鼠标的左键单击 LOW 主窗口上的信号机元件或信号机元件编号，此时所选元件被打上淡蓝色底色，然后在对话窗口中的命令显示栏（在 LOW 的左下角）用鼠标的左键单击所需的命令，最后用鼠标的左键单击对话窗口中的“执行”按钮即可。图8－22所示为信号机结构。图8－23所示为封锁信号的操作。图8－24所示为解封信号的操作。表8－4所示为LOW上信号机显示意义。

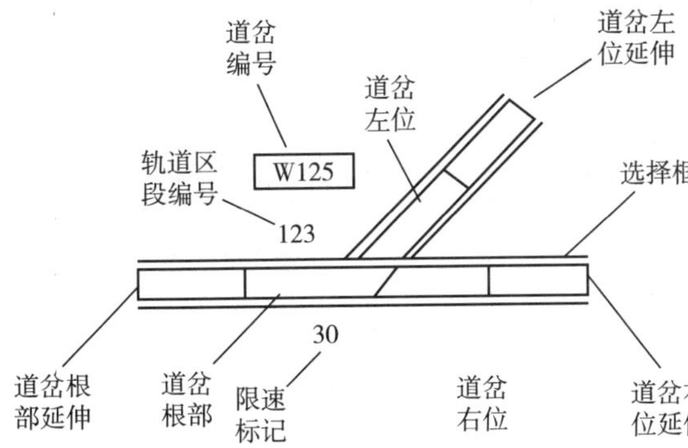

图8－21　LOW道岔结构

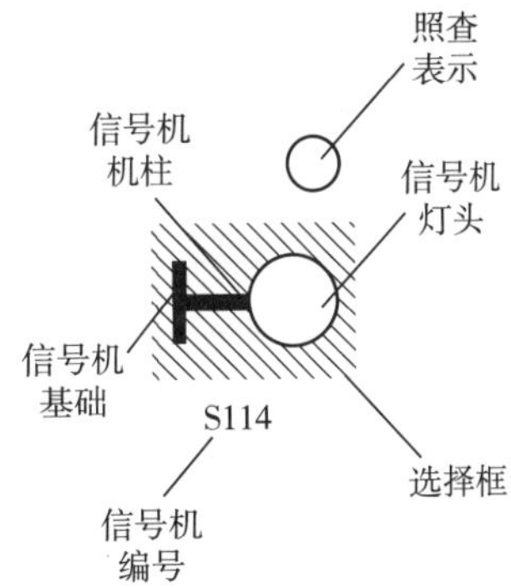

图8－22　信号机结构

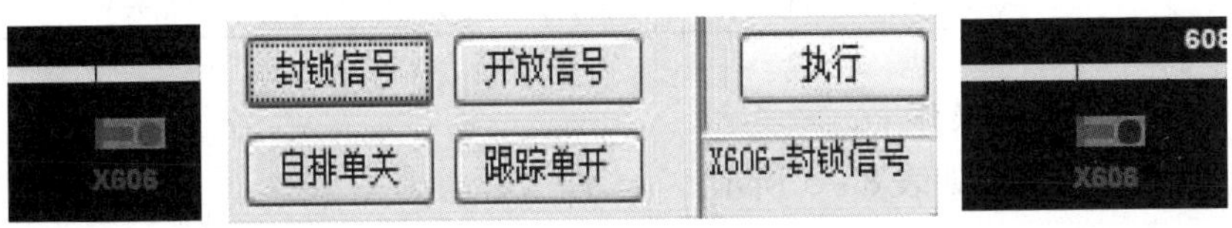

图8－23　封锁信号的操作

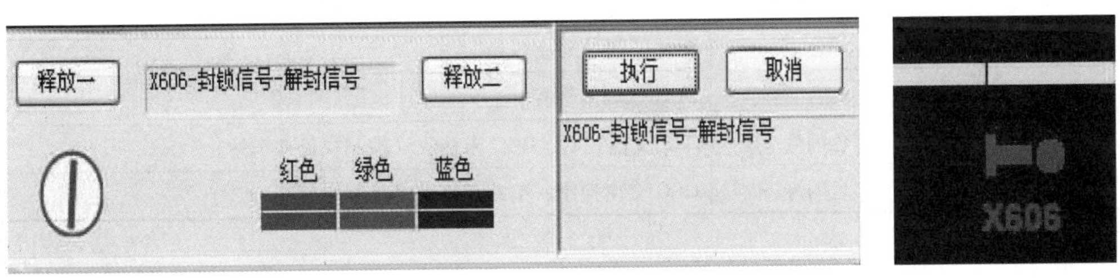

图8－24　解封信号的操作

表8－4　LOW上信号机显示意义

元素	显示及状态	显示意义
信号机编号	红色	处于人工排列进路状态
	绿色	处于自动排列进路状态
	黄色	处于追踪进路状态
	稳定	信号机正常
	闪烁	信号机红灯断主丝故障或绿灯/黄灯灭灯

续表

元素	显示及状态	显示意义
信号机基础（脚）	绿色	主信号控制层（处于监控层：在进路状态）
	黄色	引导信号控制层（处于监控层：在进路状态）
	红色	非监控层（或不在进路状态）
	稳定	信号机正常
	闪烁	在延时中，进路延时取消、进路延时建立或保护区段延时解锁
信号机机柱（柱）	绿色	信号机开放，且开放主信号
	黄色	信号机开放引导信号
	红色	信号机关闭，且未开放过（针对本次进路）
	蓝色	信号机关闭，且曾经开放过（针对本次进路）
信号机灯头（头）	绿色	信号机处于开放主信号状态
	红色	信号机处于关闭状态（但可以开放引导信号）
	蓝色	信号机处于关闭状态，且被封锁（但可以开放引导信号）

6）LOW 上对车站的操作

LOW 上车站显示意义如表 8－5 所示。

表 8－5　LOW 上车站显示意义

元素	显示及状态	显示意义
车站名	绿色	车站控制（局控）
	白色	OCC 控制（遥控）
	绿色闪烁	车站交出控制、OCC 未接收（控制权仍在车站）
	白色闪烁	OCC 交出控制、车站未接受（控制权仍在 OCC）

思考与实训 8

一、思考题

1. 简述联锁的定义。
2. 简述联锁的基本内容和基本条件。
3. 简述联锁设备的基本要求。
4. 简述 6502 电气集中联锁的设备组成。
5. 简述计算机联锁的功能和特点。

二、实训任务

实训任务：计算机联锁设备的基本操作

1. 实训目的

（1）了解城市轨道交通联锁的内容和基本技术条件。

（2）理解城市轨道交通计算机联锁设备的操作方法和要求。

2. 设备和资料准备

城市轨道交通计算机联锁设备和模拟软件、计算机联锁的相关使用指导手册等。

3. 实施步骤

（1）通过观摩认识城市轨道交通的计算机联锁设备。

（2）认识联锁的内容和基本技术条件。

（3）通过计算机联锁模拟软件办理以下作业：

① 进路的办理与操作；

② 单独操纵和单独锁闭道岔；

③ 封闭信号和封闭道岔；

④ 闭塞办理；

⑤ 引导接车。

4. 任务输出和评价

各任务小组按照要求完成自己的实训任务，总结心得体会，由教师和其他学生做出成绩评定。

项目 9

闭塞方式

项目导学

闭塞就是用信号或凭证，保证列车按照空间间隔制运行的技术方法。空间间隔制就是前行列车和追踪列车之间必须保持一定距离的行车方法。从各种不同的角度闭塞可以有各种不同的分类，随着列车运行速度越来越高、行车密度越来越大，轨道交通对区间闭塞技术的要求也越来越高。

教学目标

1. 掌握闭塞的概念。

2. 掌握闭塞方式的分类和闭塞区间划分方式。

3. 掌握电话闭塞法、站间自动闭塞法、进路闭塞法和超速防护自动闭塞法的基本概念和基本原理。

建议学时

8 学时。

任务9.1 认识闭塞

子任务9.1.1 闭塞的概念

为了确保列车在区间内的运行安全，列车由车站向区间发车时，必须确认区间内没有列车，并需遵循一定的规律组织行车，以免造成列车正面冲突或追尾等事故。这种为保证列车运行安全，在组织列车运行时，通过设备或人工方式控制，使连续发出的列车保持一定间隔安全行车的办法，称为行车闭塞法，简称闭塞。

区间行车组织的基本方法一般有以下两种：时间间隔法与空间间隔法。

1. 时间间隔法

时间间隔法，即列车按照事先规定好的时间由车站发车，使前行列车和追踪列车之间必须保持一定时间间隔的行车方法。

19世纪40年代以前，列车运行采用时间间隔法，先行列车发出后，隔一定时间再发出同方向的后续列车。这种方法的主要缺点是不能确保安全，当先行列车在运行途中遇到突发情况停车或晚点等非正常情况时，后续列车依然按照既定时间间隔发车，有可能会发生追尾事故。为了克服这种缺陷提出了空间间隔法。

2. 空间间隔法

空间间隔法，即把线路划分为若干个区间（或分区），在每个区间（或分区）内同时只准许一列车运行，使前行列车和追踪列车之间必须保持一定距离的行车方法。我国的城市轨道交通线路以车站为分界点划分为若干区间，采用区间作为列车运行的空间间隔。

时间间隔法因不能确保列车在区间的运行安全，已不再使用。空间间隔法能严格地把列车分隔在两个空间，可以有效地防止列车追尾和正面冲突事故发生，确保列车运行安全。目前我国所采用的行车组织的基本方法均为空间间隔法，所以现在常说的闭塞可以默认为基于空间间隔的闭塞方法。

子任务9.1.2 闭塞的分类

闭塞就是用信号或凭证，保证列车按照空间间隔制运行的技术方法。

空间间隔制就是前行列车和追踪列车之间必须保持一定距离的行车方法。为保证列车运行安全，城市轨道交通根据各条线路的站间距离、行车密度等因素，采用不同的闭塞设备，各条线路在基本设备正常时所使用的闭塞方式，叫基本闭塞法；当基本闭塞设备故障或其他原因不能使用时，为保证列车运行，达到闭塞区间同时只有一列列车运行的目的，而临时采用的闭塞法，叫代用闭塞法。

在运营线路上常采用的基本闭塞法为超速防护自动闭塞法；在非运营线路上的常用的基本闭塞法为自动闭塞法、电话闭塞法和超速防护自动闭塞法。而站间自动闭塞法和电话闭塞法，是当超速防护自动闭塞法不能使用时所采用的代用闭塞法。电话闭塞法也是自动闭塞法不能使用时所采用的代用闭塞法。

子任务 9.1.3　闭塞区间的划分

区间与车站的划分，是行车组织的一项重要工作，同时也是划定责任范围的依据。列车运行至不同地段时必须取得相应的凭证或许可。在我国，列车占用区间的凭证通常为车站出站信号机的准许显示或目标点和速度码。

在城市轨道交通线路上采用的闭塞方式不同，闭塞区间的划分也不尽相同。

采用站间闭塞时，在单线上以两个车站的进站信号机机柱的中心线作为车站与区间的分界线（如图 9 – 1 所示）；在双线或多线上，分别以各线路的进站信号机机柱或站界标的中心线作为车站与区间的分界线。两站间的线路区段称为站间区间（如图 9 – 2 所示）。

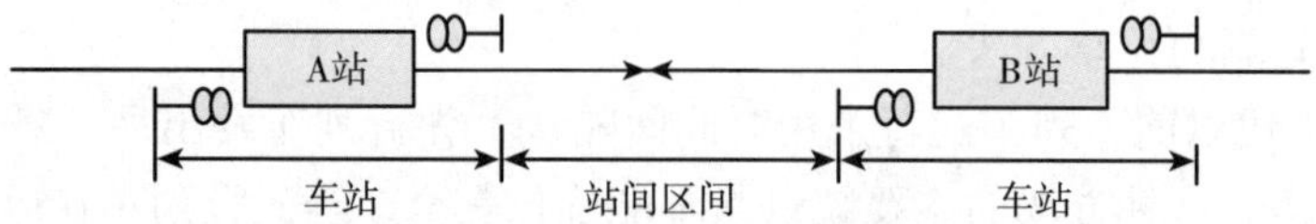

图 9 – 1　单线线路闭塞区间的划分

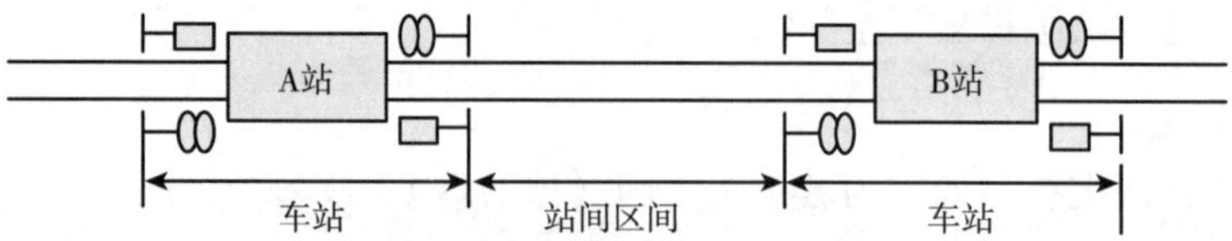

图 9 – 2　双线线路闭塞区间的划分

采用大区间闭塞时，通常根据作业需要将某些大站（或重要车站）设置为闭塞区车站，并非所有的车站都是闭塞分区的分界点，两闭塞区车站之间的线路区段称为大区间，其他车站则为大区间的闭塞分区分界点，如图 9 – 3 所示。

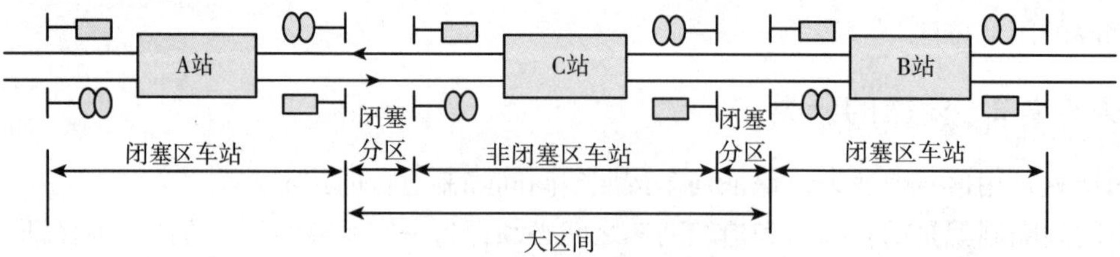

图 9 – 3　大区间闭塞的划分

当采用移动闭塞时，分界线为同方向能够保持最小行车间隔的前行列车尾部和追踪列车头部，这个闭塞区间是可以移动的，如图 9 – 4 所示。

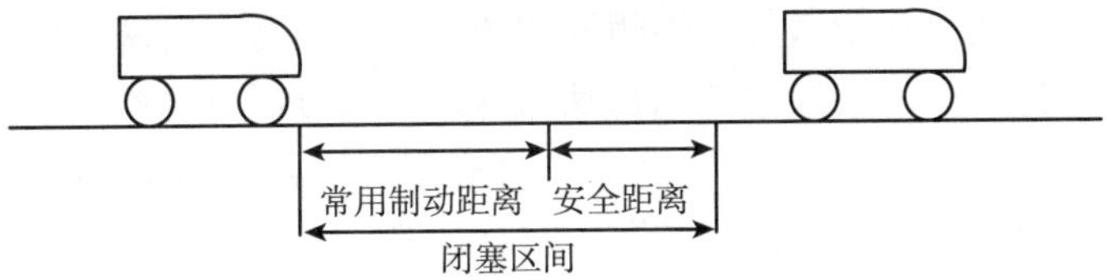

图9－4　移动闭塞区间的划分

任务9.2　认识几种典型的闭塞法

子任务9.2.1　电话闭塞法

电话闭塞法被作为一种最终的备用闭塞法，只能由车站行车值班员办理。相邻两端车站行车值班员利用行车专用电话办理联络手续，以电话记录的方式共同确认闭塞区间空闲后，方准列车进入该闭塞分区。电话闭塞不论单线或双线，均按站间区间办理，闭塞分区为车站出站信号机至前方相邻出站信号机之间。为保证同一区间在同一时间内不会用两种闭塞法，在停用基本闭塞法改按电话闭塞法或恢复基本闭塞法时，均需行车调度员下达调度命令后方准采用，行车凭证为由人工控制的出站信号机的进行显示。

电话闭塞通过人工完成，所以闭塞区间的空闲需人工确认。一个电话闭塞区间需两个车站共同确认。电话闭塞区间分为接车区间、接车线路、发车区间三部分。接车站需确认接车区间、接车线路空闲。发车站需确认发车区间空闲。

电话闭塞法时机如下：

（1）基本闭塞设备发生故障，包括以下两种情况：

① ATP地面设备故障时；

② 站间区间轨道电路发生故障时。

（2）基本闭塞设备不能使用，包括以下两种情况：

① 双线区间列车反方向运行时；

② 列车推进运行时。

（3）站间自动闭塞不能使用，包括以下两种情况：

① 站间自动闭塞法时出站信号机因故仅能显示红灯或灭灯；

② 站间自动闭塞法时分界点信号机因故仅能显示红灯或灭灯。

（4）特殊情况，如在特殊区段运行时。

子任务9.2.2　站间自动闭塞法

站间自动闭塞法是以车站进、出站信号机或指定的分界点信号机为分界线，能自动完成闭塞的行车闭塞法。站间自动闭塞是代用闭塞法的一种，当基本闭塞法因故不能使用时，通过车站行车值班员的操作人工转换为站间自动闭塞，闭塞分区为出站信号机或区间分界点信号机与同方向相邻区间分界点信号机或相邻前方站进站信号机之间，如图 9－5 所示。地面信号系统根据列车前方站间区间的占用情况，自动控制后方站出站信号机的关闭和开放。当前次列车整列进入前方闭塞区间后，自动开放后方出站信号机或区间分界点信号机，出站信号机或区间分界点信号机显示闪动的绿色灯光（或闪动的黄色灯光），司机根据地面的信号机显示驾驶列车。所以站间自动闭塞法的行车凭证为车站出站信号机或分界点信号机闪动的绿色灯光（或闪动的黄色灯光）。

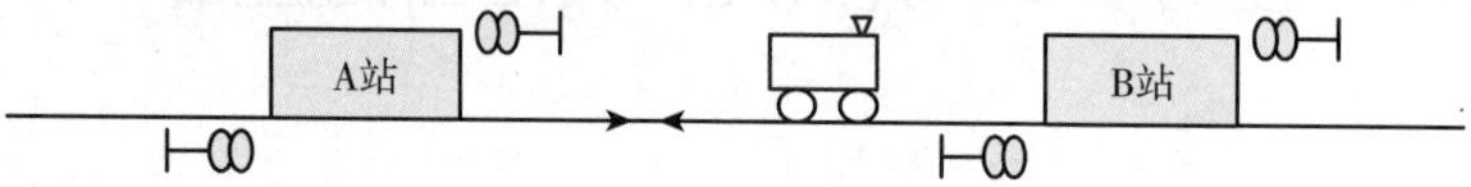

图 9－5　站间自动闭塞

站间自动闭塞法作为一种代用闭塞法，只能由车站行车值班员办理。列车到达前方站后，后方站出站信号机可自动开放，减少人工办理，提高运营效率。其通过能力低于超速防护自动闭塞，但通过能力及安全系数高于电话闭塞。

站间自动闭塞法的时机如下：

① ATP 车载设备故障时；

② ATP 地面设备故障时；

③ 站线轨道电路故障时（对后方站出站信号机没有影响）；

④ 列车推进运行时；

⑤ 未安装 ATP 车载设备的列车运行时；

⑥ 进行车载 ATP 设备调试的列车运行时。

子任务 9.2.3　进路闭塞法

进路闭塞法是代用闭塞法的一种，当基本闭塞法因故不能使用时，通过设备自动转换或人工操作，使地面信号机由灭灯状态转换为点灯状态。进路闭塞的闭塞区间为同方向相邻两架信号机间的区段（包括出站信号机、防护信号机、顺向阻挡信号机等），地面信号系统根据列车运行前方区间的占用情况、进路排列情况，自动控制后方信号机的关闭与开放，司机根据地面的信号机显示驾驶列车。行车凭证为信号机稳定的绿色或黄色灯光。

进路闭塞法行车时，可由行车调度员集中办理，也可将控制权下放由车站办理。列车到达前方相应区间后，后方信号机可自动开放，减少人工办理，提高运营效率。由设备自动完成闭塞区间内信号机的点灯，无须人工操作。

子任务 9.2.4　超速防护自动闭塞法

超速防护自动闭塞法是指将区间划分为若干个闭塞区段，借助列车自动防护系统和列车运行自动完成闭塞功能的行车组织方式，它由两大部分组成：① 地面 ATP；② 车载 ATP。地面 ATP 将当前的速度码发送到车载 ATP 中；车载 ATP 接收地面 ATP 发送来的速度码。若列车的实际速度超过目标速度时，系统将实施制动来保证列车的运行安全。其闭塞区间即为超速防护闭塞分区，行车凭证为车载信号的绿色灯光相对应的速度值。

超速防护自动闭塞为基本闭塞法，可由行车调度员集中办理，也可由车站下放办理。设备实现闭塞分区最小运行间隔列车追踪运行，提高了列车通过能力，进一步保证行车安全。

超速防护自动闭塞法的优点是实现了行车指挥自动化和列车运行自动化，安全系数大大提高，保证列车按要求的时间间隔运行，减轻司机的劳动强度，不需办理闭塞手续，为行调指挥调整提供依据。缺点是不能使线路得到充分利用。

运行列车间必须保持的空间间隔首先是满足制动距离的需要，当然还要考虑适当的安全余量和确认信号时间内的运行距离。所以根据列车运行自动控制系统采取的不同控制模式会产生不同的闭塞制式。列车间的追踪运行间隔越小，运输能力就越大。

所以，从闭塞制式的角度分，自动闭塞可以分为固定式超速防护自动闭塞、准移动式超速防护自动闭塞和移动式超速防护自动闭塞三种。

1. 固定式超速防护自动闭塞

固定式超速防护自动闭塞将列车运行线路划分为若干个区间，并安装轨道电路，借助轨道电路系统、地面应答器和车载设备，将地面闭塞分区占用（或空闲）情况、线路技术参数及联锁条件等信息翻译成限制速度码，指导司机按限制速度驾驶列车。速度码系统接收到地面传递给列车的限制速度码是阶梯分级的，特别是在轨道电路中限速值是跳跃的，这对于平稳驾驶、节能运行又提高行车是非常不利的。

固定式超速防护自动闭塞的分界线是进、出站信号机，防护信号机，分界点信号机或分界标。行车凭证为车载信号绿色灯光相对应的速度值和出站信号机稳定绿色灯光，主体信号为车载信号的绿色灯光相对应的速度值。

固定式超速防护自动闭塞将一个区间划分为固定的若干个闭塞分区，不论前、后列车的位置，还是前、后列车的间距都是用固定的地面设备（如轨道电路或地面应答器等）检测和表示的。根据列车运行和闭塞分区占用状态，自动变换信号机的灯光显示，司机凭信号显示（车载信号绿色灯光相对应的速度值和出站信号机稳定绿色灯光）行车，如图 9－6 所示。线路条件和列车参数等均需在闭塞设计过程中加以考虑，并体现在地面固定区段的划分中。

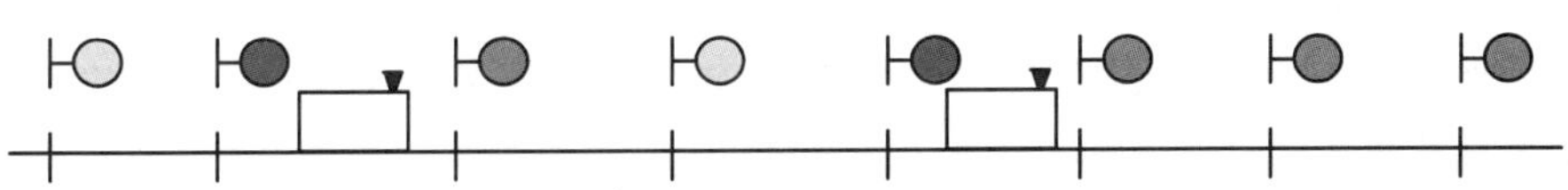

图 9－6　固定式超速防护自动闭塞

（信号灯颜色由左向右依次为黄、红、绿、黄、红、绿、绿、绿）

固定式超速防护自动闭塞法为基本闭塞法，可由行调集中办理，也可将控制权下放由车站办理。设备实现了闭塞分区最小运行间隔的列车追踪运行。在设备正常情况下，列车应由车载信号 ATP 监督人工驾驶，此时人控为主，机控为辅，只要司机不超速驾驶，车载 ATP 则不会干预司机操作。

由于列车定位是以固定区段为单位的（系统只知道列车在哪个区段中，而不知道在区段中的具体位置），所以固定闭塞的速度控制模式必然是分级的，即台阶式的。运行列车间的空间间隔是若干个闭塞分区，闭塞分区数依划分的速度级别而定。一般情况下，闭塞分区是用轨道电路或计轴装置来划分的，它们具有列车定位和占用轨道的检查功能。固定式超速防护自动闭塞的追踪目标点为前行列车所占用闭塞分区的始端，后行列车从最高速开始制动的计算点为要求开始减速的闭塞分区的始端，这两个点都是固定的，空间间隔的长度也是固定的。在这种制式中，需要向被控列车安全传送的只是少数几个速度码。固定式超速防护自动闭塞无法满足提高系统能力、安全性和互用性的要求。

传统 ATP 的传输方式采用固定闭塞法，通过轨道电路判别闭塞分区占用情况，并传输信息码，需要大量的轨旁设备，维护工作量较大。此外，传统方式还存在以下缺点：

① 轨道电路工作稳定性易受环境影响，如道床阻抗变化、牵引电流干扰等。

② 轨道电路传输信息量小。要想在传统方式下增加信息量，只能通过提高信息传输的速率实现。但是如果传输速率过高，钢轨的集肤效应会导致信号的衰耗增大，从而导致传输距离缩短。

③ 利用轨道电路难以实现车对地的信息传输。

④ 固定闭塞的闭塞分区长度是按最长列车、满负载、最高速度、最不利制动率等不利条件设计的，分区较长，且一个分区只能被一列车占用，不利于缩短列车运行间隔。

⑤ 固定闭塞系统无法知道列车在分区内的具体位置，因此列车制动的起点和终点总在某一分区的边界。为充分保证安全，必须在两列车间增加一个防护区段，这使得列车间的安全间隔较大，影响了线路的使用效率。

2. 准移动式超速防护自动闭塞

准移动式超速防护自动闭塞是基于轨道电路、应答器和无线传输系统，通过地面控制中心、轨间传输电缆和车载设备等设备，将地面传至车上的前方目标点的距离等一系列基础数据，由车载计算机实时计算出列车允许速度曲线，并按此曲线对列车的实际运行速度进行监控，达到列车超速自动防护，确保列车运行不越过前方目标点的安全距离。

准移动式超速防护自动闭塞突破了传统的以固定闭塞分区分段追踪运行的观念，只要实时了解前方列车所在的 ATP 区段，通过车载计算机实时计算确保列车停在前次列车所在 ATP 区段外的最佳制动时机，即可实现列车追踪运行。

准移动式超速防护自动闭塞中继续保留将线路分成若干个闭塞分区的概念，列车前方目标点的安全距离为固定闭塞分区，故称为准移动式超速防护自动闭塞。

准移动式超速防护自动闭塞的固定式超速防护自动闭塞的分界线是出站信号机、防护信号机、分界点信号机或分界标。行车凭证为车载信号相对应的目标速度曲线值。主体信号为车载信号的绿色灯光相对应的速度值，地面信号机不点灯。

准移动式超速防护自动闭塞为基本闭塞法，可由行调集中办理，也可将控制权下放，由车站办理，实现了闭塞分区最小运行间隔的列车追踪运行。

准移动式超速防护自动闭塞是介于固定式超速防护自动闭塞和移动式超速防护自动闭塞之间的一种闭塞方式。它对前、后列车的定位方式是不同的。前行列车的定位仍沿用固定闭塞的方式，而后续列车的定位则采用连续的或移动的方式。目标距离控制模式根据目标距离、目标速度及列车本身的性能确定列车制动曲线，不设定每个闭塞分区速度等级，采用一次制动方式。准移动式超速防护自动闭塞的追踪目标点是前行列车所占用闭塞分区的始端，当然会留有一定的安全距离，而后行列车从最高速开始制动的计算点是根据目标距离、目标速度及列车本身的性能计算决定的。目标点相对固定，在同一闭塞分区内不依前行列车的走行而变化，而制动的起始点是随线路参数和列车本身性能不同而变化的。空间间隔的长度是不固定的。显然其追踪运行间隔要比固定闭塞小一些。准移动式超速防护自动闭塞可解释为“预先设定列车的安全追踪间隔距离，根据前方目标状态设定列车的可行车距离和运行速度，是一种介于固定式超速防护自动闭塞和移动式超速防护自动闭塞之间的一种闭塞方式”。

由于准移动式超速防护自动闭塞同时采用移动和固定两种定位方式，所以它的速度控制模式，必然既具有无级（连续）的特点，又具有分级（台阶）的性质。前行列车不动而后续列车前进时，其最大允许速度是连续变化的；而当前行列车前进，其尾部驶过固定区段的分界点时，后续列车的最大速度将按“台阶”跳跃上升。

准移动式超速防护自动闭塞在控制列车的安全间隔上比固定式超速防护自动闭塞进了一步。它通过采用报文式轨道电路辅之环线或应答器来判断分区占用并传输信息，信息量大；可以告知后续列车继续前行的距离，后续列车可根据这一距离合理地采取减速或制动，列车制动的起点可延伸至保证其安全制动的地点，从而可改善列车速度控制，缩小列车安全间隔，提高线路利用效率。但准移动式超速防护自动闭塞中后续列车的最大目标制动点仍必须在现行列车占用分区的外方，因此它并没有完全突破轨道电路的限制。

准移动式超速防护自动闭塞的一种特殊方式——虚拟闭塞，不设轨道占用检查设备，采取无线定位方式来实现列车定位和轨道占用的检查功能，闭塞分区是以计算机技术虚拟设定的，仅在系统逻辑上存在有闭塞分区和信号机的概念。虚拟闭塞除闭塞分区和轨旁信号机是虚拟的以外，从操作到管理等，都等效于移动式超速防护自动闭塞方式。虚拟闭塞方式有条件将闭塞分区划分很短，当短到一定程度时，其效率就接近于移动式超速防护自动闭塞。

3. 移动式超速防护自动闭塞

移动式超速防护自动闭塞是基于感应环线或无线传输系统，通过地面控制中心、轨间传输电缆和车载设备等设备，将地面传至车上的前方目标点的距离等一系列基础数据，由车载计算机实时计算出列车最大允许速度曲线，并按此曲线对列车的实际速度进行监控，实现列车超速自动防护，确保列车运行不越过前方目标点的安全距离。

移动式超速防护自动闭塞中已经没有了将线路分成若干个闭塞分区的概念，列车监督运行间隔是动态的，并随前一列车的移动而移动，该间隔是按后续列车在当前速度的所需制动距离加上安全余量实时计算和控制的，确保追踪运行不追尾，列车制动时机、制动起始点和终点均是动态的，其目的是最大限度地利用机车车辆特性全速运行，尽可能缩短列车运行间隔，最有效、最合理地利用区间有限空间，提高区间通行能力。

移动式超速防护自动闭塞的分界线是由无线系统传输的列车移动授权终点划分的，其闭塞设备为无线通信系统、超速防护自动闭塞设备。行车凭证为车载信号相对应的目标速度值。主体信号为车载信号的绿色灯光相对应的速度值。地面信号机不点灯，如图 9－7 所示。

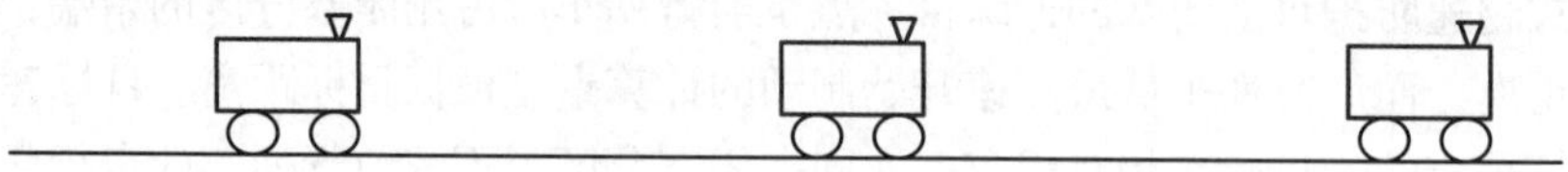

图 9－7　移动式超速防护自动闭塞

移动式超速防护自动闭塞为基本闭塞法，可由行车调度员集中办理，也可将控制权下放，由车站办理。设备实现了闭塞分区最小运行间隔的列车追踪运行，提高了列车通过能力，进一步保证了行车安全。

根据我国新编《城市轨道交通信号系统通用技术条件》的名词术语，移动式超速防护自动闭塞可解释为“前方列车与后续列车之间的最小安全追踪间隔距离单元不预先设定，并随列车的移动、速度的变化而变化的闭塞方式。”而日本将其定义为：“根据连续检测列车的位置和速度，防止列车之间的冲突所必需的、可变的并能移动的闭塞区间。”从上述两个定义可知：移动式超速防护自动闭塞必须是没有预先设定的闭塞分区、可以实现列车按最小安全间隔运行的一种闭塞方式，可以连续检测列车的位置和速度。因此，移动式超速防护自动闭塞处理周期足够短，离散的采样可以视为连续处理。

移动式超速防护自动闭塞是一种新型的闭塞制式。它不设固定闭塞区段，前、后两列车都采用移动式的定位方式。移动式超速防护自动闭塞的目标距离控制模式根据目标距离、目标速度及列车本身的性能确定列车制动曲线，采用一次制动方式。追踪目标点是前行列车的尾部，留有一定的安全距离，后行列车从最高速开始制动的计算点是根据目标距离、目标速度及列车本身的性能计算决定的。目标距离与前行列车的走行和速度有关，是随时变化的，而制动的起始点是随线路参数和列车本身性能不同而变化的。空间间隔的长度不固定。其追踪运行间隔要比准移动式超速防护自动闭塞更小一些。

移动式超速防护自动闭塞具有如下特点：

① 线路没有固定划分的闭塞分区，列车间隔是动态的，并随前一列车的移动而移动。

② 列车间隔是按后续列车在当前速度下所需的制动距离，加上安全余量计算和控制的，确保不追尾。

③ 制动的起点和终点是动态的，轨旁设备的数量与列车运行间隔关系不大。

④ 可实现较小的列车运行间隔。

⑤ 采用地—车双向传输，信息量大，易于实现无人驾驶。

移动式超速防护自动闭塞可借助感应环线或无线通信的方式实现。早期的移动式超速防护自动闭塞系统大部分采用基于感应环线的技术，即通过在轨道间布置感应环线来定位列车和实现车载计算机（VOBC）与车辆控制中心（VCC）之间的连续通信。现今大多数先进的移动式超速防护自动闭塞系统采用无线通信系统实现各子系统间的通信，构成基于通信技术的移动闭塞（CBTC）。上海轨道交通6、8、9号线，广州地铁4、5号线，北京地铁2号线、10号线、机场线、4号线、昌平线、亦庄线都采用CBTC技术。

思考与实训9

一、思考题

1. 简述闭塞的概念。
2. 简述使用电话闭塞法的时机和闭塞原理。
3. 简述使用站间自动闭塞法的时机和闭塞原理。
4. 简述超速防护自动闭塞的种类。

二、实训任务

实训任务：理解城市轨道交通闭塞方式

1. 任务目的

（1）掌握闭塞的概念。

（2）理解闭塞方式的种类与划分。

（3）掌握各种闭塞法。

2. 设备和资料准备

闭塞方式技术文档、城市轨道交通线路站场图、计算机联锁模拟软件等。

3. 实施步骤

（1）根据站场图分析说明该线路采用的闭塞方式。

（2）由教师命题在不同闭塞方式下办理行车作业。

4. 任务输出和评价

各组按照要求完成自己的实训任务，总结心得体会，由教师和其他学生做出成绩评定。

项目 10

列车运行自动控制系统

项目导学

城市轨道交通列车运行控制系统的发展经历了多次革命性的变革：从最初依靠司机的视线控制、人工臂板信号控制、信号灯显示控制，发展到模拟轨道电路、数字轨道电路、基于环线的CBTC，以及今天一些技术先进的线路上使用的基于无线通信的CBTC。目前，列车自动控制系统（ATC）是城市轨道交通系统中最重要的安全系统，具有控制列车安全运行并提高行车效率的作用。

从目前的发展应用情况看，城市轨道交通列车运行控制系统已成为城市轨道交通调度指挥和运营管理的中枢神经。要想提高运输能力，降低运营成本，取得良好的社会效益与经济效益，必须配备现代化的轨道交通列车运行控制系统，实现列车运行自动控制。

教学目标

1. 了解列车运行自动控制系统的特点和选用原则。
2. 理解列车自动控制系统的组成、功能和控制模式。
3. 掌握列车自动防护子系统的组成和功能。
4. 掌握列车自动运行子系统的组成和功能。
5. 掌握列车自动监控子系统的组成和功能。
6. 了解 CBTC 系统的定义和优势。
7. 掌握 CBTC 系统的结构、组成和功能。

建议学时

8 学时。

任务10.1 认识列车自动控制系统

列车自动控制（ATC）系统是将先进的控制技术、通信技术、计算机技术与轨道交通信号技术融为一体的具有行车指挥、控制、管理功能的自动化系统。它是保障轨道交通行车安全、提高运输效率的核心，也是标志一个国家轨道交通技术装备现代化水准的重要组成部分。ATC系统能替代司机的部分甚至全部作用，大大地提高行车的效率和安全性，使得因人为疏忽、设备故障而产生的事故率降至最低。

子任务10.1.1 ATC系统的组成和功能

1. ATC系统的组成

目前，ATC系统已经成为城市轨道交通运行控制系统中最重要的组成部分，由列车自动防护（automatic train protection，ATP）、列车自动驾驶（automatic train operation，ATO）和列车自动监控（automatic train supervision，ATS）三个子系统组成，简称“3A”子系统。但在有些情况下ATS子系统可以利用调度集中（centralized traffic control，CTC）代替。各子系统之间相互支持，根据列车在线路上运行的客观条件和实际情况，对列车运行的速度与控制方式等状态进行监督、控制和调整并可以连续、实时地监督列车的运行速度，自动控制列车的制动系统，实现列车的超速防护。实现对列车的控制，保障列车行驶的安全和运输效率的提高。

ATC系统包括地面与车载两部分，地面设备生成并传递出对列车控制所需要的全部基础数据，例如列车运行的限制速度、线路信息等。车载设备通过传输媒介将地面设备传来的信号进行信息处理，形成列车速度控制数据及列车制动模式，并不断监督和控制列车安全运行。ATC系统的构成框架如图10-1所示。

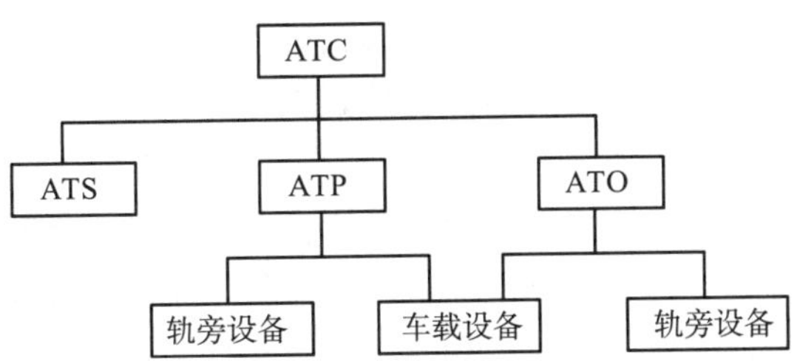

图10-1 ATC系统构成框架

ATC系统需设置行车指挥中心，沿线各车站设计为区域性联锁，其联锁设备放在控制站（一般为有岔站，有时也称集中站）。列车上安装有车载控制设备。行车指挥中心与控制站通过有线数据通信网连接，行车指挥中心与列车之间可采用无线通信进行信息交换。ATC系统直接与列车运行有关，因此ATC系统中的数据传输要求比一般通信系统的安全性、可靠性、实时性更高。

ATC系统设备分布于控制中心（OCC）、车站、轨旁及列车。ATC列车自动控制系统框图如图10－2所示。

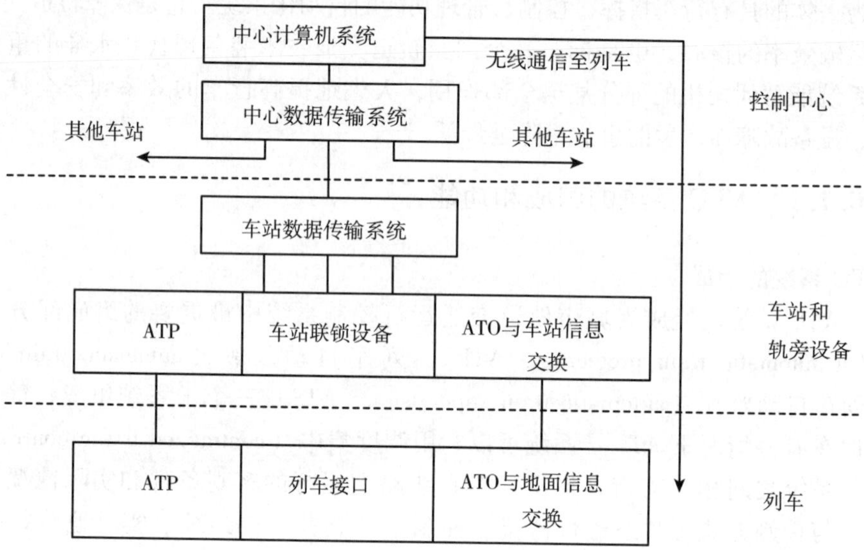

图10－2　ATC系统框图

在控制中心内，设置有分布式的中心计算机系统、中心数据传输系统等。

中心计算机系统通过内部冗余结构进行全部数据处理和行车指挥功能，这种结构符合“故障—安全”原则和可靠性要求；中心数据传输系统可以对所辖车站及运行中的列车实现双向高速数据传递。

在中心计算机系统中存有固定的被控区域的各种数据，如线路坡度与曲线数据、当前线路允许速度，还应包括轨道电路状态、信号机位置及显示状态、应答器位置及工作状态等。运行中的列车的各种数据，如列车位置、列车制动效果等将通过各站分机传送到中心计算机。中心计算机根据各种数据计算出行车指挥命令，并通过数据传输设备传送到车载计算机中。这些命令如行车目标速度、到达下一个目标点的行车距离以及车载计算机应使用的速度曲线及制动曲线，并根据最大允许速度自动驾驶列车。线路设备的变化如轨道电路反映的各种状态，都是通过数据传输系统输入到控制中心的。因此，数据传输系统是轨旁设备与列车、列车与车站，以及各车站间、车站与控制中心间的闭环式地—车信息交换的通道。

2. ATC系统的功能

ATC系统包括五个原理功能：ATS功能、联锁功能、列车检测功能、ATC功能和PTI

(列车识别) 功能。

① ATS 功能：可自动或人工控制进路，进行行车调度指挥，并向行车调度员和外部系统提供信息。ATS 功能主要由位于 OCC（控制中心）内的设备实现。

② 联锁功能：响应来自 ATS 功能的命令，在随时满足安全准则的前提下，管理进路、道岔和信号的控制，将进路、轨道电路、道岔和信号的状态信息提供给 ATS 和 ATC 系统。联锁功能由分布在轨旁的设备来实现。

③ 列车检测功能：一般由轨道电路或相应的计轴装置完成。

④ ATC 功能：在联锁功能的约束下，根据 ATS 的要求实现对列车运行的控制。ATC 功能有三个子功能：ATP/ATO 轨旁功能、ATP/ATO 传输功能和 ATP/ATO 车载功能。ATP/ATO 轨旁功能负责列车间隔和报文生成；ATP/ATO 传输功能负责发送感应信号，它包括报文和 ATC 车载设备所需的其他数据；ATP/ATO 车载功能负责列车的安全运营、列车自动驾驶，且给信号系统和列车司机提供接口。

⑤ PTI 功能：通过多种渠道传输和接收各种数据，在特定的位置传给 ATS，向 ATS 报告列车的识别信息、目的号码、乘务组号和列车位置数据，优化列车运行。

子任务 10.1.2 ATC 系统的特点和分类

1. ATC 系统的特点

① 将先进的控制技术、通信技术、计算机技术与轨道交通信号技术融为一体。

② 能够对线路空闲/占用进行检测。

③ 车载信号属于主体信号，可以直接给司机指示列车应遵循的安全运行速度。

④ 具有对运行中的列车测速、定位的功能。

⑤ 自动监控列车运行速度，有效地防止由于司机失去警惕或错误操作可能酿成超速运行、列车颠覆、冒进信号或列车追尾等事故，是一种行车安全控制设备。

⑥ 为满足行车安全控制需要，给司机指示安全可靠的速度指令，通过安全可靠的大容量的地—车信息传输系统传输安全控制信息。

2. ATC 系统的分类

城市轨道交通 ATC 系统，按闭塞制式可以分为固定闭塞式 ATC、准移动闭塞式 ATC 和移动闭塞式 ATC；按照通信方式可以分为点式 ATC 和连续式 ATC。

1）按闭塞制式分类

（1）固定闭塞式 ATC

固定闭塞将线路划分为固定的闭塞分区，闭塞分区用轨道电路或计轴装置来划分，前后车的位置用固定的地面设备来检测。由于列车定位是以固定区段为单位的（系统只知道列车在哪一个区段中，而不知道在区段中的具体位置），所以固定闭塞的速度控制模式是分级的，需要向被控列车传送的信息只有速度码。

固定闭塞的闭塞长度较大，并且一个分区只能被一辆列车占用，不利于缩短行车时间间隔，除此之外，因为无法知道列车的具体位置，需要在两辆列车之间增加一个防护区段，这使得列车间的安全间隔较大，影响了线路的使用效率。图 10－3 所示为固定闭塞式 ATC 示意图。

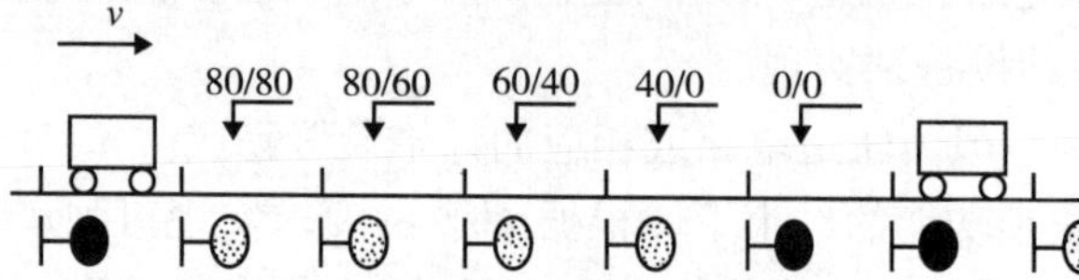

图 10－3 固定闭塞式 ATC 示意图（注：图中“＊/＊”是区段的“入口/出口”速度）

（2）准移动闭塞式 ATC

准移动闭塞对前后列车的定位方式是不同的，如图 10－4 所示，前行列车的定位仍然沿用固定闭塞方式，而后续列车的定位则采用移动的或称为连续的方式，即后续列车可以定位更加精准。为了提高后续列车的定位精度，目前各系统均在地面每隔一段距离设置 1 个定位标志（即轨道电路的分界点、信标或计轴器等），列车通过时提供绝对位置信息。在相邻定位标志之间，列车的相对位置由安装在列车上的轮轴测速装置连续测得。

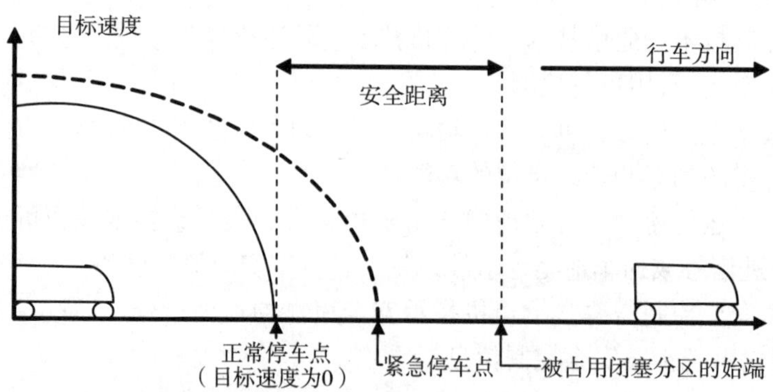

图 10－4 准移动闭塞式 ATC

由于准移动闭塞采用了固定和移动两种定位方式，所以其速度控制模式既有连续的特点，又有阶梯的性质，如图 10－5 所示。但是与“固定”性质相对应的设备，必须在工程设计和施工阶段完成设置。由于被控列车的位置是由列车自行实时（移动）测得的，所以其最大允许速度的计算最终是在车载设备上实现的。

准移动闭塞在控制列车安全间隔方面比固定闭塞更进一步，可以告知后续列车继续前行的距离，后续列车也可以通过这一距离合理地采取减速或制动措施，从而改善列车控制，缩小时间间隔，提高线路使用效率。但准移动闭塞中后续列车的最大目标制动点仍必须在先行列车占用分区的外方，因此它没有完全突破轨道电路的限制。

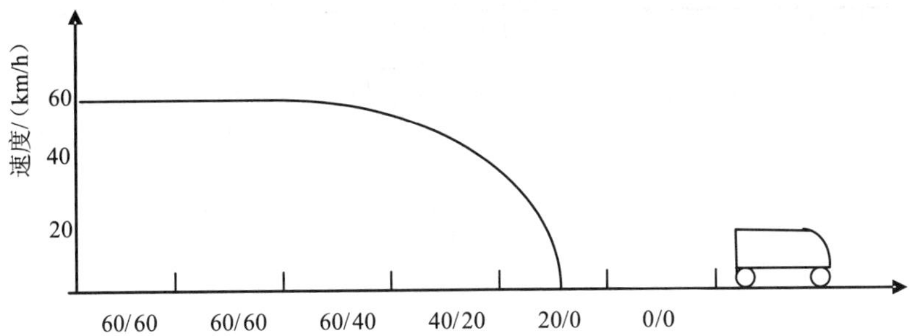

图10－5 准移动闭塞式ATC的速度控制模式

(3) 移动闭塞式ATC

移动闭塞式ATC（图10－6）的特点是前后两车均采用移动式的定位方式，即前后两辆列车均可精确定位，列车之间的安全追踪间距随着列车的运行而不断移动且变化。

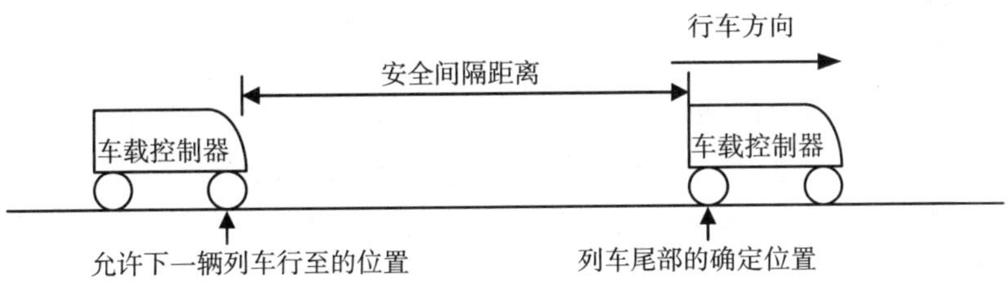

图10－6 移动闭塞式ATC

2) 按照通信方式分类

(1) 点式ATC

点式ATC系统因其主要功能是防护列车超速，所以又称为点式ATP系统。它用点式设备传递信息，用车载计算机进行信息处理。该系统的优点是设备简单，安装灵活，维护方便，可靠性高，价格明显低于连续式ATC系统。缺点是自动化程度不高，不利于列车的平稳驾驶，行车间隔较大，难以胜任列车密度大的情况，如后续列车驶过地面应答器时，因前方区段有车占用，所以需要对其进行速度控制，但是前方列车驶离之后，后续列车不能自动得到新的信息，仍需要执行限速控制，直到前方列车抵达下一个地面应答器，这种限速才能解除，因而会造成行车间隔增大。

① 点式ATC系统的基本结构。点式ATC系统由车载设备和地面设备组成，主要是地面应答器、轨旁电子单元（LEU，有时称信号接口）以及车载设备。图10－7表示点式ATP系统的基本结构。

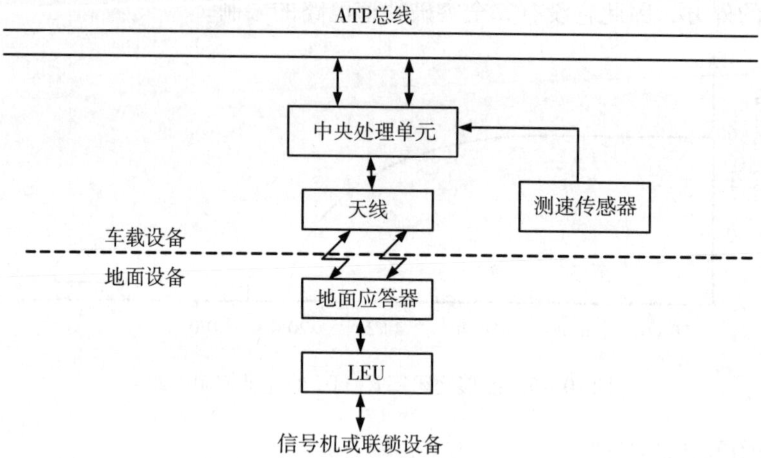

图 10－7　点式 ATP 系统的基本结构

a）地面应答器。地面应答器通常设置在信号机旁或者设置在一段需要降速的缓行区间的始、终端。它接收车载设备发射的能量，内部寄存器按协议以数码形式存放实现列车速度监控及其他行车功能所必需的数据。置于信号机旁的地面应答器，用以向列车传递信号显示信息，因此需要通过接口电路与信号机相连，此接口电路即轨旁电子单元（LEU）。地面应答器内所储存的部分数据受信号显示的控制，置于线路上的地面应答器有时不需要与任何设备相连，所存放的数据往往是固定的。

b）轨旁电子单元（LEU）。轨旁电子单元是地面应答器与信号机之间的电子接口设备，其任务是将不同的信号显示转换为约定的数码形式。LEU 是一块电子印刷版，可根据不同类型的输入电流输出不同的数码。

c）车载设备。车载设备由车载应答器、测速传感器、中央处理单元、驾驶台上的显示、操作与记录装置等部分组成，如图 10－8 所示。

- 车载应答器：完成车、地的耦合联系，将能量送至地面应答器，接收地面应答器所储存的数据，并传送至中央处理单元。
- 测速传感器：通常装在轮轴上，根据每分钟车轮的转数与车轮直径在中央处理单元内换算成列车目前的速度。
- 中央处理单元：核心是安全型计算机，负责对所接收到的数据进行加工处理，得到列车当前允许的最大速度，并将此最大允许速度值与列车现有速度值进行比较，以决定是否给出启动常用制动乃至紧急制动的命令。从车载应答器传向地面应答器的高频能量也是由它产生的。

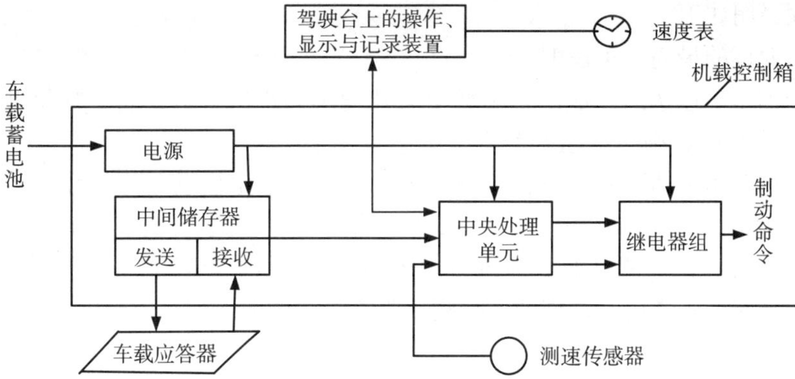

图 10－8　点式 ATC 系统车载设备组成

• 驾驶台上的显示、操作与记录装置：可将中央处理单元内的列车现有速度及列车最大允许速度显示出来，这种显示可以是指针式或液晶显示屏式，按照需要，还可显示出其他有助于司机驾驶的信息，如距目标点的距离、目标点的允许速度等。对于出现的非正常情况，如超速报警、启用常用或紧急制动，都可以由记录仪进行记录。

② 点式 ATC 系统的基本原理。

点式 ATC 系统的车载设备接收信号点或标志点的应答器信息，还接收列车速度和制动信息，输出控制命令，并向司机显示。地面应答器向列车传送每一信号点的允许速度、目标速度、目标距离、线路坡度、信号机号码等信息。

图 10－9 表示车载中央处理单元根据地面应答器传至车上的信息以及列车自身的制动率（负加速度），计算得出的两个信号机之间的速度监控曲线。

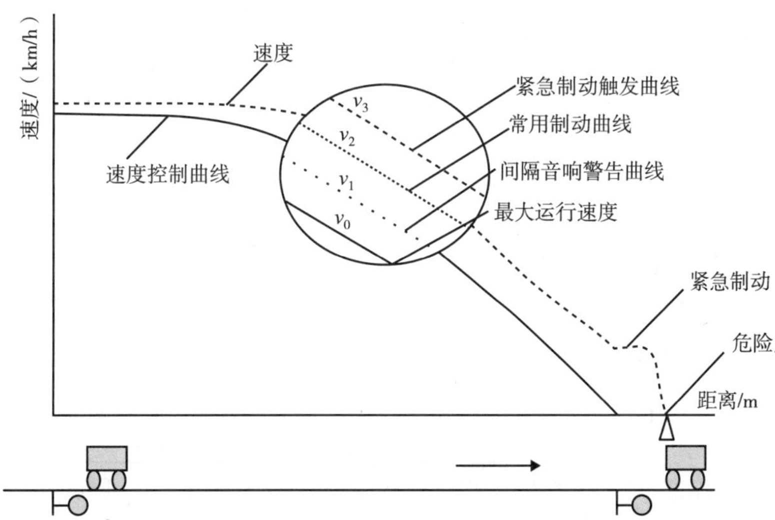

图 10－9　点式 ATC 系统的速度监控曲线

图中各项说明如下：

v_0 ——所允许的最高列车速度。

v_1 ——当列车车速达到此值时，车载中央处理单元给出音响报警，如果此时司机警惕降速，使车速低于 v_0，则一切趋于正常。

v_2 ——当列车车速达到此值时，车载中央处理单元给出启动常用制动（通常为启动最大常用制动）的信息，列车自动降速至 v_0 以下。若列车制动装置具有自动缓解功能，则在列车速度降至 v_0 以下时，制动装置即可自动缓解，列车行驶趋于正常；若列车制动装置不具备自动缓解功能，则常用制动使列车行驶一段路程后停下，列车由驾驶员经过一定的手续后重新人工启动。

v_3 ——当列车车速达到此值时。车载中央处理单元给出启动紧急制动的信息，确保列车在危险点的前方停住。

（2）连续式 ATC

按地—车信息所用的传输媒体分类，连续式 ATC 系统可分为有线和无线两大类，前者又可分为利用数字音频轨道电路和利用轨间电缆两类。

① 采用轨道电路的连续式 ATC 系统。

该 ATC 系统有速度码系统和距离码系统两种。不论是速度码系统还是距离码系统，其轨道电路都被用作双重通道：当轨道电路区段上无车时，轨道电路发送的是轨道电路检测信号或检测码；当列车驶入轨道区段时，立即转发速度信号或有关数据电码。

速度码系统通常使用频分制方法，采用的是移频轨道电路，即用不同的频率来代表不同的允许速度。由控制中心通过信息传输媒体将列车最大允许速度直接传至车上，这类制式在信息传递与车上信息处理方面比较简单，速度分级是阶梯式的。

但是，由于速度码系统从地面传递给列车的允许速度（速度值）是阶梯分级的，在轨道电路区段分界处限速值是阶梯式（见图 10－10）的，这对于平稳驾驶、节能运行及提高行车效率都是非常不利的。因此，速度码系统已逐渐被能实时计算限速值的距离码系统所取代。

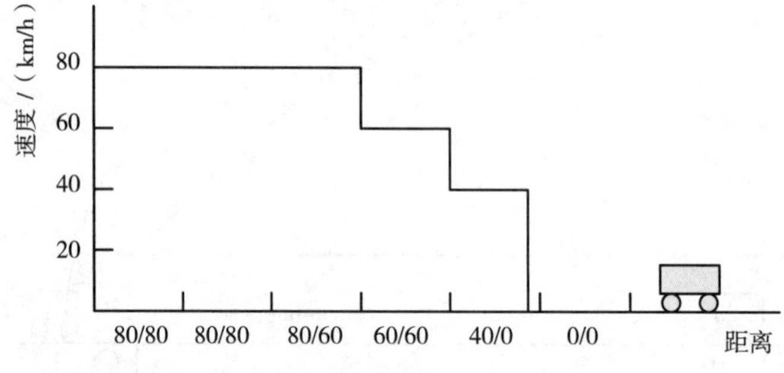

图 10－10　阶梯式限速曲线（图中“＊/＊”是区段“入口/出口”限制速度）

距离码系统由于信息电码的多样性和复杂性，所以必须使用时分制数字电码方式，按协议来组成各种信息。距离码系统采用数字编码音频轨道电路，我国大多数城市轨道交通的ATC就是采用这种系统。

距离码系统从地面传至车上的是前方目标点距离等一系列基本数据，车载计算机根据地面传至列车的各种信息（包括区间的最大限速、目标点的距离、目标点的允许速度、区间线路的坡度等）以及储存在车载单元内的列车自身的固有数据（如列车长度、常用制动及紧急制动的制动率、测速及测距信息等），实时计算出允许速度曲线，并按此曲线对列车的实际运行速度进行监控。

由于数据传输、实时计算以及列车车速监控都是连续的，所以速度监控是实时、无级的，可以有效地实现平稳驾驶与节能运行。

不论是速度码系统还是距离码系统，数字音频轨道电路都是将前方目标距离的数据从地面传至车上，车载设备处理获取的信息，实时计算允许速度曲线，并按此曲线控制列车运行。

随着城市轨道交通的发展，基于轨道电路的列车控制方式的各种弊端也逐渐显现出来。这种列车控制方式，以钢轨作为信息传输的通道，传输频率受到很大限制，导致车—地的通信容量很低，同时信息的传输受到牵引回流的影响，传输性能不够稳定；又因为这种制式所实现的主要是准移动闭塞，距离移动闭塞还有一段的差距，所以列车间隔的进一步缩短和列车速度的提高受到很大的限制。

② 采用轨间电缆的连续式ATC系统。

采用轨间电缆的连续式ATC系统设备主要有控制中心设备、轨旁设备和车载设备。如图10-11所示。

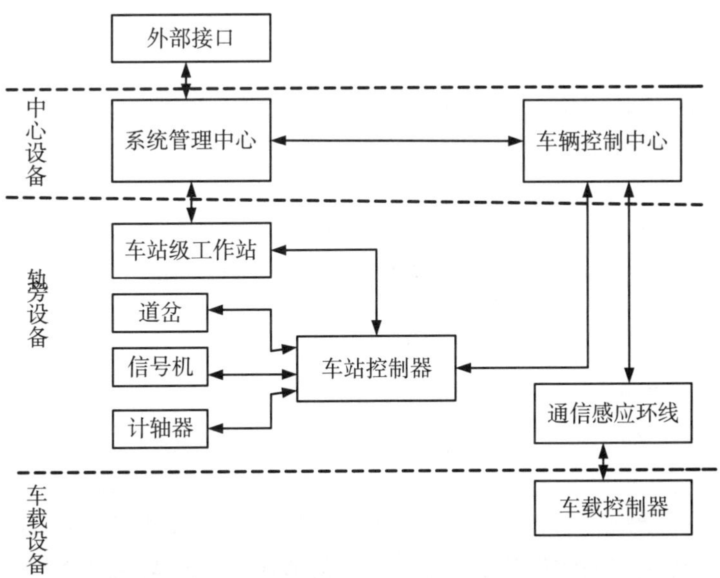

图10-11 采用轨间电缆的连续式ATC系统

采用轨间电缆的列车控制系统，是利用轨间铺设的电缆传输信息的。轨间电缆是车—地通信的唯一通道，为了抗牵引电流的干扰同时完成列车定位功能，轨间电缆每隔一段距离（如25 m或50 m）作一次交叉。利用轨间电缆的交叉配置可以实现列车的定位，每当列车驶过电缆的交叉点，通过检测信号极性的变化以及计数来确定列车的实际位置，如图10－12所示。

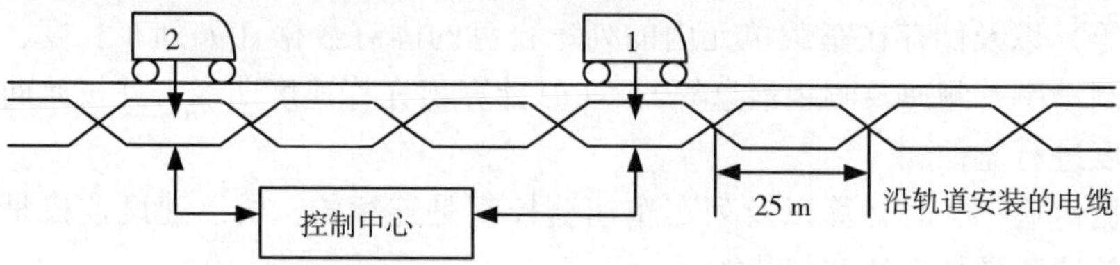

图10－12　采用轨间电缆的列车运行和定位

控制中心储存了线路的固定数据（如线路坡度、曲线半径、道岔位置、环形区段的位置与长度等）。联锁系统将线路的信号显示、道岔位置等信息传递给控制中心，列车也将其列车速度、列车长度、载重量等通过电缆传给控制中心。控制中心计算机根据这些数据计算出列车此时的允许速度，再经电缆传给线路上行驶的相应列车，对列车实现控制。这种方法可以由控制中心统一指挥所有运行列车，但是当控制中心故障时将导致全线瘫痪。另一种方法是控制中心和联锁系统将线路、目标速度等信息通过电缆传输给列车，由车载计算机计算其允许速度，对列车实现控制。

采用轨间电缆的列车控制，信息传输使用的是价格昂贵的金属电缆线，且电缆易故障，不利于线路养护，维修费用也很高，所以目前大多ATC公司发展采用无线通信的列车控制系统。

③ 无线式ATC系统。

无线式ATC系统利用无线通信的方式传输列车信息。地面编码器生成编码信息，将列车限制速度、坡度、距离等有关数据通过天线发送到列车上。由车载处理单元对信息进行处理，计算出列车目标速度，对列车进行控制。

用无线通道实现地—车数据传输的ATC系统才能实现真正意义上的移动闭塞。

有关无线式ATC具体内容，在子任务10.5.2中会有详细介绍。

子任务10.1.3　ATC系统的选用原则

根据国内外的运营经验，为确保行车安全和线路的最大通过能力，一般最大通过能力小于30对/h的线路宜采用ATS和ATP系统，实现行车指挥自动化及列车的超速防护。在最大通过能力较低的线路，行车指挥可采用以调度员人工控制为主的CTC（调度集中）系统。最大通过能力大于30对/h的线路，应采用完整的ATC系统，实现行车指挥和列车运行自动化。

在城市轨道交通的规划建设阶段，选用合适的ATC系统主要需要考虑以下原则：

① 对规划线路的客流进行充分预测，以运能要求为依据；

② 在兼顾性能价格比的基础上选用技术较先进的主流 ATC 产品；

③ 充分考虑今后该系统功能的拓展性和与其他线路互联互通性。

基于以上原则，对于发展迅速、经济实力雄厚、交通需求高、客流量大、人口密集的城市或地区可，选用先进的无线移动闭塞列车控制系统，这样既可以极大地提高运输效率，缩短行车间隔，又便于与城市轨道交通线网中其他线路互联互通，节能降耗，构建安全绿色轨道交通网络。

对于发展较快、有一定经济实力、人口数量较多的大多数城市，可考虑选准移动闭塞列车控制系统。该系统能实现较大的通过能力，对于客运量变化具有较强的适应性，同时具有高效、节能等优势，并且控制模式与列车运行特性较接近，能较好地适应不同类型列车的技术状态，具有较大的发展前景。

点式 ATC 系统技术水平相对较低，但仍然可以满足最小行车间隔为 2 min 通过能力的要求，且其价格相对低廉，因此对于一些经济欠发达地区或对行车效率要求不算太高的城市轨道交通线路更为适用。

子任务 10.1.4 ATC 系统的控制模式

ATC 系统应包括下列控制等级：控制中心自动控制模式；控制中心自动控制时的人工介入控制或利用 CTC 系统的人工控制模式；车站自动控制模式；车站人工控制模式。

每种模式说明了操作对给定车站和归属控制地段中的列车运行所采取的控制等级，然而需要强调的是，一个系统在同一时间只能处于一种模式。

1. 控制中心自动控制模式（CA）

在控制中心自动控制模式下，列车进路命令由 ATS 进路自动设定系统发出，其信息来源是时刻表及列车运行自动调整系统。控制中心调度员可以对列车运行自动调整系统进行人工干预，使列车运行按调度员意图进行。

2. 控制中心自动控制时人工介入控制或利用 CTC 系统的人工控制模式（CM）

在控制中心自动控制时，控制中心调度员也可关闭某个联锁区或某个联锁区内部分信号机或某一指定列车的自动进路设定，直接在控制中心的工作站上对列车进路进行控制，在关闭联锁区自动进路设定时，控制中心调度员可发出命令，利用联锁设备自动进路控制功能，随着前行列车的运行，自动排列一条后续列车的固定进路。在自动进路功能出现故障的情况下，调度员可以人工设置进路。

在 CM 模式中，车站的人工控制转到 ATS 系统。一旦车站工作于该模式，则由 ATS 系统启动控制而不由车站控制计算机启动控制。然而，车站控制计算机继续接收表示，更新显示和采集数据。

3. 车站自动控制模式（LC）

在控制中心设备故障或通信线路故障时，控制中心将无法对联锁车站的远程控制终端进行控制，此时将自动进入列车自动监控后备模式，由列车上的车次号发送系统发出的带列车去向的车次信息，通过远程控制终端自动产生进路命令，由联锁设备的自动功能来自动设定进路，即随着列车运行，自动排列一条固定进路。

4. 车站人工控制模式

当ATS因故不能设置进路（不论人工方式还是自动进路方式），或由于某种运营上的需要而不能由中心控制时，可改为现地操纵模式。在现地操纵台上人工排列进路。

车站自动控制和车站人工控制也可合称为车站控制（LC）。当车站工作于LC模式时，不能由ATS系统启动控制。然而，ATS系统将继续收到表示，更新显示和采集数据。对车站控制计算机而言，这是唯一可用的控制模式。

以上控制等级应遵循的原则是：车站人工控制优先于控制中心人工控制、控制中心人工控制优先于控制中心的自动控制或车站自动控制。

5. 控制模式间的转换

（1）转换至车站操作

只有当控制中心ATS已经发出相应的命令，才能转换到车站操作模式。因此，所有转换只能由车站操作员操作才能有效实施。

当转换模式时，不用考虑特别检查联锁条件，自动运行功能不受影响。

即使转换至车站操作，联锁显示还应该传输至控制中心ATS，仅由车站操作站的打印机执行对显示和命令的记录。

（2）强制转换至车站操作

在没有收到控制中心ATS发出的命令时，也可以转换至车站操作。通过一个已经登记的转换操作可以转换至车站操作，并且联锁系统的所有转换操作仅能由车站操作员来执行。

（3）转换至控制中心ATS操作

只有当车站操作已经发出释放的命令，才能转换到控制中心ATS操作，然后控制中心ATS确认它。因此，所有转换只有由控制中心操作员操作才能有效实施。在这种情况下，只有正常的转换操作才能被接受。随着转换至控制中心ATS操作，控制中心ATS可以执行所有运行的操作。但是只有车站操作才能有效实施以下转换操作：当车站操作故障，在没有车站操作的释放命令的情况下，也可以转换至控制中心ATS操作。

任务10.2 认识列车自动防护系统

城市轨道交通的信号系统中，列车自动防护（ATP）系统是其非常重要的组成部分。ATP系统是保证行车安全、防止列车进入前方列车占用区段和防止列车超速运行的信号设备。它为列车行驶提供安全保障，有效降低列车驾驶员的劳动强度，提高行车效率。如果没有ATP系统，列车的行车安全需要由列车驾驶员来人工保障，这样会造成列车驾驶员过度疲劳等产生安全隐患，为行车作业效率带来负面影响。因此，在城市轨道交通中，尤其是在运营作业繁忙的线路上，在信号系统中设置列车自动防护子系统是非常必要的，它是行车作业的安全保障和体现。

子任务 10.2.1　ATP 系统的基本概念

在介绍列车自动防护系统时，需要简单了解几个基本概念。

1. 列车常用制动和紧急制动

ATP 车载设备具有常用制动和紧急制动两级防护控制的能力。在常用制动失效后，可实施紧急制动。

列车常用制动就是列车在正常行驶过程中，由列车的制动系统施加给列车的制动。

列车紧急制动就是列车在超速行驶，或遇到其他异常会危及列车行车安全的情况时，对列车施加的制动。列车紧急制动时所产生的制动力，是列车的制动系统所能提供的最大制动力。列车紧急制动的响应时间比列车常用制动的响应时间要短；一旦对列车施加了紧急制动，只能通过特殊处理才能将紧急制动从列车上解除。

2. 速度限制

在城市轨道交通中，列车在轨道线路上行驶时，受轨道线路弯道、坡道、列车自身构造以及运营需求等因素的影响，列车只能在规定的速度范围内运行，如果列车运行速度高于规定的最大速度值，则会危及列车的行车安全，导致列车相撞、出轨或颠覆等事故的发生。为确保行车安全，列车必须在所规定的速度范围内运行，以防事故的发生。

ATP 系统在每列列车上都装有速度传感器，速度传感器安装在列车的车轴上，对列车的运行速度进行实时测定，并把速度值送给 ATP 主机，由列车 ATP 主机对速度进行分析和处理。

3. ATP 系统与列车之间的接口

ATP 主机是 ATP 系统的核心控制部分，ATP 主机与列车自身的牵引系统和制动系统之间有专门的接口电路连接，其接口关系如图 10－13 所示。ATP 主机实时接收从地面信号设备传来的信息，通过实时分析和计算，实时向列车的牵引系统或制动系统发出控制指令，列车的牵引系统或制动系统在接收到控制指令后，对列车施加牵引力或制动力，以控制列车的运行速度，使列车在允许速度的范围内运行。

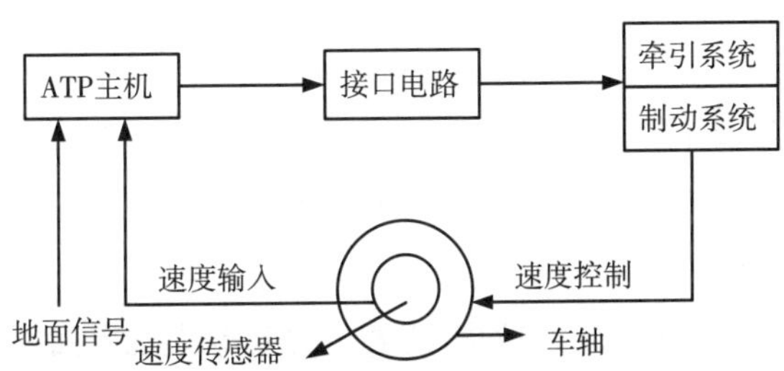

图 10－13　ATP 系统与列车之间的接口关系

ATP系统不断将来自联锁设备和操作层面上的信息、线路信息、前方目标点的距离和允许速度信息等从地面通过轨道电路等传至车上，从而由车载设备计算得到当前所允许的速度，或由控制中心计算出目标速度传至车上，由车载设备测得实际运行速度，依此来对列车速度实行监督，从而保证列车始终在安全速度下运行。当列车速度超过ATP装置所指示的速度时，ATP的车载设备就发出制动命令，使列车自动地制动；当列车速度降至ATP所指示的速度以下时，可自动缓解。这样，可缩短列车运行间隔，可靠地保证列车不超速、不冒进。

ATP是ATC的基本环节，是安全系统，必须符合“故障—安全”的原则。

子任务10.2.2　ATP系统的组成

ATP系统主要由三部分组成，即用以实现控制列车运行的车载设备、用以产生控制信息的轨旁设备，以及轨旁与车载两方互通信息的中间传输通道。ATS系统负责监督和控制ATP系统，联锁系统和轨道空闲检测装置为ATP提供基层的安全信息，列车是ATP的控制对象。

下面主要介绍ATP车载设备和ATP轨旁设备。

1. ATP车载设备

ATP系统的车载设备主要包括由车载主机、驾驶员状态显示单元、速度传感器、地面信号接收器、列车接口电路、电源和辅助设备等，如图10－13所示，下面分别介绍有关设备的情况。

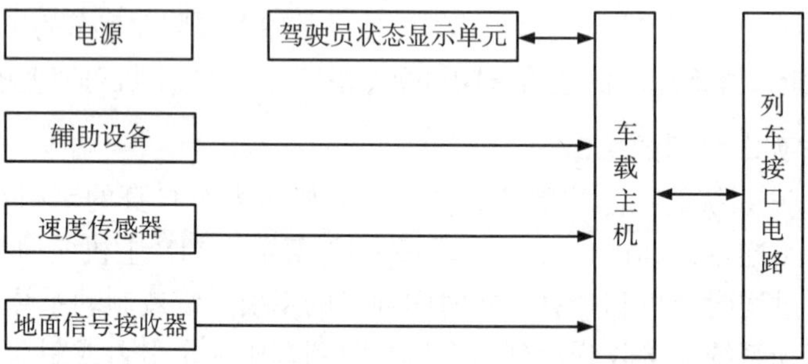

图10－14　ATP车载设备组成

1）车载主机

ATP的车载主机由各种印刷电路板、输入/输出接口板、安全继电器和电源等设备组成。这些设备分层放在机柜中，各板之间利用机柜上的总线进行通信。

2）驾驶员状态显示单元

驾驶员状态显示单元是车载系统与列车驾驶员之间的人机界面，可以显示列车当前运行速度、列车到达某点的目标速度、列车到达某点的走行距离、列车的驾驶模式和有关设备的运行状况等与行车直接相关的信息；还设置一些按钮，用于驾驶员操作，控制列车运行。

3）速度传感器

通常在列车上装有两个速度传感器，安装在列车的车轴上，用于测量列车的运行速度和列车运行距离，判定列车运行的方向。有时也安装多普勒雷达测速。

4）地面信号接收器

地面信号接收器，安装在列车底部，用于接收从轨道上传来的信息，这些信息可以由地面轨道电路发送，或由安装在地面的专门设备如应答器发送。地面信号接收器，根据所接收的信息格式、容量和处理速度等因素，设计为感应天线或其他形式，以保证列车在一定的运行速度下能及时接收和处理所收到的信息。

5）列车接口电路

ATP 的车载设备通过车载主机与列车进行接口，车载主机将控制信息通过接口电路传送给列车，同时车载主机通过接口电路从列车获得列车运行的状态信息。

6）电源和辅助设备等

列车为 ATP 提供所需的电源，列车上还有列车运行模式选择开关、各种电源开关和其他一些辅助设备等。

2. ATP 轨旁设备

ATP 系统的核心设备安装在列车上，但是它所需的主要信息都来自轨旁设备。根据城市轨道交通信号系统的不同制式，列车自动防护系统地面设备可以设置点式应答器、轨道电路或计轴器，向列车传递有关信息，由安装在列车上的设备接收和处理这些信息。

1）点式应答器

通常，在线路上间隔一定的固定距离设置一个点式应答器，在应答器内存储线路中有关列车运行的信息。在列车经过时，由安装在列车车底的地面信号接收器接收相关信息，由车载主机对这些信息进行综合分析处理。

点式应答器中所包含的信息，包括有线路位置、列车运行距离、基本线路参数、速度限制等，这些信息固化在应答器中，应答器可分为有源应答器和无源应答器。有源应答器向线路实时发送信息，由列车接收，可以根据需要对应答器内的数据进行更新；无源应答器，只有在列车经过时，由列车从应答器中读取事先存入的固定数据。

2）轨道电路和计轴器

轨道电路除了具有表示列车是否占用轨道的功能外，还可以向线路上实时发送列车运营所需的信息，由列车接收和处理。轨道电路所发送的信息，其容量大，有利于列车的车载系统对列车进行实时控制。一般来说，轨道电路所发送的信息有以下内容：轨道电路的长度、坡度和曲线参数、载波频率、轨道电路编号、线路限制速度、目标距离、目标速度、道岔定反位、列车停站信号、备用信息等，这些信息以数字编码的方式，顺序排列，放在一个信息包里。列车收到信息后进行实时处理，实时控制列车运行状态。

现在使用较广泛的计轴器，它同样具有检查区段占用与空闲的功能，而且不受轨道线路道床状态等影响。

3. ATP 车载设备和轨旁设备的联系

连续式 ATP 系统利用数字音频轨道电路，向列车连续地发送数据，允许连续监督和控制列车运行。对于 ATP，由轨道电路反映轨道状态，传输 ATP 信息，在轨旁无须其他传输设备。当轨道电路区段空闲时，发送轨道电路检测电码。当列车占用时，发送 ATP 信息。轨道旁的轨道电路连接箱内（发送端、接收端各一个）仅有电路调谐用的无源元件，包括轨道耦合单元及长环线。

车载 ATP 设备根据地面传来的数据（由 ATP 列车地面信号接收器接收）与预先储存的列车数据计算出列车实时最大允许速度，将此速度与来自速度传感器测得的列车实际运行速度相比较，超过允许速度时，报警后启动制动器。

借助于状态显示单元，司机可以按照 ATP 系统的指示行车。状态显示单元包括司机显示、司机外部接口两个子功能。司机显示功能向司机显示实际速度、最大运行速度、目标距离、目标速度、ATP 设备的运行状态，以及列车运行时产生的重要故障信息，在某些情况伴有音响警报。司机外部接口包括允许按钮、车门释放按钮及确认按钮。

子任务 10.2.3　ATP 系统的主要功能

1. 速度监督与超速防护

ATP 轨旁设备从联锁和轨道空闲检测系统获得驾驶指令，整理为相应格式的数据后传输至 ATP 车载设备。驾驶指令通常包括目标速度、目标距离、最大允许线路速度和线路坡度等。ATP 车载设备通过此数据计算当前位置的列车允许速度。最终将列车运行所需的数据由驾驶室显示器指示给司机。

实际的列车速度和驶过的距离由测速装置连续进行测量。

ATP 车载设备将列车实际速度与列车允许速度进行比较。当列车速度超过列车允许速度时，ATP 的车载设备就会发出制动命令，发出报警后控制列车实施常用全制动或紧急制动，使列车自动地制动。

城市轨道交通中的速度限制分为两种。一种是固定速度限制，如列车最大运行速度、区间最大允许速度等；另一种是临时性的速度限制，如线路在维修时临时设置的速度限制。

固定速度限制是在设计阶段设置的。ATP 车载设备中都储存着整条线路上的固定限速区信息。限速信息主要包括：

① 列车最大允许运行速度（取决于列车位置、停车点、联锁条件等）；

② 列车最大允许速度（取决于列车本身的物理特性）；

③ 区间最大允许速度（取决于线路地理参数）。

临时限速用于在一些特殊地段来降低允许速度，该功能要求列车以较低的速度运行。例如正在进行的一些轨道作业等。这些临时限速可以在ATS控制中心由操作员按照安全程序人工设置，设定的数据会从ATS系统传送给ATP轨旁设备，ATP轨旁设备通过通信信道把所有的临时限速发送到车上。

ATP系统始终严密监视速度限制不被超越，一旦超过，先提出警告，后启动紧急制动，并作记录。

2. 测速与测距

列车运行的速度和位置测量是车载设备的关键技术。

1）测速

列车运行速度的测量是速度控制的依据。速度值的准确性和精度直接影响列车控制的效果。

测速有车载设备自测和系统测量两种方法。车载设备自测是通过安装在拖车车轴上的测速电机、轮脉冲测速传感器和多普勒雷达测速器等进行测速。系统测量有卫星测速和雷达测速等方法。

通常，需要采用两路测速，两套传感器安装在不同的车轴和不同的侧面，以提高测量的准确性和精确度，并对车轮空转、打滑、抱死等引起的误差进行修正。由于轮脉冲测速传感器无法精确补偿车轮空转、打滑带来的误差，可用一台多普勒雷达测速设备向ATP/ATO系统输入第三个测速信息。这个信息与轮脉冲测速传感器输入的车速相比较，从而检验测速系统的可靠性。

2）测距

在目标距离模式中，列车位置对于安全性至关重要。如果列车无法掌握它在线路中的准确位置，那么它就无法保证在障碍物或限制区范围内减速或停下。ATP车载设备通过连续测量列车行驶的距离，可以随时查找列车的精确位置。

有时，可采用地面应答器进行测距。应答器沿线路等间距放置，每个应答器都有一个独一无二的识别号，存储在ATP/ATO系统存储器中。列车经过时由装在列车上的查询器读取识别号，从而判断列车位置。这个系统可以确保在指定范围内对轮脉冲测速传感器发出的信号进行自动重新校正，也能进一步确定列车位置。

3. 车门与站台安全门的控制

在通常的情况下，在车辆没有停稳在站台或车辆段转换轨上时，ATP系统不允许车门开启。当列车在车站的预定停车区域内停稳且停车点的误差在允许范围以内时，地面对位天线会收到车载对位天线发送的停稳信号，列车从ATP轨旁设备收到车门开启命令，ATP系统才会允许车门操作，车载对位天线和地面对位天线才能很好地感应耦合并进行车门开关操作。这需要地面和车载ATP设备以及车辆门控电路共同配合。有了车门开启命令后，使ATP轨旁设备发送打开站台安全门，当站台定位接收器收到此信号后，便打开与列车车门相对的站台安全门。

列车停站时间结束（或人工终止），地面停站控制单元启动 ATP 轨旁设备，停发开门信号，由司机关闭车门，同时站台安全门关闭。

在列车停靠站台的精度已经偏离了 ±500 mm（对于地下车站）或 ±1 000 mm（对于高架车站或地面车站）的情况下，列车可以被允许以小于 5 km/h 的速度移动，以满足精确停车点的要求。

车门的左右侧选择通过轨旁 ATP 系统取得，由车门开启命令来执行。ATP 系统不断监视车门是否安全关闭且锁闭，以确保车门没有被异常打开。ATP 轨旁设备还将列车停稳、停准的信息送至控制中心作为列车到站的依据。车门关闭后，车载 ATP 设备才具备安全发车的条件。

车站在检查了站台安全门已关闭且锁闭以后，才允许向列车发送运行速度命令的信息，列车收到速度命令，同时检查了车门已关闭后，按车载 ATP 设备收到的速度命令出发。

4. 列车检测

ATP 系统采用轨道电路或计轴器等 ATP 轨旁设备作为列车检测设备，通过发送不同的信息检测区段是否有车占用，通常检测的数据送入联锁设备中。

5. 停车点防护

停车点有时就是危险点，危险点在任何情况下都是不能越过的，因为这会导致危险情况发生。如站内有车时，停车点为车站的起点，在停车点前方通常需设置一个防护区段，ATP 系统通过计算得出的紧急制动曲线即以该防护区段入口点为基础，保证列车不超越入口点，如图 10－15 所示。有时可也在入口点处设置一个列车滑行速度值（5 km/h），一旦需要，列车可在此基础上加速，或者停在危险点前方。

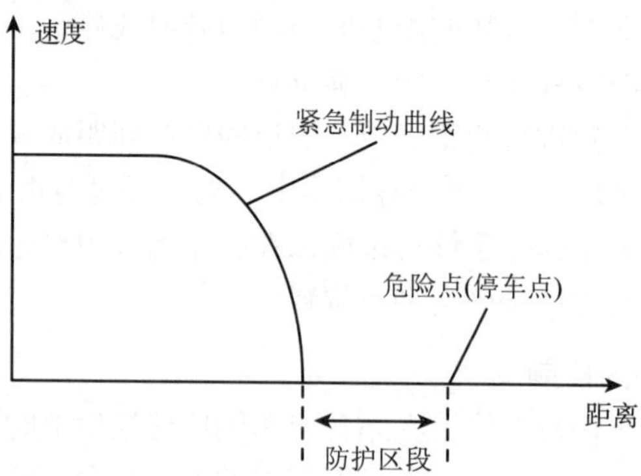

图 10－15　停车点防护

6. 司机人机接口（MMI）功能

MMI 提供信号系统与司机的接口，其功能包括司机显示功能、音响报警功能及司机外部接口功能。

1）司机显示功能

司机显示功能向司机提供驾驶列车时所需的全部信息，包括实际速度、允许速度（只在SM、ATO和AR信号模式中）、从最大限制的ATP功能条件下推算出的目标距离/速度、“驾驶状态”（即在牵引、惰行和制动方式下移动）、“运行模式”（RM、SM、ATO或AR模式）、列车折返运行（在AR模式有效时显示，也在AR按钮按下时显示确认）、列车停在预定停车窗以外、车门状态显示、向司机提供列车车门打开一侧的显示、关门指令、出站命令、车辆段显示（列车在车辆段时的车辆段识别显示）、实施紧急制动、ATP/ATO故障等。

2）音响报警功能

当列车速度/位置超过警告速度曲线时发出音响报警。列车的允许速度由制动曲线确定，警告速度曲线是允许速度加上一个特定速度余量来表示的，目的是给出一个固定的司机反应时间，以触发紧急制动。

音响报警功能的输入是ATP速度曲线、列车实际速度和位置，音响报警功能的输出是对司机进行音响报警。

3）司机外部接口功能

司机外部接口用于司机驾驶操作，通常包括允许按钮、车门释放按钮和确认按钮。

7. 折返/改换驾驶室功能

在列车进行折返的情况下，要求司机改换驾驶室。

ATP车载设备必须考虑到使用不同的驾驶操作台，保存有关相对轨旁位置、列车前部和后部的信息。改换驾驶室引起列车前部和后部的互换，ATP车载设备必须相应地调整位置信息。

折返发生故障，会导致在司机改换驾驶室且打开在列车的前头的驾驶操作台时，ATP设备不能进入SM模式。

列车停稳后，ATP车载设备收到要求折返报文以后自动生成AR模式。此类报文可通过ATS发出的命令给出，也可当列车进入在全部列车需要折返地点的相应轨道区段时自动生成。

使用AR模式的方法是当列车停在站台、车站后的折返轨或可接收到折返报文的任何位置时，执行折返。

当列车停在折返轨时，会自动选定AR模式，并接收到相应的报文。这时，安装在司机操作控制台上的AR指示灯会亮，并显示可以执行折返作业。司机通过按压AR按钮表示接受，AR指示灯闪亮。司机关闭驾驶控制台，并在没有司机干预的情况下实施自动折返。司机离开原驾驶室，如果需要的话他走到列车另一端的驾驶室。在折返有效时，列车另一端驾驶室里的AR按钮闪亮，表示该驾驶室已经可以使用。司机打开当前驾驶室的司机操作控制台，ATP车载单元进入SM模式并准备列车的返回运行。

任务 10. 3 认识列车自动运行系统

人工驾驶列车运行时，司机操纵驾驶手柄控制列车加速、减速和停车。列车自动驾驶系统，即 ATO 系统，实现正常情况下高质量的自动驾驶，提高列车运行效率，增强列车运行舒适度，节省能源。因此，ATO 系统是提高城市轨道交通列车运行水平（准点、平稳、节能）的重要技术措施。

子任务 10. 3. 1 ATO 系统的基本概念

ATO 子系统主要用于实现“地对车控制”，即用地面信息实现对列车驱动、制动的控制，包括列车自动折返，根据控制中心指令自动完成对列车的启动、牵引、惰行和制动，发送车门和站台安全门开关信号，使列车以最佳工况安全、正点、平稳地运行。

ATO 系统实现列车自动驾驶，需要 ATP 系统和 ATS 系统提供支持。ATP 系统向 ATO 系统提供列车运行的速度、线路允许速度、目标速度和目标距离，以及列车当前所处位置等基本信息；ATS 系统向 ATO 系统提供列车运行作业和计划。

当列车处在自动驾驶模式下，车载 ATO 运用牵引和制动控制，实现列车自动运行。

ATO 为非“故障—安全”系统，其控制列车自动运行，主要目的是模拟最佳司机的驾驶，实现正常情况下高质量的自动驾驶。

子任务 10. 3. 2 ATO 系统的组成

ATO 系统的基本功能模块与 ATP 系统相同，都由轨旁设备和车载设备组成。

1. ATO 轨旁设备

ATO 轨旁设备通常也用做 ATP 轨旁设备，接收与列车自动运行有关的信息。地面信息接收发送设备和轨道环线都属于 ATO 轨旁设备。这些轨旁设备，如点式应答器、轨道电路能够接收来自列车 ATO 车载天线发送的信息，也能够把 ATS 有关信息通过轨道环线或其他轨旁设备发送到列车上，由列车 ATO 车载设备进行接收和处理。

地面信息接收发送设备通常安装在线路旁，但是其调谐控制部分通常安装在信号设备室内，而轨道环线则安装在线路上。

2. ATO 车载设备

ATO 车载设备由设在列车每一端司机室内的 ATO 车载控制器（包括司机控制台）及安装在列车每一端司机室车体下的两个 ATO 接收天线和两个 ATO 发送天线组成，还包括 ATO 附件，这些附件用于速度测量、定位和司机接口。ATO 车载设备通常和 ATP 车载设备安装在一个机架内。

ATO 车载控制器是 ATO 系统的核心组成部分，它从 ATP 车载设备获得必要的信息，如列车运行速度和列车位置信息等，进行实时处理，计算出列车当前所需的牵引力和制动力，向列车发出请求，列车牵引或制动系统收到请求指令后，对列车施加牵引或制动，使列车得到实时控制。

ATO 车载天线一般安装在列车第一列编组车体下，接收地面 ATS 传输的信息，同时向地面 ATS 发送有关的列车状态信息。这些信息一般包括列车识别信息、列车运行信息、列车车门状态信息、车轮磨损信息、车载 ATO 状态和报警信息等。

司机接口即为列车司机通过人机界面，可以选择列车运行模式，操纵列车在相应模式下运行。

事实上，ATO 子系统与 ATP 子系统共用车载硬件设备，并没有独立的设备。ATO 子系统的软件安装在与车载 ATP 子系统共用的车载计算机中，但使用独立的 CPU。

车载 ATO 设备为主备冗余，当主 ATO 单元发生故障时，自动从主 ATO 单元切换到备用 ATO 单元。主 ATO 单元和备用 ATO 单元运行同样的软件，得到相同的传感器输入和独立计算，但是在一个时间，只有一个 ATO 单元是主单元，与其他子系统接口，而备用 ATO 单元不提供任何输出。

子任务 10. 3. 3　ATO 系统的主要功能

ATO 系统的功能分为基本控制功能和服务功能。

1. 基本控制功能

基本控制功能是自动驾驶、自动折返、车门打开。这三个控制功能相互之间独立地运行。

1）自动驾驶

（1）自动调整列车运行速度

ATO 车载控制器通过比较实际列车运行速度及 ATP 给出的最大允许速度及目标速度，并根据线路的情况，自动控制列车的牵引和制动，使列车在区间内的每个区段始终以控制速度（ATP 计算出来的限制速度减去 5 km/h）运行，并尽可能减少牵引、惰行和制动之间的转换。

（2）停车点的目标制动

ATO 系统基于列车速度、预先决定的制动率和距停止点的距离计算出一个制动曲线，采用最合适的减速度（制动率）使列车准确、平稳地停在规定的停车点。与列车定位系统相配合，可使停车位置的误差达到 0.5 m 以下。

假如列车超过了停车点，ATP 系统准许后退一定距离。如果超过后退速度限制值，则向列车司机发出声音和视觉报警。

（3）从车站自动发车

当发车安全条件符合时（即在 ATO 模式下，关闭了车门，由 ATP 系统监视），ATO 系统给出启动显示，司机按下启动按钮，ATO 系统使列车从制动停车状态转为驱动状态。停车制动将被缓解，然后列车加速。ATO 系统通过预设的数据提供牵引控制，该牵引控制可使列车平稳加速。

（4）区间内临时停车

由 ATP 系统给出目标位置（例如前方有车）及制动曲线，并将数据传送给 ATO 系统车载设备，ATO 系统得到目标速度为“0”的速度信息后自动启动列车制动器，使列车停稳在目标点前方 10 m 左右，此时车门还是由 ATP 系统锁闭的。一旦前方停车目标点取消，速度信息改为“进行”后，ATO 系统使列车自动启动。

在危险情况下，例如按下紧急停车按钮，或是因常用制动不充分而使列车超过紧急制动曲线，由 ATP 启动紧急制动，ATO 向司机发出视觉和音响警报。

（5）限速区间

临时性限速区间的数据由轨道电路等轨旁设备通过固定格式的报文传输给 ATP 车载设备，再由 ATP 车载设备将减速命令经 ATO 系统传达给动车驱动、制动控制设备之间的接口。对于长期的限速区间，数据可事先输入 ATO 系统，在执行自动驾驶时，ATO 系统会自动考虑到该限速区间。

2）无人自动折返

无人自动折返是一种特殊情况下的驾驶模式，在这种驾驶模式下无须司机控制，而且列车上的全部控制台将被锁闭。

从接收到无人驾驶折返运行许可时，列车就自动进入 AR 模式，经驾驶室 MMI 显示给司机，司机必须确认这个显示，并得到授权，锁闭控制台。

只有按下 AR 按钮以后，才实施无人驾驶列车折返运行。ATC 轨旁设备提供所需的数据以驾驶列车进入折返轨。列车将自动回到出发站台。列车一到出发站台，ATC 车载设备就会退出 AR 模式。

3）自动控制车门开闭

ATO 是车门控制命令的发出者，ATO 只在自动模式下执行车门开启。当列车到达定位停车点后，ATO 发出停车信号给 ATP，以保证列车制动。当 ATP 检测到车速为零时，由 ATP 监督是否具备开门条件，当 ATP 系统给出开门命令时，可以按事前的设定由 ATO 系统自动地打开车门，也可由司机手动打开正确一侧的车门。同时，车辆发送信息给地面，打开相应的站台安全门。

列车停站结束后，司机按下关门按钮，发出关门信号，同时发送信号给站台关闭安全门，车站检查并确认站台安全门关闭且锁紧后，允许 ATP 发送速度命令信息，列车检查车门关闭且锁紧，启动出站。

当列车空车运行时，从 ATS 接收到指定目的地号后会阻止车门打开。

2. 服务功能

服务功能包括列车位置、允许速度、巡航/惰行、PTI 支持等。

1）列车位置功能

列车位置功能是从ATP功能中接收当前列车的位置和速度等详细信息，并根据上一次计算后所运行的距离来调整列车的实际位置。此调整也考虑在ATP功能计算列车位置时传送和接收的延迟时间，以及打滑和滑行等情况。

另外，ATO功能同测速单元的接口为控制提供更高的测量精确性。列车位置功能也接收地面同步的详细信息，由此确定列车的实际位置，计算列车位置的误差。对列车位置调整，可在由ATO功能规定的直至接近实际停车点10～15 m的任意位置开始。对于这种调整，停车精度由ATO控制在希望的范围内。

2）允许速度功能

允许速度功能为ATO速度控制器提供列车在轨道任意点的对应速度值。这个速度没有被优化，只是低于当前速度限制和制动曲线给的限制。允许列车速度调整是为了能源优化或由惰行/巡航功能完成的列车运行。

3）巡航/惰行功能

巡航/惰行功能的任务是按照时刻表自动实现列车区间运行的惰行控制，同时节省能源，保证最大能量效率。

（1）确定列车运行时间

由ATO和ATR（列车自动调整）功能确定列车运行时间，通过车站轨道电路或计轴器的占用情况完成同步。当列车在ATO功能下时，从报文给定的列车运行时间中减去通过计轴器测定的已运行时间，即可确定到下一站有效的可用时间。

（2）能源优化轨迹

能源优化轨迹的计算要考虑加速度、坡度制动及曲线制动。因此，整套系统的轨道曲线信息都储存在ATO存储器中。借助此信息，并使用最大加速度、巡航/惰行功能计算出到下一停车点的速度距离轨迹。

4）PTI支持功能

PTI支持功能是通过多种渠道传输和接收各种数据，在特定的位置（通常设在列车进入正线的入口处）传给ATS，向ATS报告列车的识别信息、目的号码和乘务组号，以及列车位置数据，以优化列车运行。

PTI功能是由车载设备和轨旁设备实现的。由车载设备提供的数据，通过ATO功能，传输到PTI的轨旁设备，进而传给ATS。PTI是一个非安全功能。

任务10.4　认识列车自动监控系统

子任务10.4.1　ATS系统的基本概念

列车自动监控子系统（ATS）是整个城市轨道交通运营的重要部分，它需要ATP和

ATO 系统的支持，根据时刻表对全线列车进行监控，实现进路控制、运行图管理、列车移动监督、运行调整和仿真与培训等功能。

ATS 利用可靠的网络结构，与 ATP 和 ATO 一起完成对全线列车运营的管理和监控功能。ATS 子系统主要实现对列车运行的监督和控制，包括：列车运行情况的集中监视、自动排列进路、自动列车运行调整、自动生成时刻表、自动记录列车运行实迹、自动进行运行数据统计及自动生成报表、自动监测设备运行状态等，辅助调度人员对全线列车进行管理。

ATS 为非“故障—安全”系统，列车安全运行由 ATP 来保证。

ATS 系统主要是实现对列车运行及所控制的道岔、信号等设备运行状态的监督和控制，为行车调度人员显示出全线列车的运行状态，监督和记录运行图的执行情况，在列车因故偏离运行图时及时做出调整，辅助行车调度人员完成对全线列车运行的管理。

ATS 在 ATP 和 ATO 系统的支持下，根据运行时刻表完成对全线列车运行的自动监控，可自动或由人工监督和控制正线（车辆段、停车场、试车线除外）列车进路，并向行车调度员和外部系统提供信息。

ATS 工作方式为集中管理，分散控制。

ATS 系统能与 ATP 系统、计算机联锁设备或继电联锁设备配套使用，并有与时钟系统、旅客向导系统和综合监控系统的接口。

子任务 10.4.2 ATS 系统的组成

ATS 系统由控制中心设备、车站设备、车辆段设备、列车识别系统及列车发车计时器等组成。但是可以根据实际情况的需要，对 ATS 系统的硬件、软件配置进行相应的调整。

1. 控制中心设备

关于控制中心设备，已在“子任务 1.1.5 了解城市轨道交通信号系统的地域分布”中有所介绍，在此不再赘述。

2. 车站设备

车站分集中联锁站和非集中联锁站。

1）集中联锁站设备

集中联锁主要由 ATS 分机和车站现地控制工作站组成。ATS 分机是设备集中站的核心设备，负责与车站联锁系统、车站 ATP 系统、发车指示器（TDT）进行接口，还负责将联锁采集的表示信息，以及车站 ATP 设备传递过来的列车位置、状态等信息传递到调度中心 ATS 系统。同时，车站 ATS 分机还要将调度中心传递过来的进路指令及列车运行指令，通过联锁和 ATP 系统传递到地面和车载设备。另外，ATS 分机需要具备本地计划存储功能，当中心 ATS 与车站 ATS 联络中断时，ATS 分机能够按照预定的计划继续生成指令控制地面和车载设备。图 10－15 所示为车站控制室。

图 10－16 车站控制室

ATS 分机还能控制站台上 PIS 的列车目的地显示器、列车到发时间显示器和发车计时器 TDT。

2）非集中联锁站设备

非集中联锁站也由 ATS 分机和车站现地控制工作站组成。但 ATS 分机只是一个经过功能裁剪的轻量级的分机。非集中联锁站的 ATS 分机不需要与联锁和 ATP 设备接口，只需要完成发车指示器（TDT）信息内容的计算驱动，另外负责车站现地控制工作站与控制中心以及其他系统数据的转发。非集中联锁站的现地控制工作站也较集中联锁站的现地控制工作站简单，主要是提供站场及列车车次号监视功能，另外提供基本的扣车、跳停办理等功能。

由于非集中联锁站设备功能简单，根据不同的应用要求，可以考虑省略掉分机系统，将现地控制工作站与设备集中站分机相连，而 DTT 则由现地控制工作站驱动。非集中联锁站的 PTI、PIS 均通过集中联锁站的 ATS 分机与 ATS 系统联系。有岔非集中联锁站的道岔和信号机由集中联锁站的计算机控制，通过集中联锁站的 ATS 分机接收 ATS 系统的控制命令。

3. 车辆段设备

1）ATS 分机

车辆段设一台 ATS 分机，用于采集车辆段内存车库线的列车占用与进/出车辆段的列车信号机的状态，在控制中心显示屏上给出以上信息的显示，以便控制中心及车辆段值班员及车辆管理人员了解段内停车库线列车的车次及车组运用情况，正确控制列车出段。车辆段不纳入正线统一的按照计划作业自动进路办理流程，ATS 分机只与联锁接口，提供车辆段人工操作指令处理，并将车辆段站场表示信息传递到中心 ATS。

2）车辆段终端

车辆段派班室和信号楼控制室各设一台终端，与车辆段 ATS 分机相连，根据来自控制中心的实际时刻表建立车辆段作业计划。

车辆段终端通过与中心 ATS 交互，获取列车运行计划，生成司机出乘计划，并将机车运行计划上传到中心 ATS 系统。

车辆段联锁设备，通过 ATS 分机与控制中心交换信息，实现段内运行列车的追踪监视，车辆段与控制中心间应提供有效的传输通道，当传输距离较长时可采用Modem。

4. 列车识别系统（PTI）

PTI设备是ATS车次识别及车辆管理的辅助设备，由地面查询器环路和车载查询器组成。地面查询器环路设于各站。当列车经过地面应答器时，地面应答器可采集到车载查询器中设定的列车车次号，并经过车站ATS设备送至控制中心，校对是否与中心计算机列车计划中车次号一致，若不相同则报警并进行修正。

5. 列车发车计时器（TDT）

TDT设备设于各站，为列车运行提供车站发车时机、列车到站晚点情况的时间指示，提示列车按计划时刻表运行。正常情况下，在列车整列进入站台后，按系统给定停站时间倒计时显示距计划时刻表的发车时间，倒计时为零时指示列车发车；若列车晚点发车，则TDT增加停站时间的计时。在特殊情况下，若实施了站台扣车控制，TDT给出规定显示；如下达提前发车命令，TDT立即显示零；列车通过车站时TDT给出相应显示。

子任务10.4.3 ATS系统的主要功能

1. 列车监视和跟踪

本功能包括在线列车的监视、跟踪、车次的移位及显示。

1）列车监视

列车监视是用计算机来再现列车运行情况。列车运行由轨道空闲和占用的信号设备来驱动。列车由车次号来识别。ATS为MMI、旅客信息显示系统、模拟线路表示盘提供列车位置和车次号信息。

2）车次号输入、追踪、记录和删除

列车车次号是实现ATS功能的先决条件，必须在固定时间内给予明确。当列车由车辆段或其他地点进入正线运行时，ATS系统将根据计划时刻表自动给计划列车加入车次号。列车车次号输入方式有：在读站自动输入车次号、时刻表系统提供车次号、系统自动生成虚假车次号、调度员人工输入车次号。列车车次号输入功能可用于修改和确认列车车次信息。

车次号在该列车通过在读站时被记录，出错时调度员可用另一车次号予以替代。

车次号从列车在车辆段开始至全部正线连续追踪，在控制中心表示盘或显示器上的车次窗内随着列车运行的位置动态显示。调度员可人工修改，并能由车次查出对应车组号。

车次号删除是从ATS系统中清除车次号记录，在列车被监视到离去本区段或线路被覆盖时自动删除，也可人工删除。

3）列车运行识别

列车运行由轨道占用信号从“空闲”到“占用”的切换显示来识别。一旦列车运行被检测到，就会在计算机内再现。

4）集中显示

控制中心用大屏表示盘和显示器显示列车运行状态。在站场布置图上显示正线全线列车运行及信号设备的工作状况，如列车位置及车次号、信号显示、道岔位置、轨道电路状态、进路状态及开通方向、车站控制状态（站控或遥控）、行车闭塞方式（自动闭塞或站间闭塞）、站台扣车状态、信号设备报警等。根据调度员的需要，可在显示器上显示车辆段内列车运用状况及各种报告。

2. 时刻表处理

本功能包括安装、修改、存储时刻表，描绘、显示和打印实迹运行图。

ATS 系统提供时刻表编制用的数据库，通过调度员的人工设置（如站停时间、行车间隔、轨道电路布置等数据）产生计划时刻表，每天运营前将当日使用的计划时刻表从控制中心传至车站 ATS 分机。

ATS 系统中储存适合于不同运行情况的多套时刻表，ATS 系统根据时刻表自动完成列车车次号的跟踪与更新，自动生成时刻表。

控制中心 ATS 系统根据列车运行的实际情况自动绘制列车实迹运行图。

ATS 系统随时可以利用车次号和列车位置可以对一列车的计划位置和实际位置进行比较，在发生偏离（早点或晚点）时，ATS 系统一方面通过适当的显示通知调度员，另一方面自动产生相应的纠正措施。

3. 自动建立进路

控制中心能对列车进路、信号机、道岔实现集中控制，可根据当日列车运行计划时刻表自动控制列车运行，包括：自动办理正线各种进路并控制办理的时机，自动控制列车驶入、离开正线的时机，自动控制车站列车停车时间及发车时机。必要时，通过办理控制权转移手续，可将控制权转移至车站。

调度员必要时可以人工控制进路，包括人工建立及取消正线各种进路等。调度员的人工控制命令在执行前均由控制中心计算机检查其合理性，并给出提示。

自动建立进路的功能是形成控制道岔位置的命令，并在适当时间向信号系统发送这些命令，需要将列车车次号和位置信息、道岔位置和已选信号系统的信息提供给自动建立进路系统，命令的输出由接近列车的监测和进路计划来控制。

4. 列车运行调整

ATS 系统不断地对计划时刻表与实际时刻表进行比较，通过调整停站时间自动调整列车按计划时刻表运行，在此基础上自动产生列车的出发时间。在装备有 ATO 的线路上还能通过对列车运行等级的设置实现对列车运行的自动调整。

调度员也可以通过人工命令调整列车停站时间来调整列车运行。

5. 旅客信息显示系统

该系统用来通知候车乘客下一列车的目的地和到达时间。

6. 列车确定位置识别

列车识别码由司机在开始运行前选定，由列车自动发送。

7. 服务操作

操作员能修改数据库、列车参数、控制与显示数据库信息。

8. 仿真及演示

通过仿真手段，可以离线模拟列车的在线运行，主要用于系统的调试、演示及人员培训。系统仿真与在线控制模式几乎完全相同，唯一的差别是列车定位信息不是实际获取，而是随车次号的设置而出现。仿真模拟运行能够模拟在线控制中的所有功能，但它与现场之间没有任何表示信息和控制命令的信息交换。

培训/演示系统具有模拟时刻表，模拟列车运行的调度等，可记录、演示，据此对学员进行实际操作的培训。

9. 遥控联锁

联锁设备由远程控制系统操作，它提供了与运营控制系统的接口界面。

10. 运行报告

ATS 系统能记录大量与运行有关的数据，如列车运行里程数、实际列车运行图、列车运行与计划时间的偏差、设备的状态信息、设备的故障信息、操作命令及其执行结果、重大运行事件等。ATS 系统所记录的事件都应该有备份。通过选择，可回放已被记录的事件。ATS 系统可提供数据备份和恢复功能，并可回放和查询；提供运行分析报告。

ATS 中心可提供多种报告，辅助调度员了解列车运行情况及系统工作情况。调度员还可调用列车运用计划并进行修改，还可对其进行登记、记录、统计数据、离线打印。

ATS 系统还可以按用户的要求提供各种统计功能，以完成各种统计报表（如日报表、周报表、月报表等）。

11. 监测与报警

ATS 系统能及时记录被监测对象的状态，有预警、诊断和故障定位功能，可监测列车是否处于 ATP 保护状态，监测信号设备和其他设备结合部的有关状态。此外，ATS 系统还具有在线监测与报警功能，监测过程应不影响被检测设备的正常工作。

在工作站上，ATS 系统报告所有故障报警的状况并予以视觉提示，直到恢复正常状态为止。重要的故障以音响报警提示，直到确认报警状况为止。要报警的不正常状况包括：轨道电路和其他轨旁设备内的故障；ATC 系统车载设备和车辆设备内的故障；通过 TWC（车—地通信）传送的车载设备信息和在 DTS（光纤通信系统）设备内检测出并由 DTS 报告的故障。

任务 10.5　认识 CBTC 系统

子任务 10.5.1　CBTC 系统的基本概念

20 世纪 70 年代，随着通信技术的发展，尤其是无线通信技术的广泛应用，以信号控制为核心的传统轨道交通信号系统开始演变成基于通信技术的轨道交通运行控制系统（communication based train control，CBTC），其可靠性、可用性大大提高，已成为列车控制系统技术发展的重要趋势。

CBTC 技术发源于欧洲连续式列车控制系统。在数十年的发展过程中，对于 CBTC 系统的定义逐步趋于统一。为了更好地规范 CBTC 的发展，IEEE 于 1999 年制定了第一个 CBTC 系统相关标准 IEEE Std1474. 1. 1999（IEEE standard for communications based train control（CBTC）performance and functional requirements）。其中明确定义 CBTC 系统为利用高精度的列车定位（不依赖于轨道电路），双向连续、大容量的车—地数据通信，车载、地面的安全功能处理器实现的一种连续自动列车控制系统。

子任务 10.5.2　CBTC 系统的结构与组成

1. CBTC 系统的结构

CBTC 系统主要由移动设备（车载设备）、轨旁设备、通信网络、控制中心组成，如图 10－17 所示。

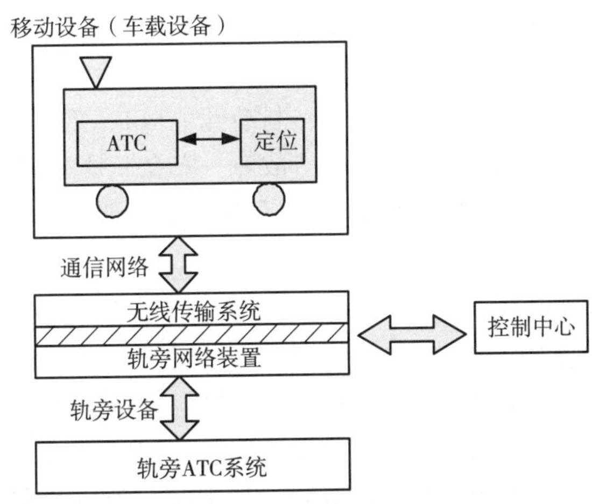

图 10－17　CBTC 系统组成框图

无线 CBTC 采用无线通信系统，通过开放的数据通信网络实现了列车与轨旁设备实时双向通信，信息量大，并通过采用基于 IP 标准的列车运行控制结构，可以在实现列车运行控制的同时附加其他功能（如安全报警、员工管理及乘客信息发布等）。目前国际上主要有 ALCATEL，ALSTOM，SIEMENS 和 BOMBARDIER 等信号供应商，均开发出了各种的 CBTC 系统，并在全球得到了广泛的应用。

CBTC 系统的基本原理如图 10－18 所示。

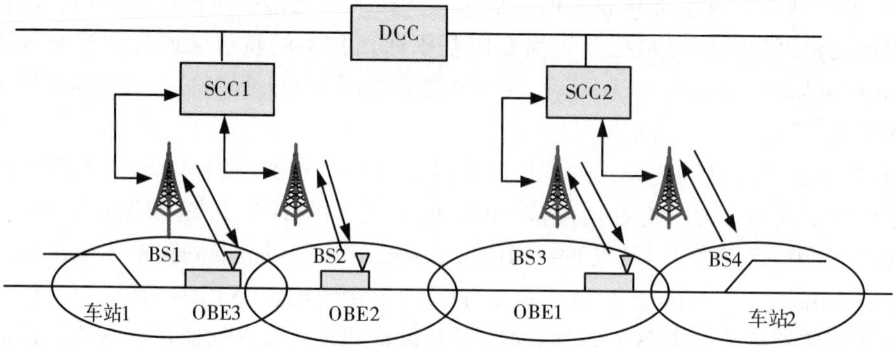

图 10－18　CBTC 系统基本原理

调度控制中心（dispatch control center，DCC）控制多个车站控制中心（station control center，SCC），实现相邻 SCC 之间控制交接。SCC 通过管辖范围内的多个基站（base station，BS）与覆盖范围内的车载设备（on board equipment，OBE）实时双向联系。列车在区段内运行时，通过全球定位系统（global positioning system，GPS）、查询应答器或里程计装置等实现列车位置和速度的测定，OBE 利用无线通过基站 BS 将列车位置、速度信息发送给 SCC。SCC 通过 BS 周期地将目标位置、速度及线路参数等信息发送给后行列车。OBE 收到信息后，根据前车运行状态（位置、速度、工况）、线路参数（弯道、坡度等）、本车运行状态、列车自身参数（列车长度、牵引质量、制动性能等），采用车上计算、地面（SCC）计算或是车上、地面同时计算，并根据信号“故障—安全”原则，判断列车在一个信息周期末的状态能否满足列车追踪间隔的要求，从而确定合理的驾驶策略，实现列车在区段内高速、平稳地以最优间隔追踪运行。

2. CBTC 系统的组成

CBTC 系统的通信子系统在车—地之间建立连续、双向、高速的传输通道，列车的命令和状态可以在列车和地面设备之间可靠交换，使地面设备和受控列车紧密地连接在一起。所以，“车—地通信”是 CBTC 系统的基础，CBTC 系统的另外一个基础则是“列车定位”。只有确定了列车的准确位置，才能计算出列车间的相对距离，保证列车的安全间隔；也只有确定了列车的准确位置，才能保证根据线路条件，对列车进行恰当的速度控制。CBCT 系统依据列车本身的测速、测距和探测地面应答器或其他传感器对列车位置的测量，并查询系统数据库，实现列车的定位。车—地通信和列车定位共同构成 CBTC 系统的两大支柱。

一般典型的 CBTC 系统应当包括：列车自动监控系统（automatic train supervision, ATS）、数据库存储单元（database storage unit, DSU）、区域控制器（zone controller, ZC）、计算机联锁（computer interlocking, CI）、轨旁设备（wayside equipment, WE）、车载控制器（vehicle on board controller, VOBC）和数据通信系统（data communication system, DCS，包括骨干网、网络交换机、无线接入点及车载移动无线设备等），CBTC 系统整体结构框图如图 10－19 所示。其中区域控制中心包括 ZC 和 CI 两部分。整个系统可以划分为 CBTC 地面设备和 CBTC 车载设备两大部分，地面和车载设备通过数据通信网络连接起来，构成系统的核心。各子系统将分别实现 CBTC 系统所要求的功能。

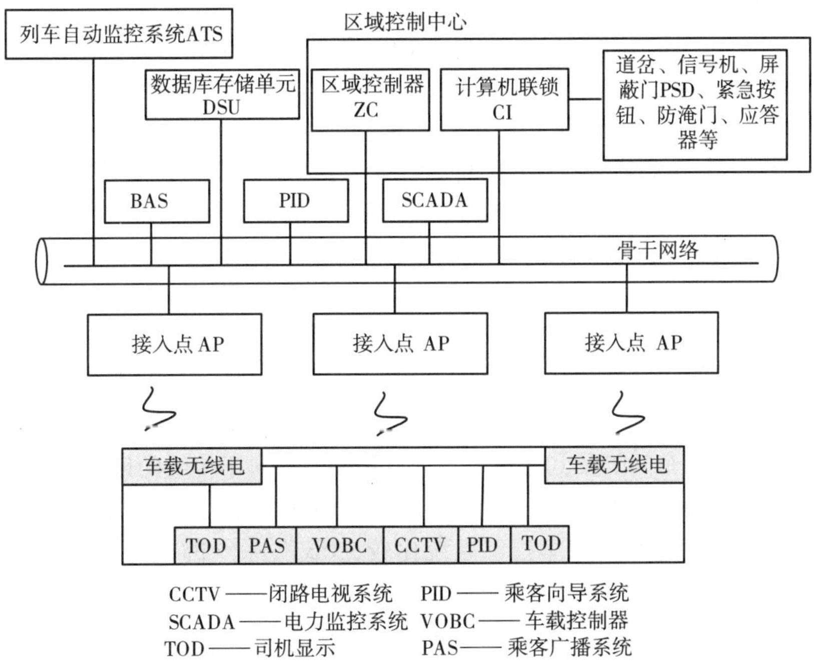

图 10－19　CBTC 系统整体结构框图

1）ATS 子系统

ATS 子系统的主要功能是在控制中心显示控制范围内列车运行状态及设备状态。根据 CBTC 系统的要求，ATS 系统中设置包括操作员工作站、时刻表工作站、培训工作站和其他相应的设备和网络等。

2）CI 子系统

CI 子系统的主要功能是监督和直接控制道岔、轨道区段、信号机和其他室外设备，实现各个设备之间的正确联锁关系，保证列车运行安全；对于来自设备的错误操作，具备有效的防护能力；能够根据进路的始端、终端办理进路，取消进路等。

3）ZC 子系统

ZC 子系统需要根据从 VOBC、CI、ATS 和 DSU 接收到的各种状态信息和数据信息，为位于 ZC 控制区域范围内的列车生成移动授权 MA，并及时将 MA 通过 DCS 系统发送给车载 VOBC 设备以控制列车的运行。

4）VOBC 子系统

在 VOBC 中，为确保安全，列车必须对自身位置和运行方向进行精确判定。

为判定位置，列车的车载计算机与转速计、速度传感器、加速度计（用于测量距离、速度和加速度）及轨旁定位应答器共同合作，实现列车的准确定位。

5）DSU 系统

在 CBTC 系统中，列车定位将不再依据轨道电路，而是由车载设备本身来实现，这样就需要地面和车载设备同时拥有一个统一的数据库来实现整个系统的调度和协调统一。DSU 就是用来完成整个 CBTC 系统数据库管理工作的子系统，该数据库系统包括静态数据库、动态数据库、配置数据库、参数数据库等。在 CBTC 系统中。数据库的安全性和重要性是显而易见的，因此必须采取冗余设计来实现 DSU 系统，其安全可靠性的级别等同于 ZC 和 CI 设备。

以上所列举的仅是 CBTC 系统的典型结构，实际的系统可能由于不同的设备提供商、不同的工程需要而有所差异。

子任务 10.5.3　CBTC 系统的优势

CBTC 制式的信号系统，利用现代通信技术，保持车—地的连续通信，通过对列车位置的连续跟踪定位来对列车间隔及其运行轨迹进行控制。相对于传统的以轨道电路为基础的信号系统，CBTC 对整个信号制式带来了巨大的变化，对信号系统的各功能部分均产生重大影响。与传统的基于轨道电路的列车控制系统比较，CBTC 系统的优势主要表现在以下几个方面：

① 简洁。从硬件结构看，CBTC 系统以控制中心设备为核心，车载和车站设备为执行机构，车、地列车控制设备一体化。从功能上看，联锁、闭塞、超速防护等功能通过软件统一由设备实现，不再分隔。因此，整个系统是一个统一的整体，系统结构更加简洁。

② 灵活。CBTC 系统不需要新增任何设备，自然支持双向运行，而且不因为列车的反方向运行而降低系统的性能和安全性。所以，CBTC 系统在运营时，可以根据需要，使用不同的调度策略。此外，灵活性还表现在 CBTC 系统可以处理多条线路交叉、咽喉区段列车运行等极其复杂的情况。另外，CBTC 系统内可以同时运行不同编组长度、不同性能的列车。

③ 高效。CBTC 系统可以实现移动闭塞，控制列车按移动闭塞模式运行，进一步缩短列车运行间隔。另外，该系统可以进一步优化列车驾驶的节能算法，提高节能效果。

子任务 10.5.4 CBTC 系统的功能

1. 列车位置、速度以及方向决定

CBTC 系统需要决定每辆列车的头部及尾部的位置，通常误差会控制在 3.048 m 以内。CBTC 系统不需要手动输入列车位置及列车长度数据，在决定每辆列车的速度和方向时，通常精度控制在 3.22 km/h 内。

2. 安全的列车间隔

每辆配有 CBTC 的列车在 CBTC 区域内运行时将拥有一个移动授权（movement authority，MA），这是根据运行条件实时计算出来的。列车的 MA 计算是基于列车的安全刹车模式的。总的来说，在任一时刻每一辆列车的允许速度都设置为使该列车停在前面列车的安全距离内。除以上因素外，给定列车的实时 MA 还受区间速度限制、设备的速度限制、区间的临时速度限制及 CBTC 系统和轨旁设备的故障等因素影响。

3. 超速防护

CBTC 超速防护用于防止列车速度超过最大允许速度。

4. 零速度探测

当列车速度降到 3.22 km/h 以下并持续 2 s 时，CBTC 系统认为列车的速度为 0。这项功能的主要目的是使得在规定时间限制内的一个非常规停车得到批准。CBTC 系统的故障会批准一个非常规停车，从而进行紧急刹车。

当列车速度高于“零速度”时，按规定，列车控制系统控制的车门是不允许打开的。

5. 车门开启控制联锁

CBTC 系统将禁止列车控制系统开启车门，除非同时满足以下条件：

① 列车处于零速度状态；

② 最小服务刹车程序在车门开启时起作用；

③ 将要开启的车门位于“车门开启区域”。只有当车门处于站台内并且列车与站台处于同一侧车门开启区域时，才允许车门开启。

6. 离站联锁

禁止列车移动，除非所有车门闭合并上锁。

7. 紧急制动

根据应用设计，CBTC 系统在紧急情况时能够进行紧急刹车，并能够在条件不满足时制止紧急刹车程序的施行。

在大多数的应用中，紧急刹车是在非常规停车未进行的，或者当非常规停车实施后列车刹车服务不能足够地减慢列车速度时进行的。非常规停车通常是由列车防护功能的最大限度刹车实现的，因为列车速度已经超过了规定速度，并且人为或自动控制不能足够地降低列车速度。

非常规停车是不可取的，并且只有在列车速度为零时才能够被重置。

8. 线路联锁

如果一条线路进行了联锁，那么 CBTC 将提供联锁功能来防止列车相撞或者出轨。这与传统联锁提供的功能是一样的。移动授权 MA 只有在线路锁闭后才能延伸到联锁线路上。一旦 MA 进入联锁路段，线路就将锁闭，直到列车驶出联锁路段。在大多数情况下，虽然联锁在 CBTC 区域外，并由传统的信号进行控制，列车可以无缝地进入或者驶出 CBTC 区域，CBTC 系统将和轨旁设备、联锁设备连接，提供列车所需的防护功能。

思考与实训 10

一、思考题

1. 简述 ATC 系统的组成和功能。
2. 简述 ATC 系统的选用原则。
3. 简述 ATP 系统的组成和功能。
4. 简述 ATO 系统的组成和功能。
5. 简述 ATS 系统的组成和功能。
6. 简述 CBTC 系统的组成和功能。

二、实训任务

实训任务：认识 ATC 系统

1. 任务目的

（1）了解 ATC 系统的各部分设备组成。

（2）掌握 ATC 系统的各部分功能。

2. 设备和资料准备

（1）城市轨道交通车站轨旁设备、室内设备、车载 ATP 及 ATO 设备等。

（2）城市轨道交通 ATC 系统教学视频、图片资料。

3. 实施步骤

（1）分别在车站、列车上认识 ATC 的设备，能说出设备名称，属于哪个子系统。

（2）详细分析 ATC 系统的组成、各部分的主要作用。

4. 任务输出和评价

各组按照要求完成自己的实训任务，总结心得体会，由教师和其他学生做出成绩评定。

项目 11

城市轨道交通通信系统

项目导学

城市轨道交通通信系统是指专用于组织、指挥城市轨道交通运营行车的专用通信系统，其设备专用于接收/发送语音、数据、图像、多媒体等信息，为指定的用户提供服务。城市轨道交通专用通信系统一般由数据传输、公务电话、专用有线调度电话、无线列车调度、闭路电视监控、车站广播、时钟、旅客信息引导显示、防雷、光纤在线监测、动力环境监测和 UPS 不间断电源灯系统组成。

通信系统是城市轨道交通运营生产的基础，是保证行车安全、提高运营效率、提升运营服务质量的重要设施。在科学技术迅速发展的时代，具有现代化的专业通信网，是城市轨道交通的重要标志之一。

教学目标

1. 了解一般的通信系统如何组网。
2. 了解城市轨道交通通信网如何组网，如何搭建传输平台。
3. 了解通信网中的电缆、光缆及无线电波、微波等传输介质各有什么特点。

建议学时

8 课时。

任务 11.1 认识城市轨道交通通信系统

城市轨道交通通信系统是指挥列车运行、公务联络和传递各种信息的重要手段，是保证列车安全、快速、高效运行不可缺少的综合通信系统。城市轨道交通通信系统主要包括：传输系统、公务电话系统、专用电话系统、无线集群通信系统、闭路电视监控系统、有线广播系统、时钟系统、电源及接地系统、乘客信息服务系统等子系统。

通信系统的服务范围涵盖了控制中心、车站、车辆段、停车场、地面线路、高架线路、地下隧道与列车。

子任务 11.1.1 城市轨道交通通信系统的作用

城市轨道交通通信系统是一个既能传输语音，又能传输文字、数据和图像等各种信息的综合业务数字通信网。

为保证城市轨道交通系统列车运行得安全、可靠、准点、高密度和高效率，实现运输的集中统一指挥、行车调度自动化城市轨道交通系统必须配备专用的、完整的、独立的通信系统，为城市轨道交通系统各职能部门之间的有机联系和行车调度指挥服务。

对城市轨道交通专用通信系统的要求是能迅速、准确、可靠地传递和交换各种信息。例如，将各站的客流量、沿线列车的运行状况等信息及时地传送到控制中心，并将控制中心所发布的各项调度命令和各种控制信号传送至各个车站的执行部门和机构，从而使城市轨道交通系统的运行始终处于有条不紊的状态。

当发生灾害、事故或恐怖活动时，城市轨道交通通信系统是进行应急处理、抢险救灾和反恐的主要手段。城市轨道交通越是在发生事故、灾害或恐怖活动时，越是需要通信联系，但若在常规通信系统之外再设置一套防灾救护通信系统，势必要增加投资，而且长期不使用的设备难以保持良好的运行状态。所以，在正常情况下，通信系统能为运营管理、指挥、监控等提供通信联络的手段，为乘客提供周到的服务；在突发灾害、事故或恐怖活动的情况下，能够集中通信资源，保证有足够的容量以满足应急处理、抢险救灾的特殊通信需求。

总之，城市轨道交通通信系统能与信号系统共同完成行车调度指挥工作，并为城市轨道交通的其他子系统提供信息传输通道和时间标准信号。此外，通信系统还是城市轨道交通内部公务联络的主要通道，使城市轨道交通内部的各个子系统能够紧密联系，以提高整个系统的运行效率，而且通信系统也是城市轨道交通内外部联系的通道。

子任务 11.1.2 城市轨道交通对通信系统的要求

城市轨道交通对通信系统的要求是能迅速、准确、可靠地传递和交换各种信息，具体如下：

① 对于行车组织，通信系统应能保证将各车站的客流情况、工作状况、线路上各列车运行状况等信息准确、迅速地传递到控制中心。同时，将控制中心发布的调度指挥命令与控制信号及时、可靠地传送至各个车站及行进中的列车上。

② 对于城市轨道交通运行的组织管理，通信系统应能保证各部门之间、上下级之间保持畅通、有效、可靠的信息交流与联系。

③ 通信系统应能保证本系统与外部系统之间便捷、畅通的联系。

④ 通信系统的主要设备和模块应具有自检功能，并采取适当的冗余配置，故障时能自动切换和报警，控制中心可检测和采集各车站设备运行和检测的结果。

子任务 11.1.3 城市轨道交通通信系统的分类

1. 按业务分类

1）专用通信系统

专用通信系统是供系统内部组织与管理所使用的通信系统，包括行车、电力、维修、公安和防灾调度，以及站内、区间、相邻车站的通信。平时，专用通信系统主要用于直接组织、指挥列车运行；紧急情况下，专用通信系统可进行应急调度指挥。

2）公务电话通信系统

公务电话通信系统是城市轨道交通内部的电话网，相当于企业总机，供一般公务联络使用，以及提供与外界通信网的连接。

3）有线广播通信系统

有线广播通信系统是城市轨道交通运行组织的辅助通信系统。平时，有线广播通信系统向乘客报告列车运行信息，播放音乐；在紧急情况下，它可进行应急指挥和引导乘客疏散。

4）闭路电视系统

闭路电视系统是城市轨道交通的现场监控系统，平时用以监视车站各部位、客流情况及列车停靠、车门开闭和启动状况；在紧急情况下，用以实时监视事故现场。

5）无线通信系统

无线通信系统提供对位置不固定的相关业务工作人员及列车司机的通信联络，是固定设置的有线通信网的强有力的补充。

6）其他通信系统

时钟系统，可使整个系统在统一的时间下运转；会议通信系统，可提供高效的远程集中会议通信，如电话会议、可视电话会议等；数据通信系统，用以传送文件和数据。

2. 按功能分类

按功能分，可以分为以下几类：

① 供一般公务联系用的自动电话通信子系统；

② 直接指挥列车运行的专用通信子系统；

③ 向乘客报告列车运行信息的广播子系统；

④ 用以监视车站各部位、客流情况及列车停靠、车门开闭和启动状况的闭路电视子系统；

⑤ 用以传送文件和数据的传真及数据通信子系统等。

在控制中心和各车站均配备相应的设备，以构成各子系统。在控制中心与各车站间，通过电缆、光缆及电磁波等传输媒体将上述各子系统连城一个整体，从而构成一个完整的通信系统，为城市轨道交通系统提供综合通信的能力。

任务 11.2 了解城市轨道交通通信系统的组成和功能

城市轨道交通通信系统主要由下列子系统组成：传输系统、公务电话系统、专用电话系统、无线集群通信系统、闭路电视监控系统、有线广播系统、时钟系统、乘客信息服务系统、电源及接地系统等。

1. 传输系统

传输系统是整个通信网络的纽带，它为通信各子系统以及电力系统、信号系统、AFC自动售检票系统、消防报警系统、办公网络等提供传输通道，将各车站、车辆段、停车场的设备与控制中心的设备连接起来。城市轨道交通传输网要求具有高可靠性和丰富的业务接口。传输网的低层一般采用 SDH 光纤自愈环路，在光纤切断或故障时能自动进行业务切换，故具有很高的可靠性。

传输业务的多样性是城市轨道交通传输系统的主要特点。所传输的业务包括：电话（窄带音频）、广播（宽带音频）、城市轨道交通信号（中/低速数据）、视频（高速数据）等。

2. 公务电话系统

公务电话系统为轨道交通运营提供办公电话、传真等业务，同时在控制中心、车站、车辆段、停车场等也设置公务电话，既可作为办公电话使用，也可以作为有线调度电话的备份，一旦调度电话故障，可供临时应急使用。

公务电话相当于企业总机，采用通用的程控数字用户交换机组网，并通过中继线路接入当地市话网。一般情况下，中心交换机安装在控制中心和车辆段，而在各车站配置车站交换机或中心交换机的远端模块。中心交换机与车站交换机之间通过专用传输网进行点对点的连接。

3. 专用电话系统

专用电话系统是为行车指挥、维修、抢险等设置的专用通信系统，主要包括调度、站内、站间和区间（轨旁）电话子系统。

城市轨道交通调度电话子系统主要包括调度总机、调度台和调度分机 3 部分，并通过传输系统或通信电缆相连接。在控制中心安装有调度机或交换/调度机作为调度总机，为调度人员提供专用直达通信服务。一般在城市轨道交通中设有行车调度、电力调度、维修调度、环控调度、公安调度的（虚拟）调度专网和调度台（其中行车调度专网设2个调度台）。调度台应具有选呼、组呼、强插、强拆、会议、应急处理等特定功能。调度分机安装在控制中心、车辆段及各车站。调度台可单键直呼分机，分机呼叫调度台分为一般与紧急两类呼叫。

站内的公务电话交换机具有热线功能，在提供公务电话业务的同时，也可提供站内、站间和区间（轨旁）电话业务。站内电话子系统由车站公务电话交换机、车站值班台（主机）和电话分机组成。

站间电话可为车站值班员与相邻车站的车站值班员提供直达的通信服务，也可以接入公务电话网。

区间电话通过站内电话子系统连接邻站的车站值班台或接入公务电话网，为隧道内的维修人员提供通信服务。

4. 无线集群通信系统

城市轨道交通通信系统中包括有线与无线两类调度指挥系统。其中，无线调度指挥系统称为无线集群通信系统，它在城市轨道交通系统中发挥了十分重要的作用，是调度与司机实现通信的可靠手段，同时也是与移动中的作业人员、抢险人员实现通信的重要手段。该系统在保证行车安全及处理紧急突发事故方面有着不可替代的作用。

无线集群通信系统主要包括：集群中心交换与控制设备，基站设备和直放站，漏泄电缆和电线，调度台、车载台、车站台（固定台）和手持台。在城市轨道交通中的无线调度网包括行车调度网、维修调度网、环控调度网、车辆段调度网和防灾调度网，各调度网具有独立的调度台。

5. 闭路电视监控系统

闭路电视监控系统为控制中心调度管理人员、车站值班员、列车司机及站台监视亭值班员等提供对车站的站厅、站台、出入口等主要区域的监视服务。

控制中心的行车调度员实时监视全线各车站的情况。车站值班员能够实时监视本站情况。列车司机能在驾驶室看到乘客上下车的情况（站台与列车间无线传送视频信号）。

6. 有线广播系统

有线广播系统由正线广播和车辆段广播两个独立的系统组成。

正线广播又分成控制中心广播和车站广播两级，该系统为控制中心调度员、车站值班员、车辆段值班员提供对相应区域进行有线广播的功能，同时也为控制中心大楼提供广播功能。

有线广播系统具有自动广播和人工广播功能，以及相应的选择功能，采用车站和控制中心两级控制方式。平时以车站广播为主，控制中心可以插入；但在紧急情况下，则以控制中心广播为主。

7. 时钟系统

时钟系统是为统一全线设备标准时间而设置的。

城市轨道交通系统中提供时间信息的时钟系统分为一级母钟系统与二级母钟系统，二者均同步于 GPS 或 CCTV 时间信息。一级母钟系统安装在控制中心，二级母钟系统安装在各车站、车辆段的通信机房内，用以驱动分布在站内及车辆段的各子钟显示正确的时间，同时为通信设备提供基准频率。

8. 乘客信息服务系统

乘客信息服务系统与城市轨道交通信号系统相连接，它的主要功能是及时为车站和列车上的乘客提供列车导乘信息，同时也可提供诸如时间、天气预报、新闻及广告等其他信息。

9. 电源及接地系统

城市轨道交通通信系统的电源系统必须能独立供电的，且具有集中监控管理的功能。电源系统应保证对通信设备不间断、无瞬变地供电，以满足通信设备对电源的要求。

城市轨道交通通信设备应按一级负荷供电。由变电所引接双电源双回线路的交流电源至通信机房交流配电屏，当其中的一路电源出现故障时，应能自动切换至另一路。

任务 11.3　认识通信网络的传输介质

传输介质是连接通信网络发送方和接收方的物理通路，共有三种类型的传输介质：第一种是金属导体介质，包括对称电缆（双绞线是较常见的一种）、同轴电缆等；第二种是光导纤维介质，包括多模光纤、单模光纤等；第三种是无线介质，包括微波、红外线、激光等。

子任务 11.3.1　双绞线

双绞线由规则螺旋状扭在一起的两根绝缘导线组成，如图 11－1 所示。线缆对扭在一起可以减少相互间的辐射电磁干扰。双绞线是最常用的传输媒体，可用于电话通信中的模拟信号传输，也可以用于数字信号的传输，其数据传输率的高低与传输距离有密切关系。为了提高双绞线的抗干扰能力，可以在双绞线的外面增加金属屏蔽层，所以双绞线根据有无屏蔽层可以分为非屏蔽双绞线（UTP）和屏蔽双绞线（STP）。

双绞线芯一般是铜制的，能提供良好的传导率。双绞线普遍用于点到点的连接，也可以用于多点的连接。作为多点介质使用时，双绞线比同轴电缆的价格低，但性能较差，而且只能支持很少几个站。

在低频传输时，双绞线的抗干扰性相当于或高于同轴电缆，但在超过 10～100 kHz 时，同轴电缆就比双绞线明显优越。双绞线的优点是价格便宜、使用方便、安装容易，因此常常作为用户和本地中心站及中心站与中心站之间的连线。

图11－1　双绞线实物图

子任务11.3.2　同轴电缆

同轴电缆（coaxial cable）常用于设备与设备之间的连接，或应用在总线型网络拓扑中。同轴电缆中心轴线是一条铜导线，外加一层绝缘材料，在这层绝缘材料外边包裹的是一层空心的圆柱网状铜导体，最外一层是绝缘层。与双绞线相比，同轴电缆的抗干扰能力强，屏蔽性能好，传输数据稳定，价格也便宜，而且它不用连接在集线器或交换机上就可以使用。图11－2所示为同轴电缆实物图。

图11－2　同轴电缆实物图

单根同轴电缆具有足够的柔性，能支持254 mm的弯曲半径。中心导体是直径为2.17 mm ±0.013 mm的实心铜线。绝缘材料必须满足同轴电缆电气参数。屏蔽层由满足传输阻抗和ECM规范说明的金属带或薄片组成，屏蔽层的内径为6.15 mm，外径为8.28 mm。

外部隔离材料一般选用聚氯乙烯（如 PVC）或类似材料。

同轴电缆阻抗特性主要可以分为两大类，即 50 Ω 和 75 Ω。在早期的局域网中，传输介质几乎全部都采用 50 Ω 基带同轴电缆（又叫基带电缆）和 75 Ω 宽带同轴电缆（又叫宽带电缆）。基带电缆每段可支持几百台设备，在大系统中还可以用转接器连接起来；宽带电缆可以支持数千台设备，但在高速数据传输率下使用宽带电缆时，设备数目限制在 20 ~ 30 台。同轴电缆的抗干扰性能比双绞线强。

子任务 11.3.3　光导纤维

光导纤维是一种透明的玻璃纤维丝，直径只有 1 ~ 100 μm。光导纤维由内芯和外套两层组成，内芯的折射率大于外套的折射率，光由一端进入，在内芯和外套的界面上经多次全反射，从另一端射出。光导纤维为混合物，属于非晶体。目前，光导纤维的主要成分是二氧化硅。图 11 – 3 所示为光导纤维实物图。

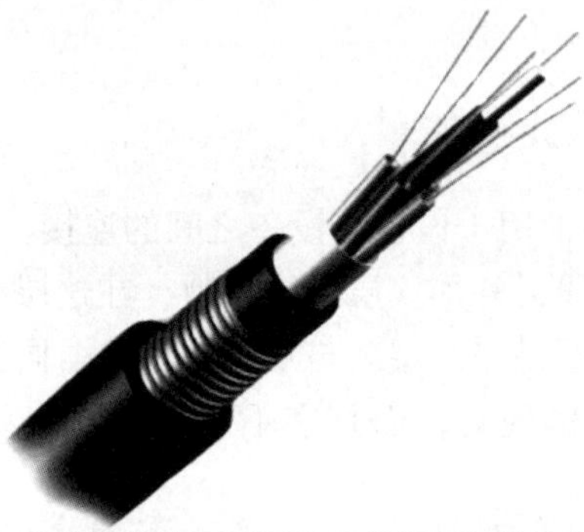

图 11 – 3　光导纤维实物图

在同轴电缆组成的系统中，最好的电缆在传输 800 MHz 信号时，每公里的损耗都在 40 dB以上。相比之下，光导纤维的损耗则要小得多，仅为轴电缆功率损耗的一亿分之一，因而信号能传输的距离要远得多。此外，光导纤维传输损耗还有两个特点，一是在全部有线电视频道内具有相同的损耗，不需要像电缆干线那样必须引入均衡器进行均衡；二是其损耗几乎不随温度而变，不用担心因环境温度变化而造成干线电平的波动。

因为光导纤维非常细，单模光纤芯线直径一般为 4 ~ 10 μm，外径也只有 125 μm，加上防水层、加强筋、护套等，用 4 ~ 48 根光纤组成的光缆直径还不到 13 mm，比标准同轴电缆的直径 47 mm 要小得多，加上光纤是玻璃纤维，密度小，使它具有直径小、质量轻的特点，安装十分方便。

因为光导纤维的基本成分是石英，只传光，不导电，不受电磁场的作用，在其中传输的光信号不受电磁场的影响，故光纤传输对电磁干扰、工业干扰有很强的抵御能力。也正因为如此，在光纤中传输的信号不易被窃听，因而利于保密。光导纤维传播信息时发出的噪声很小。在传输信息容量非常大时，光导纤维也不会发出大的噪声。

根据传输模数不同，光导纤维可以分为两大类：单模光纤和多模光纤。单模光纤是只有一种波长的广播传输，其特点是纤芯细、色散小、效率高、价格贵，适合长距离与高速场合。多模光纤是有不同种波长的光波传输，其特点是纤芯粗、色散大、效率较低、价格较便宜，适用于短距离与低速场合。按照工作波长不同，光导纤维可以分为三大类：多模通信用的 0. 8 ~0. 9 μm 短波段，单模或多模通信应用的 1. 25 ~1. 35 μm，长波段和单模通信所用的 1. 53 ~1. 58 μm 的长波段。

子任务 11. 3. 4　无线传输介质

无线传输介质是指利用各种波长的电磁波充当传输媒体的传输介质。无线传输所使用的频段很广，人们现在已经利用了好几个波段进行通信，目前多采用无线电波、微波、红外线和激光等。

1. 无线电波

无线电波是指在自由空间（包括空气和真空）传播的射频频段的电磁波。无线电波（频率范围在 10 ~16 kHz）是一种能量的传播形式，电场和磁场在空间中是相互垂直的，并都垂直于传播方向，在真空中的传播速度等于光速，约 300 000 km/s。

无线电波的传播方式有两种：

① 直线传播：即沿地面向四周传播。无线电波沿着地面传播，在较低频率上可在 1 000 km以外检测到它，在较高频率上传播距离要近一些。如图 11 -4 所示为无线电波直线传播示意图。

② 反射传播：无线电波在地表被地球吸收，但是到达电离层（离地球 100 ~500 km 高的带电粒子层）的电磁波会被电离层反射回地球，在某些天气情况下，信号可能反射多次。图 11 -5 所示为无线电波反射传播示意图。

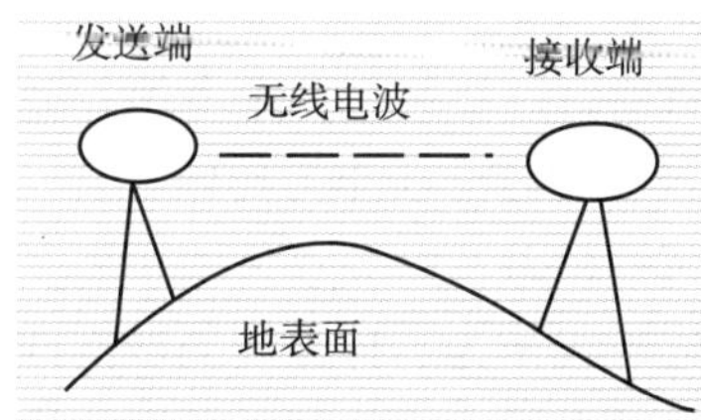

图 11 -4　无线电波直线传播示意图

2. 微波

微波是指频率为 300 MHz ~300 GHz 的电磁波，是一种定向传播的电波，在 1 000 MHz 以上，微波沿着直线传播，因此可以集中于一点，通过卫星电视接收器把所有的能量集中于一小束，便可以获得极高的信噪比，但是发射天线和接收天线必须精确地对准。除此以外，这种方向性使成排的多个发射设备可以和成排的多个接收设备通信而不会发生串扰。

微波数据通信系统主要分为地面微波和卫星微波两种。

① 地面微波：一般采用定向抛物线天线，这要求发送方与接收方之间的通路没有大障碍物。地面微波系统的频率一般在 4 ~6 GHz 或 21 ~23 GHz，其传输率取决于频率。微波对外界的干扰比较敏感。

② 卫星微波：卫星微波是利用地面上的定向抛物天线，将视线指向地球同步卫星。收、发双方都必须安装卫星接收及发射设备，且收、发双方的天线都必须对准卫星，否则不能收发信息。图 11－6所示为卫星微波传输示意图。

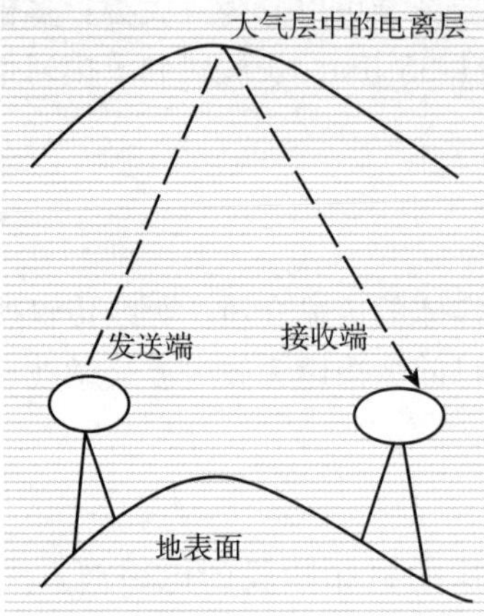

图 11－5　反射传播示意图

图 11－6　卫星微波传输示意图

卫星微波传输跨越陆地或海洋，所需要的时间与费用，与只传输几公里没什么差别。由于传输距离相当远，所以会有一段传播延迟，这段传播延迟小为 500 ms，大为数秒。同地面微波一样，高频微波会由于雨天或大雾，使衰减增大，抗电磁干扰性也较差。

3. 红外线

目前，广泛使用的家电遥控器几乎都是采用红外线传输技术。红外线局域网采用小于 1μm 波长的红外线作为传输媒体，有较强的方向性，但受太阳光的干扰大，对非透明物体的透过性极差，这导致传输距离受限制。

红外线作为一种无线局域网的传输方式，最大优点是不受无线电波的干扰。如果在室内发射红外电波，室外就收不到，这可避免各个房间的红外电波的相互干扰，并可有效地进行数据的安全性保密控制。但是红外线的传输距离有限，受太阳光的干扰大，一般只限于室内通信，而且不能穿透坚实的物体（如砖墙等）。

4. 激光

激光束也可以用于在空中传输数据。和微波通信相似，激光通信至少要有两个激光站，每个站点都拥有发送信息和接受信息的能力。激光设备通常是安装在固定位置上，通常安装在高山上的铁塔上，并且天线相互对应。由于激光束能在很远的距离上得以聚焦，所以激光的传输距离很远，能传输几十公里。图 11－7 所示为激光传输示意图。

激光技术与红外线技术类似，因为它也需要无障碍的直线传播。激光束不能穿过建筑物和山脉，但可以穿透云层。

图 11－7　激光传输示意图

思考与实训 11

一、思考题

1. 简述城市轨道交通通信系统的作用。
2. 简述城市轨道交通通信系统的组成和各部分的功能。
3. 简述双绞线的传输特点。
4. 简述同轴电缆的传输特点。
5. 简述光导纤维的种类和传输特点。

二、实训任务

实训任务：认识城市轨道交通通信系统

1. 任务目的

（1）了解城市轨道交通通信系统的各个组成部分和相关设备。

（2）理解城市轨道交通通信系统的工作原理和工作环境。

2. 设备和资料准备

城市轨道交通控制中心和通信设备间，车站和列车通信设备等。

3. 实施步骤

（1）观摩认识城市轨道交通车站、列车、设备间的通信设备。

（2）了解通信设备的种类、工作原理和通信方式。

（3）了解通信设备之间的传输介质的种类和传输原理。

4. 任务输出和评价

各组按照要求完成自己的实训任务，总结心得体会，由教师和其他学生做出成绩评定。

项目 12

城市轨道交通电话系统

项目导学

城市轨道交通公务电话系统为城市轨道交通的办公管理部门、运营管理部门和维修部门提供一种固定的通话服务，包括电话业务和部分非话业务（传真、电路数据等）。城市轨道交通的电话系统应具有交换、计费、识别非话业务、自我诊断、维护管理和新业务等功能。该系统除了能提供内部通话外，还应能与市内公众电话网互联，实现与本市用户（包括直拨火警119、匪警110、救护120等特殊用户）通话，而且还应该可以实现国内、国际长途电话功能。该系统还应与城市轨道交通的无线集群调度系统互联，用以实现城市轨道交通公务电话与无线调度电话的互联互通。

教学目标

1. 掌握电话系统在城市轨道交通中的作用。
2. 掌握城市轨道交通中的专用电话的种类和作用。
3. 学会使用调度电话。

建议学时

4 学时。

任务 12.1 认识城市轨道交通电话系统

子任务 12.1.1 城市轨道交通电话系统的组成

城市轨道交通电话系统相当于企业的内部电话网，采用程控数字交换组网，通过中继线路接入当地市话网。一般情况下，交换机分别安装在控制中心和车辆段，两台交换机之间利用局间中继线互联，而用户话机则分布在控制中心、车辆段和各车站，两台交换机可利用通信电缆直接连接其所在地的用户话机。控制中心和车辆段的交换机为了将其用户话机延伸到各个车站，一般利用城市轨道交通专用传输网的部分带宽资源组成网络，连接远端的车站小交换机或远端模块。

处于电话网节点位置的电话交换机，在电话网中完成话路的选路与连接功能。根据被叫用户号码选择路由（局内或局外）；在交换机的控制下，由接线器完成输入话路与输出话路的连接。图 12－1 所示为城市轨道交通电话系统组网模式图。

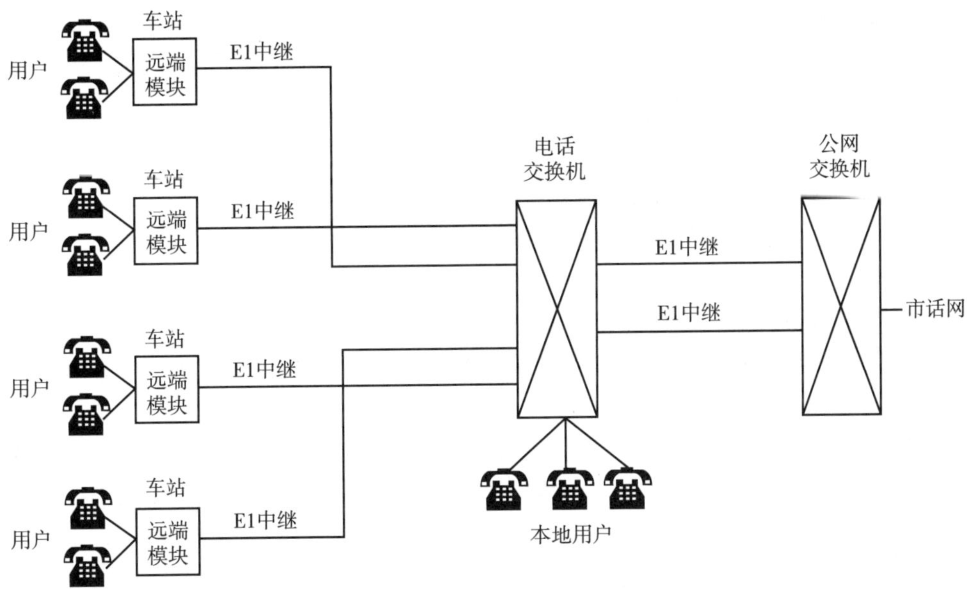

图 12－1 城市轨道交通电话系统组网模式

电话交换（不包含 IP 电话）是电路交换，且工作在交换分层模型的第一层——物理层。因此，电话交换机的接线需要在通信前完成输入物理电路的连接，通信结束后拆除这次连接。这种物理电路的连接，在数字交换机中是输入链路时隙与输出链路时隙的连接，并由数字接线器完成这种链路时隙间的连接。

子任务 12. 1. 2 城市轨道交通专用电话

程控数字交换网除了提供城市轨道交通系统工作人员之间一般的公务电话通信之外，还可以为轨道交通运营、电力供应、日常维修、防灾救护提供指挥手段。行车调度员和车站（车辆段）值班员可以通过相应的专用电话系统指挥列车运行，维护人员可以通过相应的专用电话系统指导使用人员操作设备。

1. 调度电话子系统

调度电话子系统是为控制中心调度员组织、指挥所管辖范围内车站值班员而设置的一种专用通信系统。在城市轨道交通中设置有行车、电力、环控（防灾）、维修等多个调度网，各调度网内的调度员与下属值班人员可进行直达通信，下达调度、指挥命令。在城市轨道系统中建立专用调度网是城市轨道交通安全、准时、快捷的必要保障措施。因此，必须迅速、可靠地接通调度电话，不应该接入与本系统业务无关的电话。

调度电话子系统的调度台设在控制中心的调度所内，调度分机设在各车站、各职能部门所在地。例如，电力调度电话的调度分机设在个变电站的值班室内。

调度电话子系统的功能如下：

① 控制中心的各调度台（及部分线路车辆段的调度台）对各车站（车辆段）调度分机具有选呼、组呼、全呼和会议功能，并且在任何情况下不应发生呼叫阻塞现象。

② 调度分机之间不能直接进行通话。若分机之间确有必要进行通话时，须由调度台转接。在分机间通话时，调度员有权对分机间的通话进行监听、插话和强拆。

③ 控制中心或车辆段各调度员之间的通话。

④ 控制中心总调度员协调和监视各调度员的控制操作。

⑤ 调度机和调度台可对调度通话自动进行录音。

⑥ 下属调度分机可对调度台进行一般呼叫和紧急呼叫。

⑦ 调度分机摘机可直接呼叫调度台，分机呼叫调度台遇忙时应有忙音。需要时，应使用紧急呼叫手段。

⑧ 分机呼叫调度台时，调度台应能按顺序显示呼叫分机号码和呼叫类别，并能区分是一般呼叫还是紧急呼叫。若是紧急呼叫，调度台应具有能够引起调度员听觉、视觉注意的功能。

2. 站场电话

站场电话一般采用直通电话，室内设置普通分机，室外或在站台上设置紧急电话。紧急电话机选用单键式、外置扬声器话机，在紧急情况下只要按下按键即可与值班室通话。

站内电话供行车值班室或站长与本站内运营业务有关人员进行通话联系。

场内电话主要解决车辆段、停车场内行车指挥、乘务运转、段内调度指挥和车辆检修人员之间的专用通信。每个车辆段或停车场均设置有专用的调度电话，向上可与行车调度员联系，向下可与段场内专用调度电话分机联系。其通话方式与调度电话方式相同。

站场电话一般为一点对多点的辐射式集中连接方式，应能满足车站值班员、车辆段和停车场信号楼值班员、车辆段运转值班员、列检值班员、信号维修值班员等与本站场相关部分构成直通电话，并且只允许值班员与分机相互呼叫通话，分机间不允许通话。

3. 站间电话

站间电话是指相邻两个车站值班员之间进行通话联络的点对点通信方式。

相邻两个车站（上行和下行）值班员办理行车有关业务时，使用站间电话，车站值班员一般使用按键式操作台作为值班台，站间通话单键操作即可接通。

4. 区间电话

区间电话是在轨道线路沿线每隔一段距离设置的通话装置，其设置形式有两种：一种是区间通话柱（如图12－2所示），另一种是轨旁电话（如图12－3所示）。由于区间通话设施在室外或隧道内，环境比较差，所以设备需要具有防潮、防火、防燥、防冻、防尘、防破坏性等要求。

图12－2　区间通话柱

图12－3　轨旁电话

区间电话业务一般分为区间专用电话和区间直通电话两种模式。在使用区间专用电话时，用户摘机后需要拨号呼叫，由车站分机根据所播号码进行转接；在使用区间直通电话时，摘机后直接接通，选择通话的用户一般包括上下行车站、行调、电调、信号、通信和线路桥梁等。

5. 紧急电话

除上述提及的专用电话外，还有紧急电话。紧急电话具有一键直通功能，可以在紧急情况下快速接通，如图12－4所示。

图 12－4　紧急电话

任务 12. 2　学用调度电话

调度电话在城市轨道交通中发挥着重要的作用，OCC 控制中心设四部调度电话，分别为行调、电调、环调、维调，为运营组织、电力供应、设备维修和救灾防护的指挥提供有效通信手段。图 12－5 所示为调度员和调度电话。

图 12－5　调度员和调度电话

子任务 12. 2. 1　认识调度电话盘面

图 12－6 所示为一种调度电话类型。调度电话的类型多种多样，但是其盘面的基本内容

和功能可以概括为以下内容：

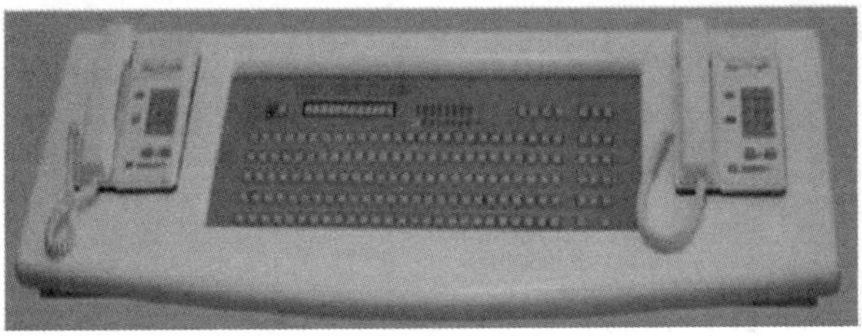

图 12－6 某调度电话类型

① 显示屏：显示屏会显示车站名称（或代码）、来电号码、日期、时间和通话状态等信息。

② 分组：用于组呼事先已经储存的组，每组可储存多个调度电话。

③ 会议：可以同时选定多个号码（通过固定车站键选定）进行电话会议，调度员可控制调度分机能否发话，并可对各调度分机送话。

④ 保留：正在通话中，有一方呼叫，用该键后，不挂断前者，即可与另一方通话。

⑤ 重拨：可以不用拨号，直接一键呼叫上一次拨打的号码。

⑥ 免提：不需要拿起话筒，直接通过扩音器进行通话。

⑦ 取消：中断通话、取消拨号（每按一下删除一位所拨打的号码）。

⑧ 固定车站键：每个车站固定一个按键，需要与该车站通话时，直接按该键。

⑨ 两路分机：每一个调度电话都有两路分机，两路分机可以进行切换并能同时通话，互不干扰。

⑩ 分机 1 和分机 2：分机 1 和分机 2 使用话筒进行通话，能够使用所有的通话功能，但分机 1 和分机 2 不能同时与同一个车站进行通话。

子任务 12. 2. 2 调度电话的主要操作

调度电话里面已经储存有各车站的号码，可以对这些车站进行单呼、组呼和全呼。

① 单个呼叫：直接按固定车站号码键即可接通，也可以通过拨号按键呼叫，呼叫前应先拿起话筒或按免提键。

② 组呼：可以选固定组，按相关固定键。不同调度台根据日常工作需要将各自通话对象分组。组呼还可以自由选组，即自由选定需要通话的车站，操作方法是：先按“会议”键，然后按“固定车站键”，选择需要参加会议的车站。

③ 全呼：按全呼键，可以接通全部车站调度电话分机。

④ 切换：用分机 1 在与一组车站进行通话时，如果需要再和另外的一组车站通话，可以按切换键，将通话切换到分机 2，切换后无须再按其他键即可使用免提进行通话。

⑤ 呼入：当有电话呼入时，该站固定按键上方的红色指示灯会闪亮，按一下该键即可

接听，接听时无须断开其他通话，自动保持通话连接。

思考与实训12

一、思考题

1. 简述调度电话子系统的功能。
2. 简述专用电话的种类和作用。
3. 调度电话可以进行哪些操作？

二、实训任务

实训任务：认识城市轨道交通电话系统

1. 任务目的

(1) 掌握有线电话在城市轨道交通中的作用。

(2) 掌握有线电话通信的基本工作原理。

2. 设备和资料准备

程控交换机、控制中心和车站调度电话等。

3. 实施步骤

(1) 将学生分成多个小组，每个小组人数控制在4～5人。

(2) 各小组按照要求启动程控交换机并进行操作。

(3) 在控制中心用调度电话呼叫车站。

(4) 车站与车站间用调度电话进行呼叫。

4. 任务输出和评价

各组按照要求完成自己的实训任务，总结心得体会，由教师和其他学生做出成绩评定。

项目13

城市轨道交通无线集群通信系统

项目导学

为保证城市轨道交通列车运行的安全、准点、高密度和高效率，实现运输的集中统一指挥、行车调度自动化和列车运行自动化，必须配备专用的、完整的、独立的无线通信系统。无线通信分为公用移动通信和专用无线通信。公用移动通信系统主要用于寻呼、GSM、CDMA等公用移动信号的覆盖；专用无线通信系统用于城市轨道交通的运营、生产，供行车调度指挥与其他相关部门联系，包括列车调度、环境控制调度、公安调度、车辆段站场、维修部门等。

无线集群通信系统是一种专用的移动通信系统，在城市轨道交通中得到了广泛的应用，目前是调度通信系统的重要组成部分。

教学目标

1. 了解无线集群通信系统的组网方式。
2. 掌握无线集群通信系统场强覆盖范围。
3. 了解城市轨道交通对无线集群调度系统的功能需求。
4. 认识无线集群调度系统的终端和构成。
5. 了解无线集群调度系统的制式。
6. 掌握无线通信系统传输的信息种类。

建议学时

4学时。

任务 13.1　认识无线集群通信系统

子任务 13.1.1　无线集群通信系统介绍

无线集群通信系统是一种智能化的无线频率管理技术。无线集群通信系统本质上是允许大量用户共享少量通信信道和虚拟专网技术，其工作方式与移动电话系统相似，都是由一个交换控制中心根据需要自动为用户指定无线信道，不同点在于无线集群通信以组呼为主，用户之间有严格的上下级关系，用户根据各自的优先级占用或抢占无线信道，呼叫接续时间短（0.3～0.5 s），且以单工、半双工通信为主要通信方式。

城市轨道交通无线集群通信系统为控制中心调度员、车辆段调度员、车站值班员等固定用户与列车司机、防灾、维修、公安等移动用户之间提供通信手段，因此必须满足行车安全、应急抢险的需要。目前，城市轨道交通无线集群通信系统均采用 TETRA 数字集群通信系统组网。

城市轨道交通的调度网通常包括行车调度网、维修调度网、环控调度网、车辆段调度网和防灾调度网，共 5 个无线调度专网。

在 TETRA 数字集群系统中，各调度网以虚拟专网的方式存在，互相独立，互不影响。各调度网共享频点和基站设备，提高了频率资源的利用率，节约了设备投资。城市轨道交通中的无线数字集群系统还与信号系统相配合，为调度台与车载台提供列车的位置和状态信息。

TETRA 分机间具有脱机对讲功能（相当于对讲机）。在司机与调度不能正常通话的紧急情况下，司机可以利用该功能直接呼叫车站值班员，从而起到应急通信的作用。

TETRA 集群系统以单工、半双工为主要通信方式，只有按键讲话（push to talk，PTT）时才占用无线信道，节约了无线资源和终端耗电。该系统具有选呼、组呼、列车广播、优先呼叫、强拆、强插、调度通话录音、后台监听等功能。

子任务 13.1.2　无线集群通信系统的组网方式

在城市轨道交通线路中，可采用大区制、中区制、小区制组网。

1. 大区制

全线路只在一个车站设置基站，全线其他车站均设置直放站。大区制的特点为：不存在越区切换问题，工程造价低。其缺点为：可靠性较低，存在多径干扰的场点较多，单基站载频有限，扩容受到限制。

2. 中区制

在少数几个车站设置基站，全线其他车站均设置直放站。中区制的特点为：频率资源利用率较高，越区切换频次较少，干扰较少，系统可靠性较高，工程造价较低，扩容灵活方便。

基站与直放站的连接，可以采用同轴漏泄电缆连接与利用地铁传输网连接两种方式。

3. 小区制

在每一个车站设置基站，非相邻基站载频频率一般允许进行空间复用。小区制的特点为：频率资源利用率高、越区切换频次多、干扰少、系统可靠性高、工程造价较高。

子任务13.1.3　无线集群通信系统的场强覆盖范围

城市轨道交通无线集群通信系统的无线场强覆盖范围包括：城市轨道交通运行线路全线各车站的站台、站厅及区间隧道或地面及高架线路，以及整个车辆段地面区域（含检修库、运用库等）。可以采用如下方式进行场强覆盖：

① 沿线隧道、地面及高架运行线路及沿线地下车站的站台区主要采用漏泄同轴电缆辐射方式进行场强覆盖；

② 沿线地下车站站厅区（含部分出入口通道）主要采用吸顶低廓天线进行场强覆盖；

③ 车辆段、停车场主要采用室外全向及低廓天线进行场强覆盖。

子任务13.1.4　城市轨道交通对无线集群通信系统的功能需求

城市轨道交通对无线集群通信系统提出以下功能需求：

① 无线集群通信系统可以为城市轨道交通内部固定工作人员与流动工作人员之间提供话音通信、短信息与分组数据通信。系统以组呼为主，也可以提供选呼。

② 根据业务需要，为中心调度员、车站值班员、车辆段/停车场值班员、列车司机及各部门流动人员之间提供无线通信手段。

③ 按使用部门或人员进行优先权排队，当业务信道全部占用时，优先权级别高的呼叫可中断优先权级别低的通话，以保证调度作业的正常进行，并确保紧急情况下的指挥、调度。

④ 具有紧急呼叫功能，紧急呼叫的优先权高于所有的呼叫。

⑤ 中心调度员可监听本部门调度用户的通话，并可以对所有通话进行自动或人工录音。

⑥ 控制中心的无线调度核心网设备具有呼叫记录功能，存储主呼和被呼叫号码、位置、类型、日期和时间。必要时，可打印输出。

⑦ 具有设备的自检和中心检测功能。

⑧ 地面线路和地面车站、车辆段/停车场，采用基站和空间波天线完成工作区域的场强覆盖；地下线路和地下车站采用基站（或直放站）和漏泄同轴电缆（或隧道天线）完成工作区域的场强覆盖。

⑨ 整个系统由位于控制中心的核心网设备，位于车站的基站设备，以及列车台、各部门便携台和传输通道等组成。

⑩ 在话音质量为三级的保证条件下，边缘覆盖概率为：系统空间波覆盖的地点概率不小于 90%，漏泄同轴电缆辐射电波覆盖的地点概率不小于 95%。

任务 13.2　认识无线集群通信系统的终端

无线集群通信系统终端主要有车载台、车站台和手持台三种。

1. 车载台

城市轨道交通列车前后两端驾驶室各安装一台车载台。车载台主要由无线收发信机、控制及接口电路、控制面板、话筒、天线等组成。其中无线收发信机、控制及接口电路安装在一个固定的机壳内，控制面板和话筒分别安装在车顶。驾驶员可以通过操作控制面板的按键，发出通信请求，并通过话筒发话，通过扬声器收听。通过系统与 ATS 的连接，控制面板显示屏上会显示当前列车位置与车次信息等。

2. 车站台

车站台为固定台，配置在每个车站的车控室。车站值班站长可通过车站台与控制中心的行车调度员进行联系，经行车调度台转接可与司机通话。

3. 手持台

手持台主要配备给站务人员、维修人员、保安等不固定地点的作业人员，使他们可与相关调度员通话或发起组呼。

这些集群终端的通信功能主要有一般呼叫、紧急呼叫、短信收发、组呼及调度员通过车载台对列车进行广播等。

任务 13.3　认识无线集群通信系统的制式

无线集群通信系统的制式主要有两种：专用频道方式、集群方式。

1. 专用频道方式

专用频道方式根据用途来配置频道，用途与频道之间一一对应。

以列车调度无线通信为主，中心控制设备与移动台（如车载台和手持台）之间的通路，采用有线（通信车站电台经过光缆传输系统至中心控制设备）和无线（如车站台通过漏泄同轴电缆或天线辐射无线电波至手持台）相结合的方式。它与铁路上常规采用的无线列调方式类似。

为避免同频干扰，相邻车站台采用频率 F1、F2、F3 间隔发射，车载电台依导频接收并发射 F4，而无线通信系统分别由固定台和移动台组成，采用除 F1、F2、F3、F4 以外的其他频率。

2. 集群方式

集群方式是所有用途共用几个频道，根据需要和使用情况临时分配频道。即设1个控制频道和若干个通话频道，通话频道的数目可以少于用途数，一般情况下，所有移动台（车载台和手持台）均处于控制频道，以便接收来自中心控制设备的信号和向中心控制设备反馈信息，通话时由中心控制设备根据情况分配1个通话频道，通话结束后自动返回控制频道。无线通信系统均可共用频率资源实现各自的调度通信。其系统构成见图13－1。

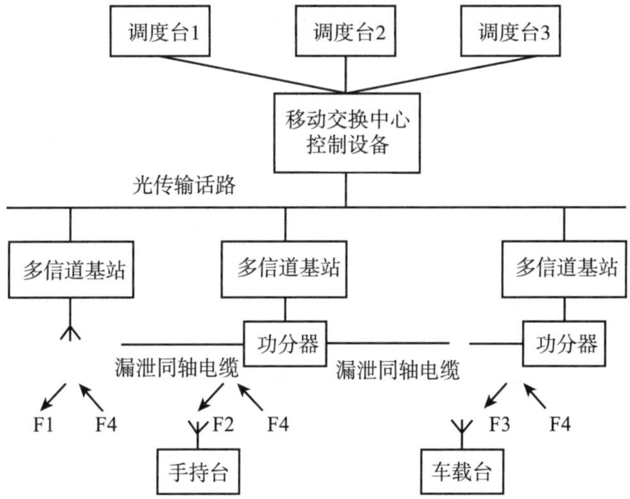

图13－1 集群方式系统构成

集群通信系统是一种高级移动指挥调度系统，采用专用无线信道作为传输信令的控制方式。该系统主要特点为：①无线信道利用率高；②采用分散式容错处理，有故障弱化功能；③先进的信令系统；④灵活的多级分组；⑤可进行动态重组与紧急呼叫；⑥可进行数据传输和图像传输；⑦能与有线交换机互联。

3. 专用频道方式与集群方式的区别

集群方式在通话功能、呼叫功能、检测功能、占用的频道数、冗余方式、扩容方面均优于专用频道方式，并具有解决紧急呼叫、确定移动台位置、自动检测等功能。其电话互联、多级调度呼叫（选呼、同组组呼、跨组组呼、全呼）、数据传输、调度多级优先、调度动态重组、调度连续信道刷新、电话繁忙排队/自动回叫等功能，也是专用频道方式无法比拟的，更重要的是它采用了信道的动态分配，因而能使用有限的频率资源为更多用户服务。在过去以列车调度无线通信为主、通话容量小的情况下，专用频道方式得到广泛应用。目前，在多系统、大通话容量的情况下，趋向于采用集群方式，例如，上海轻轨明珠线、广州地铁均采用集群通信方式。

任务 13.4 认识无线集群通信系统的构成

控制中心设移动交换中心控制设备及网络管理设备、各调度员配备调度台、列车配备车载台、沿线移动作业人员配备手持台、通过光传输通道与移动交换中心控制设备相连的各基站，构成一个以完成行车调度功能为主的、多个子系统并存的、链状结构的专用无线通信系统。车辆段设调度台，利用集群的虚拟网功能构成车辆段无线通信子系统，完成对车辆段内移动作业人员的调度指挥。

根据轨道交通线路的网络特点，无线通信可采用以下 3 种方式来进行组网设计。

1. 多基站小区制方式

多基站小区制方式，即在控制中心大楼设置移动交换中心，城市轨道交通沿线各车站和车辆段所在地设置移动通信基站，各基站通过有线传输通道与移动交换中心控制设备相连，在中心控制设备的指挥下控制整个系统的运行。采用多基站小区制有利于提高频率利用率、系统容量和可靠性，如在基站与控制中心通道中断的情况下，各基站仍然能够以单基站集群方式运行，且系统具有可扩展性能和其他特点，如可实现车站与司机之间的组呼等，但投资成本高。

2. 单基站大区制方式

单基站大区制方式，即在城市轨道交通全线及车辆段设 1 个移动交换控制中心和 1 个基站，而在沿线车站及车辆段设移动通信光纤直放站，将控制中心基站的信息通过光缆传送至直放站，由直放站天线完成车辆段、站厅等区间的场强覆盖，由漏泄电缆完成轨道交通沿线及弱场区的场强覆盖。该方案具有设备简单、投资少、移动台无须漫游、维护简单等优点，但系统容量有限，功能有一定的局限性，且扩展困难，用户接入的可靠性较差。

3. 多基站中区制方式

多基站中区制方式，即在小区制的基础上，为减少基站数量，只在城市轨道交通沿线的重要车站设置基站，根据基站场强的传播损耗和覆盖范围的需求，以及其他车站的空间覆盖，设置射频直放站或光纤直放站，扩大基站的覆盖范围。

多基站中区制方式介于大区制方式和小区制方式之间，在系统构成上偏向于采用小区制集群方式，且投资略低于多基站小区制集群方案。由于该方案并不要求在每个车站均设基站，因此不利于车站值班员（作为二级行车调度员）的使用。它还需采用较多的区间放大设备，因而对整个系统可靠性和稳定性有一定影响。同时，它在设备配套上也存在一定的难度。

综上所述，在不考虑投资且无线通信数据量和话音容量需求大时，一般采用多基站小区制方式；当城市轨道交通部分站无线通信数据和话音容量需求不太大时，几个站的功能可由一个基站完成。因此，采用多基站中区制方式不仅能满足数据和语音容量的需求，还减少了投资；单基站大区制方式采用较少，但当无线通信数据和话音容量需求不大且需租用已形成的公务集群网时，可以采用此方式，如广州地铁 1 号线、2 号线、3 号线分别依次采用大区制 400 MHz 频段模拟集群系统、中区制 800 MHz 频段数字集群系统、小区制 800 MHz 频段数字集群系统组网。

任务 13.5　了解无线通信系统传输的信息

城市轨道交通无线通信系统中传输的信息较多，根据用途可分为以下 12 类。

1. 无线集群调度信息

城市轨道交通运营需要司机与中心调度员/车站值班员实现无线调度语音通话，使用对象是调度、司机或维护人员。目前，国内城市轨道交通无线集群调度系统主要采用 800 MHz 的 TETRA（terrestrial trunked radio）数字集群系统，除具有调度语音通话功能之外，还具备一定的短数据传送功能，它的无线通道由城市轨道交通通信无线调度系统建设实施。

2. 车载广播信息

在特殊情况下，中心调度员需要对运营列车客室内进行实时广播。目前，城市轨道交通均采用无线集群调度系统提供的语音通道，实现中心调度员对列车客室的广播，而车载广播系统则由城市轨道交通通信无线集群调度系统承载无线通道。

3. 列车控制信息

城市轨道交通信号专业通常采用 CBTC（communication based train control system）系统，CBTC 移动闭塞 ATC（automatic train control）系统车与地的双向信息传输主要实现车地间的列车控制信息传送。无线通信制式通常采用 802.11 WLAN（wireless local area networks）技术，由城市轨道交通信号系统单独建设无线通道。

4. 乘客信息多媒体信息

控制中心向运营列车各车厢内的多媒体液晶显示屏实时播放各类新闻、重大赛事、广告、出行信息、导乘信息等，紧急情况下播放疏散信息。目前，国内城市轨道交通采用的通信制式主要有 DVB－T（digital video broadcasting－terrestrial）、WiMAX（worldwide interoperability for microwave access）、WLAN（802.11）和 RailView 等技术，系统面向的用户是客室内乘客，由城市轨道交通乘客信息服务系统（passenger information system，PIS）建设实施。

5. 司机室和客室图像信息

控制中心、城市轨道交通公安分局需要对运营列车内司机和乘客状态进行实时监视，以保证在特殊情况下及时掌握列车内部状况，为事件处置提供依据。图像信息通常由乘客信息服务系统承载。

6. 民用通信无线信息

将国内三大电信运营商的公众无线通信信号引入地下车站及隧道，实现乘客在运行车厢内享受到与地面一样的公共通信服务。引入的制式主要包括：中国移动 GSM（global system for mobile communication）、DCS（digital cellular system）、TD - SCDMA（time division - synchronous code division multiple access）；中国联通 GSM、DCS、WCDMA（wideband code division multiple access）；中国电信 CDMA 800、CDMA 2000 等。各种公众无线信息均采用合路方式覆盖地下车站和隧道，由城市轨道交通民用无线通信系统实施。

7. 公安消防无线通信系统

将地面公安 350 MHz 无线信号引入地下，实现紧急情况下地下公安消防人员与地上指挥员的语音通信。该系统由城市轨道交通公安无线通信系统实现。

8. 车辆检测信息

将运行车辆牵引等重要系统的主要工作状态信息实时上传到车辆维修中心，使地面随时掌握车辆各系统的工作状态。

9. 车载火灾自动报警信息

将车辆中的 FAS（automatic fire alarm system）信息实时上传到控制中心，防控运行车辆发生重大火灾事故。

10. 客室公安采集信息

根据公安部门的规划，城市轨道交通客室内应实现对危险品、爆炸物等的相关探测，并将数据实时上传到城市轨道交通公安分局，为公安部门采取进一步措施提供依据。

11. 接触网图像信息

在车辆运行中，通过车顶高速摄像机，实现对接触网工作状态的记录，替代人工巡视。

12. 政务无线信息

随着各城市政务无线通信系统的不断建设，需要将有关政务无线通信信息引入地下空间。目前，北京、上海城市轨道交通正在将政务无线通信引入地下。

思考与实训 13

一、思考题

1. 简述无线集群通信系统的组网方式。
2. 无线集群通信系统场强覆盖范围有哪些？
3. 城市轨道交通对无线集群调度系统有哪些功能需求？

4. 简述无线集群调度系统的终端和构成。

5. 无线集群调度系统有哪些制式？

6. 无线通信系统传输哪些信息？

二、实训任务

实训任务1：无线集群调度系统的应用

1. 任务目的

了解无线集群调度系统通信设备的使用。

2. 设备和资料准备

（1）无线集群调度系统调度台、车载台、车站台、手持台等。

（2）城市轨道交通无线通信设备使用有关规定。

3. 实施步骤

（1）将学生分成多个小组，每个小组人数控制在4～5人。

（2）各小组使用无线集群调度系统通信设备，掌握各设备操作方法。

（3）按照城市轨道交通无线通话要求进行联系，下达指令，向上级和相关部门汇报工作。

4. 任务输出和评价

各组按照要求完成自己的实训任务，总结心得体会，由教师和其他学生做出成绩评定。

实训任务2：特殊情况下操作无线通信设备

1. 任务目的

熟练掌握在特殊情况下城市轨道交通无线通信设备的操作。

2. 设备和资料准备

（1）无线集群调度系统调度台、车载台、车站台、手持台等。

（2）城市轨道交通有关应急预案。

3. 实施步骤

（1）模拟在特殊情况下，如站台火灾、列车故障、乘客意外伤亡等情况下利用通信设备进行应急处理。

（2）学生分组情景演练下列不同岗位在特殊情况下的通话：驾驶员、车站值班员、站务员、调度员等。

4. 任务输出和评价

各组按照要求完成自己的实训任务，总结心得体会，由教师和其他学生做出成绩评定。

项目 14

闭路电视监控系统

项目导学

随着现代化管理的需要和发展，闭路电视监控系统是当今普遍应用的现代化管理手段。它能够在第一时间以图像、文字形式告知管理、维护和保安人员现场所发生的任何情况，从而有效地做出快速反应，并将所发生事件的全过程进行备份，对重要数据进行记录，为处理事故提供切实依据。

城市轨道交通系统中的闭路电视监控系统，是调度员和车站值班员监视列车运行、掌握客流大小和流向、提高行车指挥透明度的辅助通信工具，也是列车司机在车站停车后监视旅客上下车、掌握开关车门时间的重要手段。当车站发生灾情时，闭路电视监控系统还可作为防灾调度员指挥抢险的指挥工具。

教学目标

1. 了解闭路电视监控系统在城市轨道交通中的作用。
2. 掌握闭路电视监控系统的组成。
3. 掌握控制中心闭路电视监控系统的应用。
4. 掌握车站（车辆段）闭路电视监控系统的应用。
5. 掌握闭路电视监控系统的监控范围。

建议学时

4 学时。

任务 14.1　认识闭路电视监控系统

子任务 14.1.1　闭路电视监控系统的基本作用

城市轨道交通中，闭路电视监控系统（closed circuit TV，CCTV）是城市轨道交通运行、管理、调度的配套设备，使各工种的管理和调度人员能实时地看到现场情况，并可以根据实际情况进行判断，下达调度、指挥命令。闭路电视监控系统能为控制中心调度管理人员、车站值班员、列车驾驶员及站台工作人员等所辖车站的站厅、站台、出入口、机房等主要区域提供实时视频监控服务，以确保城市轨道交通系统正常、安全地运行。

城市轨道交通闭路电视监控系统的主要作用表现为：

① 向调度中心一级行车人员（行车调度员、环控调度员、公安值班员、值班主任等）提供各站台区行车情况和站厅区乘客流向的图像信息；

② 向车站行车值班员提供本站列车停靠、起动、车门开闭，以及售票机、闸机出入口等处的现场实时图像信息；

③ 向列车驾驶员和站台工作人员提供相应站台乘客上下列车的图像信息。

城市轨道交通闭路电视监控系统采用了车站和控制中心两级相互独立的监控方式。平时以车站值班员控制为主，控制中心调度员可任意选择各车站的任意一个摄像头的监控画面进行视频监控。在紧急情况下，可以切换为以控制中心调度员控制为主进行视频监控。在一个城市有多条线路的情况下，上层的线网管理中心可以设置为线网闭路电视监控中心，根据需要调取各线路的监控画面，从而形成车站、控制中心和线网管理中心的三级视频监控系统。出于安全与事故取证的要求，车站和控制中心的 CCTV 还应具有录像功能。

子任务 14.1.2　城市轨道交通对闭路电视监控系统的需求

城市轨道交通对闭路电视监控系统的基本需求如下：

① 城市轨道交通闭路电视监控系统监控画面的质量，需要达到广播级标准清晰度（标清）电视或 DVD 的质量标准。车站值班人员、控制中心调度员应能对监控图像进行选择显示，以自动循环显示方式或画面分割方式调取已设置分组的图像，或调取某一监控点的图像。

② 闭路电视监控系统可为控制中心、车站和司机监控使用，是应该自成系统的，控制中心应有权调取车站级的监控点图像或回放历史图像。

③ 车站一级的用户包括车站值班员和防灾值班员，应能任意地选择、控制本车站中任意一台或是一组摄像机的图像，并切换到相应的监视器上。

④ 控制中心的用户包括行车调度员、环控（防灾）调度员、电力调度员、维修调度员

和公安值班人员，他们应能选择、控制全线所有车站（含机房）内的任意一台或一组摄像机的图像，并切换到其相应的监控器上。

⑤ 通过合理安排多台站台定焦摄像机的位置，给列车司机提供能观察到全站台乘客上下列车情况的画面，用以控制车门和屏蔽门的开闭，防止夹伤乘客。站台摄像机输出的视频信号应传至列车司机可以看到的站台监视器，或采用无线传输方式传至列车驾驶室的监视器上。

⑥ 控制中心和车站的监控画面能进行选择与控制，可采用人工切换或自动扫描方式，可以以多分割画面的形式显示。

⑦ 安防、门禁、烟雾等报警可与图像切换功能、摄像头控制进行联动。当发生紧急情况报警时，环控（防灾）调度员所监控的画面自动切换至报警点相关的摄像机画面。若采用一体化摄像机，在安防报警时，摄像机的摄像头自动对准被非法开启的门；烟雾报警时，摄像头应自动对准烟雾报警区域等。若同时出现多出报警，则监视器应循环显示事故现场。

⑧ 各个车站配置有硬盘录像设备，各摄像机的监控画面均需进行自动录像，并能保存一定的时间，以备日后调取。在控制中心，行车调度员使用的监控设备应该具有人工/自动录像和播放的功能，并配以硬盘录像设备，用以录制切换到中心监视器上的图像。

⑨ 城市轨道交通闭路电视监控系统的车站监控区域，需要按照上下行站台区域、站厅区域（出入口、电梯口、闸机处、自动售票机范围等）划分，分别布置相应数量的摄像设备。

⑩ 城市轨道交通闭路电视监控系统目前采用彩色摄像机，要求操作人员可以通过控制键盘对摄像机进行远程控制，选择相应的焦距、角度、光圈和显示距离等。

⑪ 闭路电视监控系统应该具有自测试、自诊断、故障报警等自检功能，并可上传故障报警信息，或由控制中心集中采集检测结果。

⑫ 闭路电视监控系统还应该具有良好的抗电磁干扰能力。在车站、控制中心配备众多电子电气设备的环境中，不受电磁干扰，依然保持稳定、良好地运行。

子任务 14.1.3 闭路电视监控系统的组成

典型的城市轨道交通闭路电视监控系统包括摄像部分、传输部分、控制部分、监视部分和报警部分。图 14－1 所示为闭路电视监控系统的组成示意图。

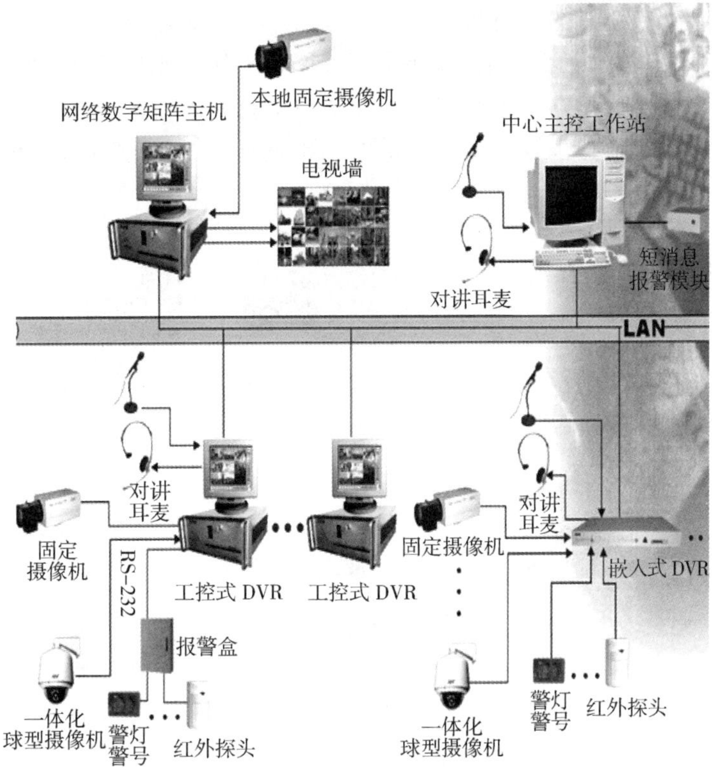

图 14－1　闭路电视监控系统的组成示意图

1. 摄像部分

摄像部分是闭路电视监控系统的前沿部分，是整个系统的“眼睛”，把它监视的内容变为图像信号，传送给控制中心的监视器上。它被布置在使其尽可能覆盖到整个被监视场所的位置上。有时，被监视场所面积较大，为了节省摄像机所用的数量，简化传输系统、控制与显示系统，在摄像机上加装电动的（可遥控的）可变焦距（变倍）镜头，使摄像机所能观察的距离更远、更清楚；有时还把摄像机安装在电动云台上，通过控制器的控制，可以使云台带动摄像机进行水平和垂直方向的转动，从而使摄像机的角度、面积更大。由于摄像部分是系统的最前端，并且被监视场所的情况是由它变成图像信号传送到控制中心的监视器上，所以从整个系统来讲，摄像部分是系统的原始信号源，因此，摄像部分的好坏，以及它产生的图像信号的质量将影响着整个系统的质量。

根据监视需要，可将摄像机安装在电动云台上，并加装变焦镜头，在室外应用的情况下为了防尘、防雨、抗严寒酷暑、抗腐蚀等，还应该加装专门的防护罩保护摄像机的镜头。

视频监控系统中所采用的摄像机分为一体化摄像机和固定摄像机两大类。一体化摄像机是受控摄像机，其摄像头安装在云台上，可以上下左右 4 个方向受控移动，还可以根据场景和图像精度的需要调节镜头的焦距和光圈。

摄像头的主要构件由镜头、图像传感器、AGC、A/D、同步信号发生器、CCD（charge coupled device，电荷耦合器件）驱动器、图像信号形成电路、D/A 转换电路和电源的电路构成。其中，图像传感器是摄像头的核心部件。图 14－2 所示为常用摄像机的外观。

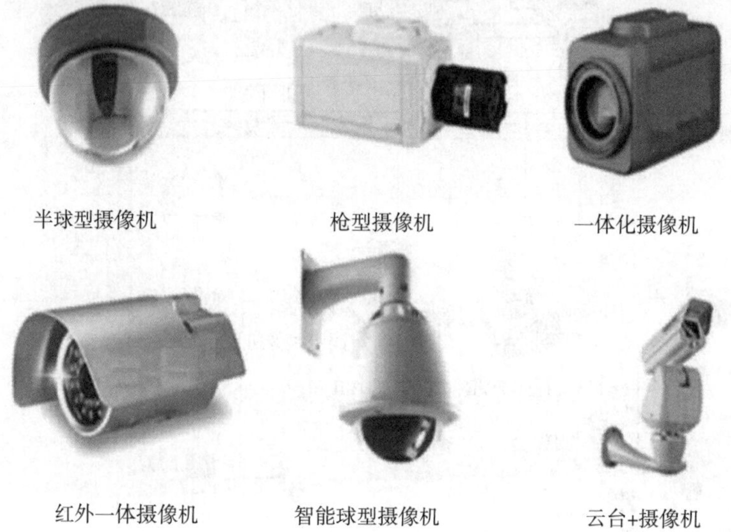

图 14－2　常用摄像机的外观

2. 传输部分

传输部分指的是闭路电视监控系统的图像信号传送的通路。一般来说，传输部分单指的是传输图像信号，由于某些系统中除图像外，还要传输声音信号，有时需要由控制中心通过控制台对摄像机、镜头、云台、防护罩等进行控制，因而在传输系统中还包含控制信号的传输。所以，传输部分通常是指所有要传输的信号形成的传输系统的总和。

图像信号的传输，要求在图像信号经过传输系统后，不产生明显的噪声、失真，保证原始图像信号的清晰度和灰度等级没有明显下降。这要求传输系统在衰减方面、引入噪声方面、幅频特性和相频特性方面都有良好的性能。

在传输方式上，目前闭路电视监控系统大多采用视频基带传输方式。若摄像机与控制中心距离较远，可采用射频传输方式或光纤传输方式。

3. 控制部分

控制部分是整个系统的“心脏”和“大脑”，是实现整个系统功能的指挥中心。控制台的主要功能有：视频信号放大和分配，图像信号的矫正与补偿，图像信号的切换，图像信号（或包括声音信号）的记录、摄像机及其辅助设备（如镜头、云台、防护罩等）的控制

(遥控）等。总控制台能对摄像机、镜头、云台、防护罩等进行遥控，以实现对被监视的场所的全面监视或跟踪监视。总控制台上设有的录像机，可以随时把被监视场所发生的情况记录下来，以便事后备查或作为重要依据。

控制部分包括：视频切换器、视频网络控制器、视频分配器、画面分割器、帧（场）切换处理器、自动顺序切换器、录像机、时间/日期发生器、字符叠加器、远端解码器等。

控制部分设有“多画面分割器”，可以在一台监视器上同时显示一个、四个、九个、十六个的监控画面。控制部分设有时间和地址字符发生器，可以在图像上显示出时间（年、月、日、时、分、秒)、监控地点、名称等信息，并可以随时在录像机上把监控场所的图像记录下来，以便日后查证。

4. 监视部分

监视部分用于显示由各监控点摄像机送来的视频信号，是视频监控系统中不可缺少的设备。对于具有几个摄像机的小系统，通常只需要一个监视器，通过人工/自动选择画面，或分割多窗口显示。对于具有数量较多监控点的闭路电视监控系统，通常需要数个监视器。在大型闭路电视监控系统的控制中心大厅中，还配置有庞大的电视墙。现在借助网络技术的广泛应用，监视器已经不再是视频监控系统的必备设备，可直接利用PC的显示器浏览所选择的摄像画面。根据显示原理，监视器可以分为阴极射线管（CRT）显示器、液晶（LCD）显示器和等离子（PDP）显示器3类。

5. 报警部分

闭路电视监控系统通常还具有环境监控信号的采集、编码、传输与报警等功能，并具有联动的功能。

闭路电视监控系统可配置各种安防报警装置，如红外线、超声波、微波、激光报警器、电子围栏、报警开关等。报警信号可以直接输入前端编码器。系统还可以配置各种消防报警器，如等离子光电烟雾探测器、温感报警器等。报警信号可直接输入报警主机，也可先接入专用消防主机，再由消防主机通过串行通信口将报警信号传输到报警主机。

有的闭路电视监控系统还具有视频报警功能，一旦摄像机损坏、被窃或断纤等，引起视频信号丢失，就会引起报警；对于设定的视频报警区域，一旦有运动目标进入或图像发生变化，也会引起报警。

任务14.2　认识城市轨道交通中的闭路电视监控系统

子任务14.2.1　控制中心闭路电视监控系统

控制中心调度员可手动对全线范围内各车站、车辆段及换乘站进行监视，也可以进行群切换，既可按设定的程序自动循环切换监视，也可选择某个车站的某个摄像机摄取的图像进行固定监视，还可根据用户要求确定群切换的图像组合。它们之间的操作相互独立，互不干扰。控制中心闭路电视监控系统包括图像显示、图像切换控制、图像录制和网络管理等功能。

1. 图像显示

防灾调度员、行车调度员、电力调度员、AFC 调度员和调度主任处分别设置 1 台 20″彩色液晶监视器及控制终端；公安部门通过远程监视终端进行监视。

2. 图像切换控制

视频切换单元完成图像的切换和对各车站及车辆段摄像机的控制。视频切换和控制功能由视频服务器完成，控制中心对车站（车辆段）监视子系统的控制通道由光纤传输系统提供，接口为以太网接口。

3. 图像录制

在控制中心 1 号、2 号线各设置 1 套 8 路数字硬盘录像设备，录像设备由 MPEG－4 数字视频编码器、视频服务器、磁盘阵列和回放终端组成，完成对所选视频信号的实时录制。

4. 网络管理

在控制中心 1 号、2 号线各设 1 套 CCTV 监控系统的网管终端设备，主要负责对 CCTV 监控系统中包含的视频设备的运行情况进行综合监控与管理。

子任务 14.2.2　车站（车辆段）闭路电视监控系统

车站（车辆段）综控室值班员可通过本站（车辆段）范围内摄像机摄取的图像监视本站（车辆段）相关处所的情况，既可自动循环切换监视，也可选择某个摄像机摄取的图像进行固定监视，还可根据用户要求确定群切换的图像组合。车站（车辆段）闭路电视监控系统由图像摄取、图像处理、图像切换控制、图像显示和图像录制等部分组成。

1. 图像摄取

前端摄像机对站台、站厅、出入口、通道和机房等处进行直接监视。前端摄像机视频信号经过字符叠加器叠加上时间和摄像机名等字符信息。经过视频分配器输出 3 路视频信号：视频信号经 MPEG－2 数字视频编码器转换成数字信号后通过传输系统传送到控制中心；视频信号经 MPEG－4 数字视频编码器转换成数字信号后通过视频服务器及磁盘阵列完成本地录像功能；视频信号送入本站视频切换矩阵。

2. 图像处理

前端视频信号通过视频隔离变压器、字符发生器、视频分配器和画面分割器等进行处理。

3. 图像切换控制

在车站综控室设置切换键盘进行图像切换控制。

4. 图像显示

综控室设置 2 台 20 英寸彩色液晶监视器显示图像。

5. 图像录制

机房设置 MPEG－4 数字视频编码器、视频服务器及磁盘阵列，完成本地录像功能。

子任务 14.2.3 闭路电视监控系统的监控范围

车站图像摄取范围为站台层、站厅层、售票厅、检票口、自动扶梯、各出入站口、厕所通道、楼梯、楼梯通道、通道拐弯、隧道口和高压设备室门口等处；车辆段的图像摄取范围为停车列检库、架修库、定修库、联络线等处；并根据需要在高压设备室、低压设备室、通信机械室、信号机械室及 AFC 机械室等处设置视频采集点。

车站入口处人群相对稀薄，架设彩色快球摄像机，采用广角镜头以获得大的视角，对进站的人员进行图像监控。

闸机、检票口和售票大厅，乘客进出速度较慢，尤其是自动检票闸机必须单人次顺序经过，架设彩色固定摄像机进行监控，容易获得乘客清晰的五官图像。采用高倍变焦镜头，可对锁定目标随时放大或抓拍，提供清晰的图像资料。

在经过楼梯和通道时，人群被整队，有利于摄像，而且人员在楼梯上时容易取得摄像的有力角度，所以应在楼梯口架设摄像头分别监控出站人群和进站人群。

站台上，人群再次分散，在站台和候车大厅架设摄像机进行随机摄像和定点摄像，尽量做到无盲区。

厕所通道、隧道口及高压设备机房入口处等重要部位设置摄像机，增加监视区域。

在摄像机的架设角度和朝向上，要求迎着人流涌动的方向，如下车的主要出口、换乘站的几条入口通道、进站前的购票窗口及厕所通道等，特别是换乘中下楼梯时，可以捕捉可疑人员的面部图像作为图像证据。

思考与实训 14

一、思考题

1. 闭路电视监控系统由哪几部分组成？
2. 城市轨道交通闭路电视监控系统由哪三部分组成？
3. 控制中心闭路电视监控系统有哪些功能？
4. 车站（车辆段）闭路电视监控系统有哪些功能？

5. 简述闭路电视监控系统的监控范围。

二、实训任务

实训任务 1：操作闭路电视监控系统

1. 任务目的

（1）了解城市轨道交通闭路电视监控系统的基本结构。

（2）能识别闭路电视监控系统的主要设备，了解各设备的作用。

（3）能够根据要求正确操作闭路电视系统。

2. 设备和资料准备

硬盘录像机、监视器、视频矩阵、视频切换器、摄像机、操控键盘及连接线缆电源、闭路电视车站级设备、中心级设备。

3. 实施步骤

（1）了解闭路电视监控系统的主要设备，掌握系统组网模式。

（2）正确操作闭路电视系统，能够按照要求显示指定画面。

（3）正确设置硬盘录像机的显示方式和录像。

4. 任务输出和评价

各小组按照要求完成自己的实训任务，总结心得体会，由教师和其他学生做出成绩评定。

实训任务 2：从闭路电视监控系统中提取有效信息

1. 任务目的

（1）能够根据闭路电视监控系统提供的视频资料提取有效信息。

（2）能够根据闭路电视监控系统提供的视频资料执行有关应急预案的规定。

2. 设备和资料准备

城市轨道交通典型录像、城市轨道交通应急预案等。

3. 实施步骤

（1）总结归纳城市轨道交通应急预案的有关规定、处理原则、信息通报流程等。

（2）观看典型应急情况的视频资料，如火灾、AFC 故障、停电、大客流突发等。

（3）情景模拟站务员、车站综控员、值班站长等岗位，根据视频资料，正确执行有关应急预案中的信息通报流程和应急处理方案。

4. 任务输出和评价

各组按照要求完成自己的实训任务，总结心得体会，由教师和其他学生做出成绩评定。

项目 15

广播系统

项目导学

近年来，城市轨道交通的发展越来越迅速。广播系统作为城市轨道交通建设中不可缺少的一个部分，越来越受到人们的重视。城市轨道交通的广播系统，在紧急的情况下，应该能立即由广播控制台通过各车站广播控制盒向全线所有乘客和工作人员发布各种列车到站、离站、线路换乘、时刻表变化、列车晚点、安全状况等信息；在突发事故或紧急情况时，广播系统作为事故抢险、组织指挥的信息传播渠道，对乘客进行及时有效的疏导和指引，从而提高快速应急响应能力。

此外，广播系统还可以对运营人员广播有关通知信息，便于协同配合工作，从而提高服务质量。

教学目标

1. 掌握城市轨道交通广播系统的结构和功能。
2. 了解城市轨道交通广播系统采用的先进技术。
3. 掌握车载广播系统的功能和组成。
4. 了解车载广播系统的主要设备的功能。
5. 掌握车载广播设备的维护和故障处理方法。

建议学时

4 学时。

任务 15.1　认识城市轨道交通的广播系统

子任务 15.1.1　广播系统的结构

公共广播系统简称 PA（public address）系统，广泛用于车站、机场、楼宇等场所，既能提供背景音乐和作业广播业务，又能兼作紧急广播。

城市轨道交通广播系统是城市轨道交通通信系统中的一个专用子系统，在城市轨道交通行车组织、客运服务、防灾救险、设备维护等方面具有十分重要的作用。

平时广播系统在城市轨道交通车站的不同区域为售票、检票、进站、候车、乘降、出站、换乘等播报不同的服务用语和有关注意事项，为提供各项服务、维持车站秩序、有效疏导乘客乘车、缩短列车站停时间、确保列车正点创造了条件；在车辆段车场、隧道区间等城市轨道交通作业场所广播系统为调度指挥、车场调车、车辆调试、设备检修、线路维护、供电轨停/送电、设备送断电等提供安全提示及告知等作业广播服务；当发生重大活动、节日等事件引起城市轨道交通客流激增时，广播系统作为实施应急客运组织的重要手段，为大客流运营组织提供保障；当遇事故灾害等突发事件时，广播系统则作为紧急疏导、指挥救灾的重要工具。

城市轨道交通广播系统采用控制中心与车站两级控制结构。控制中心和车站之间通过网络进行连接。控制中心的指令和音频均经过网络传输至车站，实现中心对车站的控制和广播操作。广播系统在控制中心配备了网管服务器，实现对整个系统的遥测、遥控。

广播系统拓扑结构如图 15－1 所示。

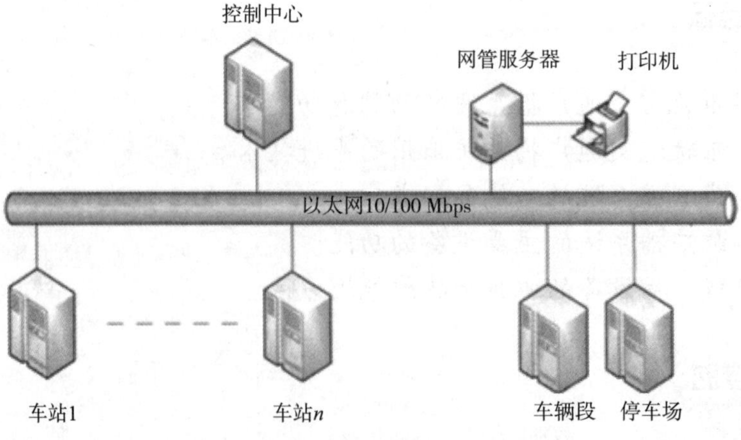

图 15－1　广播系统拓扑结构

1. 车站广播系统

车站广播系统拓扑结构如图 15 –2 所示。

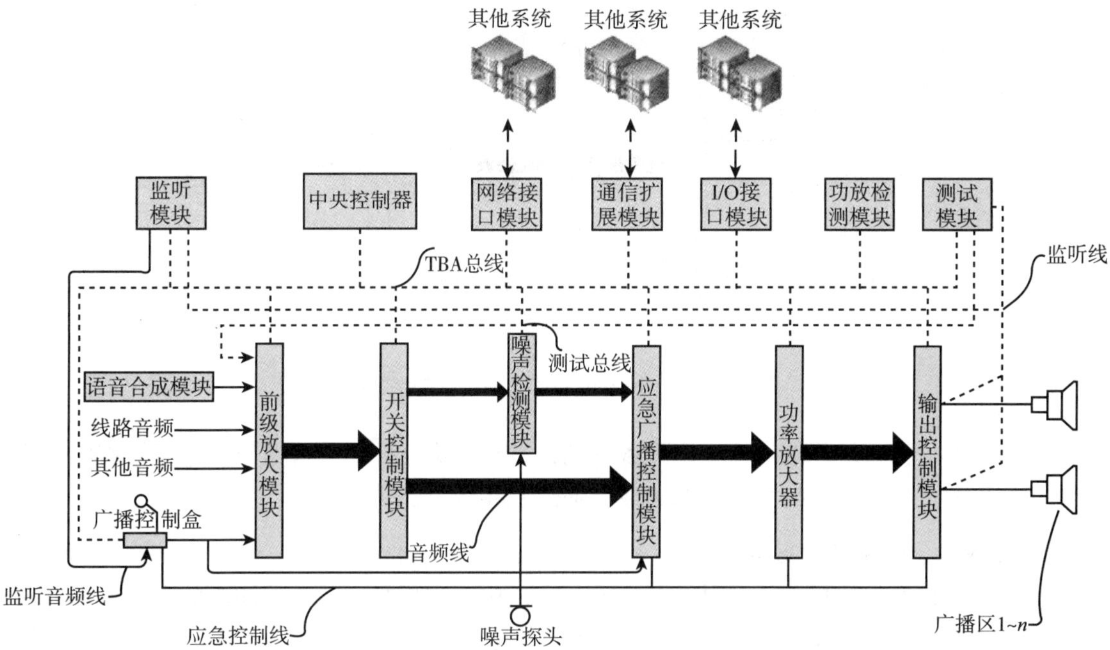

图 15 –2　车站广播系统拓扑结构

城市轨道交通的广播系统属于现代高级广播系统。主要包含音源、音源管理控制设备、功率放大器、输出控制设备、声音还原设备及电源管理设备。车站广播系统采用总线制结构、模块，板卡形式设备设计，所有模块、板卡均能在线进行更换，具有配置灵活、维护方便、扩展性好等优点。

车站广播系统中所有模块和设备均连接在内部的 TBA 总线上，由中央控制模块对总线资源进行统一的协调管理。当操作员在人机界面进行相关操作后，中央控制器将统一协调广播系统的各功能模块配合动作完成广播功能。

前端信源输入方式有多种，包括话筒实况广播、预录制语音端广播、线路广播等，并且能够将其他系统提供的音频广播到目标广播区。

2. 控制中心广播系统

控制中心广播系统拓扑结构如图 15 –3 所示。

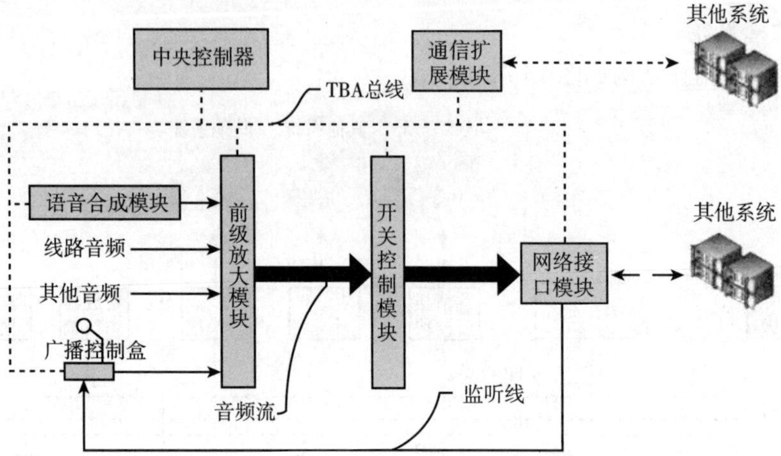

图 15－3　控制中心广播系统拓扑结构

控制中心广播系统能够完成对全线各站的选站选区进行广播或者监听操作。当前广播系统的控制界面多由综合监控系统进行集成，通过互相接口实现功能。

3. 车辆段、停车场广播系统

车辆段和停车场广播系统的结构与车站相同，由于广播分区较少，相应的设备数量也随之减少。控制中心广播系统对车辆段、停车场广播系统只进行网管操作，不进行广播操作。

4. 广播系统接口方案

广播系统接口方案灵活多样，可选择的方式有 I/O 干接点、RS－422、以太网等方式，实现与综合监控、电话、无线、集中告警、FAS 等系统的连接，将必要的音频引入到广播系统，方便了运营人员对停车场、车站的管理。

子任务 15. 1. 2　广播系统的功能

城市轨道交通广播系统具有以下功能：

① 控制中心广播功能：控制中心操作人员能够在权限内对所辖站、场进行广播操作。

② 控制中心监听功能：控制中心操作员可以在权限内监听下辖各个车站广播区的广播内容。

③ 应急广播功能：广播系统中配置有应急广播控制模块，当系统设备出现故障时，可按下防灾广播控制盒的应急广播按键进行应急广播。

④ 自动进站广播：广播系统接收信号系统发送的信息，在列车即将到达、到站、离站时，启动数字语音合成模块内的预存储语音内容，进行自动广播。

⑤ 实况广播（话筒口播）：广播系统通过话筒实时拾取操作员的口播音频，实时地播放到目标广播区。

⑥ 背景音乐广播（BCM）：背景音乐作为一路单独的音频，通过播放器接入车站广播机

柜。背景音乐能掩盖环境噪声，创造与室内环境相适应的气氛。

⑦ 预录制广播：在车站配置有数字语音合成模块，用于存储、播放数字格式的音频。

⑧ 监听功能：广播系统设置有监听设备，用于监听下辖各广播区播出的内容，监听音量可调。

⑨ 平行广播功能：系统中设置音频矩阵模块，可以同时将不同的信源输入连接到不同的广播区输出。各信源互不干扰，实现平行广播的功能。

⑩ 优先级广播功能：系统具有优先分级广播功能。对于目标广播区叠加、冲突的操作，按照设定的优先级进行协调。

⑪ 功放故障自动检测、自动切换主备机功能：广播系统能够实时检测功率放大器的状态。当功放出现故障时，中央控制器发出切换控制信号，用备用功放替代故障功放工作，并将故障信息发送到网管终端，此过程不中断广播。

⑫ 广播区音量自动调节：广播系统通过装在站台的传感器检测噪声，根据检测到的噪声值自动调节广播区域的音量，保持一定的信噪比。

⑬ 广播区自动释放：某种广播操作完成后，广播系统会按照程序预设的方式自动释放广播区，避免区域无效占用。

⑭ 功放时序上电：为使扬声器和电源不受功放启动电流的冲击，广播系统对功放进行时序控制，逐台上电。

⑮ 负载区保护：系统通过内部设备的采样，配合软件算法，可对负载区状态进行检测。必要时，可将负载区断开，将损害隔绝在外部。

⑯ 循环广播：广播系统默认将语音合成模块中特定编号语音段循环广播。

⑰ 广播预示音功能：除应急广播外的所有广播操作，都会以提示音作为开始，以提醒受众注意。

⑱ 口播录音功能：广播系统的录音模块能够对广播内容进行录音，录音内容可按编号进行查询。录音内容循环记录，不能人工擦除。

⑲ 网管功能：网管终端可对全线广播设备进行统一监控和管理，具有集中维护和自诊断功能，可进行故障管理、性能管理、配置管理、安全管理，并实时监测中心、车站、车辆段广播设备的运行状态。

子任务 15. 1. 3　广播系统采用的先进技术

1. 数字音频处理技术

早期城市轨道交通广播系统采用模拟音频处理技术，电路复杂，调整困难，可靠性低。采用数字处理技术，可简化电路，提高可靠性，方便操作。例如，运用数字均衡、数字动态压缩和等响线技术，克服了模拟技术中启控电压、启控时间、拐点斜率等调整非常困难的问题。参量修改既可从内部微处理器的 12C 总线送到 DSP 芯片，也可通过外部主机的通信口进行编程设置。模块化数字交换矩阵将外部接入的信源和输出的广播通道通过控制接口设置成任意平行矩阵连接，实现平行广播控制功能。

2. 数字功率放大技术

传统的模拟定压功率放大器无法克服其自身固有的缺陷，如模拟功放几乎全部采用负反馈电路，以保证其电声指标。在负反馈电路中，为了抑制寄生振荡，采用相位补偿电路，从而会产生瞬态互调失真。功放管正常工作在线性区，过载时工作在饱和区，输出音频波形出现削波失真，失真度呈指数级增加，音质迅速变坏。由于功放管工作在线性区，模拟功放效率仅为30% ~50%，造成设备体积较大，相应的散热要求也较高。

数字功率放大器将接收的模拟音频信号，经过内部 A/D 转换得到数字音频信号，再通过专用音频 DSP 芯片进行数字编码，经过数字驱动电路送入开关功率放大电路进行功率放大，再通过定压转换，滤波后输出模拟音频信号，驱动扬声器播音。

数字功放管一直处于饱和区和截止区，不会产生交越失真，只要功放管不损坏，失真度就不会迅速增加。另外，数字功放采用开关放大电路，无静态电流消耗，效率可达 75% ~90%。功放管在工作时基本不发热，过载能力远远高于模拟功放。数字功放无负反馈的牵制，避免了瞬态互调失真，具有更好的“动态”特性，瞬态响应好。

3. MP3 语音合成技术

采用传统语音方式录音，平均每分钟的语音要占用约 2 MB 的空间。一般常见的 MP3 卡，均用于录音以后的再制作，不能适应实时录音同步压缩要求。而采用 MP3 语音合成技术，可以在记录的同时进行压缩，同时记录时间、播音地址、播音区域，录音质量可以达到 CD 的标准。

4. 活负载技术

车站的负载核算模块用于计算功放及广播区的功率，并控制功放的启动数量和工作次序。当选择的广播区功率小于一台功放的功率时，只启动一台功放工作；当负载增加一台功放不能满足时，自动启动另一台功放，依此类推。当某台功放工作过以后，再次广播时，自动启动下一台功放，均衡了功放的工作时间，延长了使用寿命。当某台功放出现故障时，负载核算模块即启动另一台功放，以代替故障功放工作，故障功放自动退出。

5. 数字化噪声检测技术

传统的噪声检测方式是在广播声间断的瞬间状态下检测环境噪声，然后再经单片机测算后实时控制广播输出声压。采用数字化噪声检测技术可在广播声不停止的情况下，检测信息经 A/D 转换软件处理后，自动滤除广播声信息，保留实际的环境噪声数据，实时连续地调整广播输出声压，保证一定的信噪比。

6. 数字化语言清晰度技术

该技术的工作原理是：采用数字化处理语音频谱，选择扩大共振峰的方式，在嘈杂的噪声环境中能分辨出清晰的语音，在电平变化较小的条件下可提高语音的可懂度。

任务 15.2　认识车载广播系统

子任务 15.2.1　车载广播系统的功能

城市轨道交通车载广播系统通过贯穿所有司机室和各个客室的广播线路、专用通信线路来完成广播音频信号及对讲音频信号的传输，并在现场设备上进行同步显示或广播。因此，城市轨道交通车载广播系统采用智能化的先进技术手段，具有以下功能：

① 数字化报站，在列车管理系统的协调管理下实现列车到站的自动播报；

② 两端司机室对讲，在广播设计时应采用对讲与广播独立的传出总线；

③ 司机对客室人工口播；

④ 无线电广播；

⑤ 司机与乘客紧急报警对讲；

⑥ 广播音量能实现自动调节；

⑦ 在火灾及阻塞、恐怖袭击等情况下，提供紧急广播及疏散指示；

⑧ 控制车载显示屏播放重要新闻、天气、娱乐、广告等资讯信息。

子任务 15.2.2　车载广播系统的组成

车载广播系统由司机室车载广播主机、广播控制盒、客室广播分机、噪声检测器、紧急报警器、显示器、通信网络、司机室扬声器、客室扬声器等组成。图 15－4 所示为智能车载广播系统的总体设计框图。

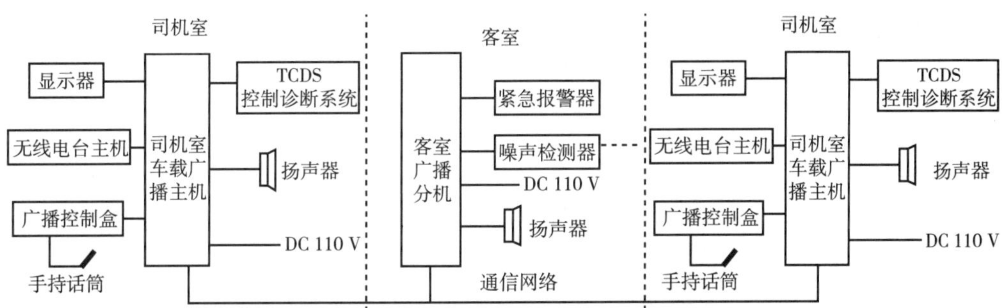

图 15－4　智能车载广播系统的总体设计框图

司机室车载广播主机、广播控制盒各设置 2 台，两端司机室各 1 台；客室广播分机共 6 台，分别分布于 6 节客车车厢里；司机室内车载广播主机与客室广播分机通过 RS－485 通信网络相连，进行通信与语音信号的传输，同时还与本节司机室中的无线电台主机、列车控制诊断系统 TCDS 等广播以外设备相连；每台客室广播分机与本节客室的扬声器、噪声检测器、紧急报警器相连；司机通过司机室广播控制盒进行广播、对讲等功能的设置和操作。

子任务 15.2.3　车载广播系统的主要设备

1. 司机室车载广播主机

司机室车载广播主机是车载广播系统的核心控制设备，它可完成车载广播系统对客室广播音频信号的输入、对讲音频信号的输入输出，以及控制信号的传输；主机中央控制器（PISC）中集成有多路通信功能，能够与列车管理系统、车载控制器、无线电台、媒体播放器等设备进行通信。另外，系统还设计集成了列车重连功能，在重连的时候能够实现司机对所有乘客的广播、司机室与其他司机室之间的对讲功能。

两台车载广播主机中，激活端司机室的车载广播主机为主用设备，未激活端司机室的为备用设备。在正常使用中各种广播、对讲等控制命令均由主用设备执行，当主用设备发生故障时，系统可以自动切换至备用设备工作，也可以由人工通过按“主/备”键实现主用设备与备用设备之间的切换。

司机室车载广播主机设计为机柜的形式，机柜中集成了若干电路板模块，主要包括：

① 电源模块，输入直流 110 V，输出直流 24 V 和 5 V；

② I/O 接口板，即输入输出接口板，用于连接广播系统总线、对外无线电台接口、TMS 通信接口、列车头尾激活信号、开关门信号和媒体伴音音频信号等；

③ PISC 模块，即中央控制器，实现广播和媒体播放控制，采用嵌入式处理器作为主控 CPU，带 USB 接口，方便程序下载和修改；

④ CCTV 接口板，即车载广播主机与车载视频监控系统视频的接口；

⑤ CAPU 板，即音频前级选择，功能为管理无线、MIC 对讲、数字报站器和 LCD 伴音音频，实现音量调节；

⑥ DVAR 模块，即数字播放器，实现数字化的音频播放，带 USB 接口，含存储音频文件的 CF 卡。

2. 广播控制盒

两台广播控制盒分别在列车两端的司机室内，位于已激活司机室的广播控制盒为主控制盒，位于未激活司机室的广播控制盒为副控制盒，车载广播系统保证只有一个控制盒起控制作用。广播控制盒由外盒、主电路板、键盘、工作指示灯和 LCD 显示屏等组成，主电路板采用 STC89C58RD 单片机作为主控微处理器，STC89C58RD 单片机内含 32KB 的 Flash 程序存储器，采用 QFP44 封装，是一款具有 IAP/ISP 应用可编程功能、加密性好、时钟频率高、运行稳定的高档单片机。

广播控制盒实现以下功能：利用手持话筒向乘客广播，司机之间对讲（双向半双工）、与报警乘客对讲（双向半双工）等。其中，广播对讲默认优先级顺序由高到低依次为：

OCC（运营控制中心）广播、乘客紧急报警、人工广播、司机对讲、列车自动广播、媒体伴音广播。

广播操作分为无线电台语音广播、人工口播和数字语音条目广播三种操作模式。广播系统与无线电台的控制是通过无线电台提供的一对闭合信号来控制的，当无线电台有信号输出时，无线电台会将触点闭合，广播系统收到闭合信号后自动将广播通道切换到无线电台通道上，并从客室扬声器输出；按下广播控制盒面板“口播”键，如果此时没有广播或有比人工广播优先级低的广播正在进行，按下此键后键灯亮，表明可以开始人工广播（低优先级的广播执行挂起）；进行数字语音条目广播需先录制好数字语音信息（如报站信息），并存于主机数字播放器中的CF卡中。对讲操作分为司机与司机之间的对讲、乘客与司机之间的对讲、多路乘客报警与司机对讲操作三种模式。

3. 客室广播分机

客室广播分机的作用为：将司机室传输过来的语音信号放大输出到扬声器，并且采集客室噪声值，根据噪声值大小自动控制广播音量输出的大小；传输司机与乘客之间的对讲语音信号。客室广播分机电路模块包括：

① 电源模块；

② I/O接口板，用于连接PIS客室接口、噪声检测器；

③ 客室控制器，客室分机的核心控制板，用于本客室车厢的通信管理、与司机室主机中央控制器通信、上报记录和故障等；

④ 功放器，用于客室音频放大，能自动弥补噪声的损失，设计有过压、过温、过流保护，扬声器分两路控制，提高了可靠性；

⑤ 紧急报警器接口板，用于连接客室紧急报警器。

4. 噪声检测器

噪声检测器在每个客室安装有2个，它由噪声采集器、放大器、电压电流变换器组成。当进行OCC广播、人工广播、数字语音条目广播时，噪声检测器实时采集客室内噪声，并且回传到客室控制器中，控制器通过读取检测值来控制调节车厢广播音量，使广播音量小于90 dB但不低于70 dB，比室内噪声高10 dB。

5. 紧急报警器

紧急报警器用于车厢内出现紧急情况时乘客向司机室报告。紧急报警器由机盒、主电路板、报警及复位按键、指示灯、麦克风和扬声器组成，主电路板采用STC89C58RD单片机作为主控微处理器，软件程序烧写方便，系统工作稳定。

当客室出现紧急情况或突发事件时，乘客可以通过客室内的紧急报警器上的紧急按键向司机室报警。报警器上的报警指示灯开始闪烁，闪烁频率为1 Hz。同时，客室广播分机内的紧急报警器接口电路单元将代表报警的紧急报警器编号信息，通过车载广播控制总线（RS－485）发送到激活端司机室车载广播主机设备的CDAU控制板。主CDAU收到报警信息后，键盘“报警”指示灯闪烁，CDAU 中的蜂鸣器发出声音提示，提醒司机有乘客报警。

司机接到乘客报警信息后，通过相关操作使车载广播控制总线（RS－485）发出应答指令，报警车厢的紧急报警器接口电路将控制客室内紧急报警器接通报警音频总线，建立起报警乘客和司机之间的双向对讲通道。

6. 显示器

司机室前端设 LED 终点站显示器，用以显示列车运行方向。显示器采用 LED 显示点阵，中英文显示所需信息。正常视力者如站在月台上距离列车前端 30 m 且成 45°角可清晰看到显示屏信息。当信息指令从车载广播系统或手动控制输出后，正确信息于 1 s 内显示。终点站显示器可进行地址设置，以区分主、从设备。终点站显示器上端有黄色 LED 灯，当列车到站时以 1 Hz 频率进行闪烁。

7. 扬声器

司机室及客室广播/对讲监听扬声器设计为锥形直线放射式，适合于车载；额定功率 3～5 W；输入方式为定阻、平衡。

每列车有 44 个客室扬声器，分为 2 路，保证客室内的每个角落都能听到广播的内容。当一路扬声器出现故障时，另一路扬声器仍然可以继续工作，从而保障了客室广播的正常进行。

子任务 15.2.4　车载广播设备的维护和故障处理

智能车载广播系统作为乘客信息系统的重要部分，对可靠性要求高，在设计时着重考虑了可靠性设计，实现了数字化、智能化管理，系统集成度高。主机、分机、功放模块等进行了主、备冗余设计，即主设备损坏时，备用设备能启用，当一端司机室主机损坏时，另一端司机室主机将自动投入应用管理整个列车广播，实现系统的热备份。当然，在实际运行过程中，依靠设备自动备份功能不可能实现所有故障的自动处理，需要定期对车载广播设备进行维护、保养和检修，系统主要电路可能出现的故障及处理方法如表 15－1～表 15－3 所示。

表 15－1　司机室广播主机设备故障处理方法

故障类别	故障现象	处理方法
电源故障	列车供电开关闭合，广播系统主机电源指示灯不亮	检查列车输入电源有无，更换主机电源模块
通信故障	PISC 通信不正常	① 检查各个插板模块 MCU 是否存在，通信部分电路元件是否有损坏； ② 检查与各个外部通信部分的接口是否连接好； ③ 更换有故障模块
	CAPU 通信不正常	
	DVAR 通信不正常	
	广播控制盒通信不正常	
广播故障	无线广播	① 检查无线广播通路是否闭合，检查有无音频信号输入； ② 人工广播时，请检查是否切入人工广播通道； ③ 检查数字报站器中有无 CF 卡及 CF 卡中的语音条目是否与广播内容对应； ④ 如不能解决，请更换有问题模块
	人工口播	
	数字广播	

表 15－2　客室广播分机设备故障处理方法

故障类别	故障现象	处理方法
电源故障	当列车供电开关闭合后，广播系统分机电源指示灯不亮	检查列车输入电源有无，更换电源模块
通信故障	客室各模块通信不正常	① 检查各个插板模块中有无 MCU，或查看通信部分电路是否有损坏； ② 检查与各个外部通信部分的接口是否连接好； ③ 更换通信不正常的电路单元
广播故障	客室扬声器没有声音	① 检查连接线缆是否松动或没有连接； ② 检查列车线上是否有音频信号传输； ③ 检查功放是否有输出信号； ④ 检查扬声器是否损坏； ⑤ 更换相应有问题电路模块

表 15－3　乘客紧急报警器故障处理方法

故障类别	故障现象	处理方法
按键无效	按键按下无响应、复位锁没有执行复位	① 检查报警按钮连接线缆是否断裂； ② 检查复位锁连接线缆是否断裂； ③ 检查 MCU 是否松动
无声	对讲执行后无司机语音信号输出	① 检查报警扬声器连接线缆是否断裂； ② 检查报警盒 MCU 连接线缆是否断裂； ③ 仍不能解决时则更换报警盒
	对讲执行后无乘客声音输入	

思考与实训 15

一、思考题

1. 简述城市轨道交通广播系统的构成。
2. 列举城市轨道交通广播系统的功能。
3. 列举城市轨道交通车载广播的功能。
4. 简述司机室广播主机设备故障处理方法。
5. 简述客室广播分机设备故障处理方法。
6. 简述乘客紧急报警器故障处理方法。

二、实训任务

实训任务 1：操作广播系统

1. 任务目的

（1）了解广播设备之间的连接接口类型。

（2）掌握广播系统的组网模式。

（3）根据要求正确操作有关设备完成播音、播放等工作。

2. 设备和资料准备

车站广播控制设备、中心广播控制台、传输接口设备、扬声器、连接线缆、电源等。

3. 实施步骤

（1）将学生分成多个小组，每个小组人数控制在4～5人。

（2）正确操作控制台，能向指定的区域进行广播。

4. 任务输出和评价

各组按照要求完成自己的实训任务，总结心得体会，由教师和其他学生做出成绩评定。

实训任务2：应用广播系统

1. 任务目的

（1）掌握城市轨道交通关于广播系统的使用要求。

（2）能够根据有关规定，准确完成广播和播放工作。

2. 设备和资料准备

车站广播控制设备、中心广播控制台级相关设备，以及城市轨道交通广播系统使用规定。

3. 实施步骤

（1）将学生分成多个小组，每个小组人数控制在4～5人。

（2）归纳总结城市轨道交通广播系统的使用规范，掌握其使用时机。

（3）模拟车站、调度等有关岗位，播放规定的广播内容。

4. 任务输出和评价

各组按照要求完成自己的实训任务，总结心得体会，由教师和其他学生做出成绩评定。

实训任务3：车载广播系统的维护和故障处理

1. 任务目的

（1）掌握城市轨道交通车载广播系统的使用要求。

（2）能够根据有关规定，准确完成车载广播系统的维护和故障处理工作。

2. 设备和资料准备

车载广播系统的相关设备，城市轨道交通车载广播系统使用手册和维护检修手册等资料。

3. 实施步骤

（1）将学生分成多个小组，每个小组人数控制在4～5人。

（2）分别根据表15－1、表15－2、表15－3的故障类别和故障现象设置相应的故障案例。

（3）每个小组根据设置的故障，进行相应的故障判断、排除操作。

4. 任务输出和评价

各组按照要求完成自己的实训任务，总结心得体会，由教师和其他学生做出成绩评定。

项目 16

时钟系统

项目导学

时钟系统为城市轨道交通列车运行、设备管理提供全线统一的时间基准，确保通信系统以及其他重要控制系统协调同步，从而保证列车的运行安全、准时、畅通。具体地说，时钟系统在控制中心向传输系统、无线通信系统、公务电话系统、专用电话系统、闭路电视监控系统、广播系统、信号系统、电力监控（SCADA）系统、自动售检票（AFC）系统、火灾自动报警系统（FAS）、环境与设备监控系统（BAS）及列车自动控制（ATC）系统等设备提供标准的时间信息，使各系统的定时设备与本系统同步，从而实现城市轨道交通全线统一的时间基准。

城市轨道交通时钟系统是通信系统的一个基本组成部分，为各系统提供统一的定时同步信号，使整个城市轨道交通系统执行统一的定时标准，确保通信系统及其他重要控制系统协调一致。

教学目标

1. 了解时钟系统的功能和要求。
2. 掌握时钟系统的构成。
3. 掌握时钟系统内部设备同步校对的过程。
4. 掌握时钟系统的运营模式。

建议学时

4 学时。

任务 16.1　认识时钟系统

子任务 16.1.1　时钟系统的功能和要求

1. 时钟系统的功能

为保证城市轨道交通列车安全、准点、可靠运行，需要各部门、各专业之间密切配合，因此城市轨道交通设置时钟系统以保证准时服务乘客、统一全线设备标准时间。时钟系统具有以下功能：

① 显示统一的标准时间信息：时钟系统提供全线统一的时间基准，由设置在全线各车站、停车场的指针式和数字式子钟显示，为乘客和工作人员提供包括年、月、日、星期、时、分、秒等的准确时间信息。

② 向其他系统提供标准的时间信号：时钟系统在控制中心可向其他通信子系统、ATS 系统、SCADA 系统、FAS 系统、AFC 系统等相关系统提供准确、统一的时间信息，在全线执行统一的定时标准，确保通信系统与其他重要控制系统协调同步。

2. 对时钟系统的要求

由于城市轨道交通时钟显示面向乘客和工作人员，所以它必须清晰易辨、美观大方，与周围环境协调一致。因此，对时钟系统的要求是：精确度高、可靠性高、组网灵活、操作简单、维护方便、美观环保，最大限度地满足各方面的要求。

子任务 16.1.2　时钟系统的构成

城市轨道交通时钟系统一般分为控制中心及车站/车辆段两级组网方式，控制中心设备与各车站间的信息传递由光传输系统提供的数据通道实现，采用共线方式，异步低速接口。时钟系统结构如图 16－1 所示。

1. 中心母钟控制系统

控制中心设备包括中心母钟、标准时间信号接收单元、中心接口单元和配电盘等。

1）中心母钟

中心母钟作为整个时钟系统的基础主时钟，能够接收来自标准时间信号接收单元的信号，进行时间的校准，避免产生累计误差。同时，中心一级母钟提供严格同步的时码输出，能够定时将校准后的时标信号，通过中心接口单元分配给各车站及车辆段的二级母钟及其他需要标准时间的系统，作为各系统的时钟同步信号，使其按统一的时间标准运行。

中心母钟包括主备用高稳工作时钟模块、信号切换模块等。

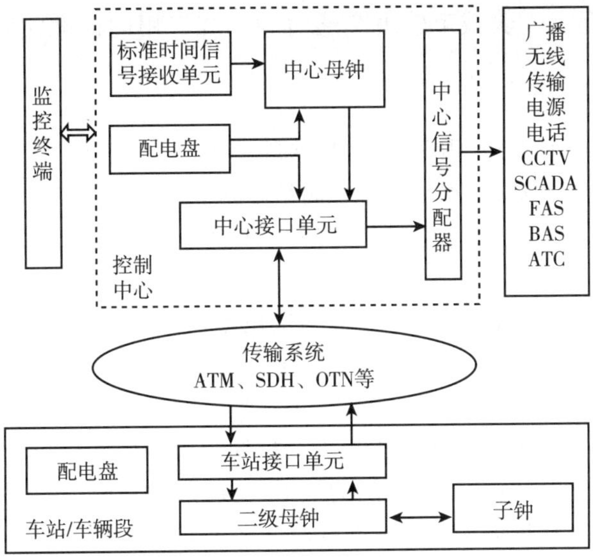

图16－1 时钟系统结构图

工作时钟模块以高稳定度、恒温晶振为本地频率源，接受标准时间信号的同步校准。当由于老化等原因高稳晶振发生频率偏移时，可利用全球卫星定位系统（GPS）模块和管理维护终端的监测软件进行调校修正。模块内一般包含不掉电日历时钟芯片，重上电时无须依赖中心信号也能有正确的时码输出。

信号切换模块负责对主备两路高稳时钟信号的监测判断和输出切换，一般情况选通主路信号。当主路信号丢失时，会自动切换到备路信号；当主路信号恢复正常后，又会切回主路。

2）中心接口单元

中心接口单元接收中心母钟产生的时码信号，进行分配放大，产生多路标准接口信号后分配输出，提供给城市轨道交通各相关系统时间同步信号。中心接口单元除提供各系统的输出接口外，还将预留备用的输出接口。

同时，中心接口单元接收二级母钟回送的各时钟的运行状态信息，经单元面板简单显示后，送往中心监控计算机，由监控终端进行点对点监控。

中心接口单元还接收中心管理维护终端的控制命令，与时间信号同时下传至各车站及车辆段二级母钟。

3）标准时间信号接收单元

标准时间信号接收单元为中心母钟系统提供高精度的时间基准，以实现时间系统的无累积误差运行。

标准时间的引入方式有：国家授时中心 BPL/BPM、卫星 GPS/GLONAS、电视 CCTV－

16H、广播时码同步等，一般城市轨道交通时钟系统采用的标准时间引入方式是 GPS 和 CCTV 接收方式。

（1）GPS 信号接收

全球卫星定位系统（GPS）由 24 颗半同步轨道卫星组成，在任何露天的位置，只要能同时接收到 3 颗卫星的信息，就可自动提供高精度的本地时间，其定时精度为 1 μs。GPS 信号模块能自动分析信号质量，提供搜索、锁定、失锁等状态指示，保证输出的时间的实时性、准确性。

GLONASS 是俄罗斯军方的与 GPS 类似的定位定时系统，目前可用条件稍差，可以与 GPS 构成双星系统，互相弥补，有利于提高其在国内应用的可靠性和安全性。

（2）CCTV 信号接收模块

中央电视台 CCTV16H 信源是覆盖面最大众化的时码系统之一。该信号为间歇码，大系统无线发布，在电视信号场逆程中消隐间的第 16 行插入时间信号的编码，共包含有三组信息：20 个周期的标准 1 MHz 频率源、标准秒脉冲和不归零时分秒数据编码。这三组信息与 CCTV 中心同步机一起受一台精度为 10 ~ 12 的铯原子钟同步，又与国家标准时间同步。CCTV 信号接收模块具有信号鉴别和卫星传输时差修正功能，调试时需根据使用地频率分配情况搜索设定频道，之后为全自动操作。

在设计中，GPS 和 CCTV 接收模块都是全自动工作，不用设置和操作。在 GPS 信号正常的情况下，控制中心设备采集 GPS 系统的时标信号，以 GPS 标准时间信号为主用单元；当 GPS 信号不能被正常接收到时，将通过软件接口自动切换到 CCTV 时间信号接收单元的输入接口中。

4）监控系统

监控系统通过数据传输通道，能够实时监测全线时钟系统主要设备的运行状态，可进行故障管理、性能管理、配置管理及安全管理等集中维护功能，同时设置监测系统的声光告警指示器，对本系统的任何故障告警做同步传输，指示故障部位。

监控主界面直观友好，能够监控和显示的内容包括：系统网络的拓扑结构、信号接收单元、中心母钟、各车站的二级主备母钟、传输通道及所有子钟的工作状态。故障定位到精确到任一母钟、子钟，并能显示基本故障排除原则等帮助信息，以便于全系统的集中管理。

维护终端界面能够监测中心设备中各路信号的相位时延关系，提供精细、直观、全面的比对和记录；可以根据较长时间段内各路信号的相位差记录，自动计算相关的误差，并依此检验、调校母钟和子钟的自走时精度。

5）时间信号传输

时钟系统在控制中心依靠中心母钟的校准层和工作层获得可靠的时间信息，这些信息如何有效地传输到不同地点、不同接口的设备，就要通过编码传输来实现。

传输层编码要考虑编码方式、码速率、信道冗余度等。随着通信技术、计算机技术和微芯片技术的不断进步，新的编码方式不断出现。应用于时钟系统的常见时码有 SMPTE/EBU 时码、VITC 场消隐时码、SZ 时码、RS232/422/485 时码等，城市轨道交通时钟系统采用的时间信号编码方式多为 RS422 或 RS485 时码。

RS422/RS485 时码的有线传输距离超过千米，适于双工或半双工的通信组网结构，灵活性较强。通过综合配线架，接入 SDH、ATM、OTN 等数字通信系统的光缆终端的低速数据接口，进行信息在各车站间的传输。

2. 车站/车辆段二级母钟系统

车站/车辆段设备主要有二级母钟和子钟。

1）二级母钟

二级母钟系统通过数据传输通道，接收中心母钟发出的标准时间码信号，用以自身系统校准，使二级母钟与中心母钟随时保持同步，并产生输出时间驱动信号，用于驱动本站所有的子钟，并能向中心设备回馈车站子系统的工作信息。二级母钟包括车站接口模块和工作时钟模块。

（1）车站接口模块

车站接口作为本站点二级母钟与中心母钟之间的接口，接收通道标准时间信号，对信号质量进行鉴别，并能监测二级母钟和所有子钟的主要工作状态，包括本站点时间信息、车站编号、二级母钟和子钟状态信息和通道状态信息等；同时将状态信息及故障信息提供给传输接口，信息回传给中心监控系统，进行集中控制。

二级母钟通过标准接口经由直接电缆将标准时间信号发送至所属子钟，用于控制子钟运行，驱动本站（场）所有的数显和指针式子钟，使子钟显示标准时间信息。

（2）工作时钟模块

与中心工作时钟模块结构相似，二级母钟采用温补晶振，可保持较长时间的稳定性和自运行精度。通过车站接口模块，从光传输终端接收中心一级母钟的时间校准信号和控制命令信号，使二级母钟与一级母钟随时保持同步，并产生输出时间驱动信号。二级母钟具有长期独立的工作能力，在传输通道中断或中心母钟发生故障时，仍可依靠自身晶振指挥子钟运行。

2）子钟

子钟通过接收二级母钟发出的时间编码信号，进行时、分、秒时间信息显示。在正常情况下，子钟接收二级母钟发送的标准时间信号，将自身精度校准，并可回送自身的工作状态信息；当子钟接收不到来自二级母钟发送的时间信号时，仍能依靠自身的晶振独立运行。

子钟分为指针式和数字式两种。指针式子钟外观以双面圆形的居多，子钟的盘面加装照明装置（如图 16－2 所示）；数字式子钟采用超高亮数码管显示，显示方式上采用全静态显示，无闪烁，显示窗为防眩光材料，置于日光灯下也不会产生反光现象（如图 16－3 所示）。

图 16－2 指针式子钟

图 16－3 数字式子钟

一般在办公房间采用单面数字式子钟，在公共区（站厅、站台）采用指针式子钟，若吊装高度不足时，也可采用双面式数字子钟。

子任务 16.1.3 时钟系统内部设备的同步校对

时钟系统内部设备的同步校对原则如下：

① 中心母钟正常情况下接收 GPS 标准时间信号，产生精确的同步信息时间码，通过传输通道向各车站、车辆段的二级母钟传送，同步二级母钟。

② 中心母钟在接收不到 GPS 标准时间信号时，自动转换接收铷钟的标准时间信号，同样产生精确的同步时间码，通过传输通道向各车站、车辆段的二级母钟传送，同步二级母钟。

③ 在 GPS 和铷钟标准时间信号都接收不到时，中心一级母钟采用自身高稳定晶振做源，产生精确的同步时间码，通过传输通道向各车站、车辆段的二级母钟传送，同步二级母钟。

④ 二级母钟在传输通道中断的情况下，能够独立正常工作，同时对各自携带的子钟同步，使各子钟能够进行正常的时间显示。

⑤ 二级母钟与子钟传输通道中断的情况下，所有的子钟能够独立正常工作，各子钟能够进行正常的时间显示。

⑥ 二级母钟与子钟传输通道正常的情况下，所有的子钟同步于母钟。

任务 16.2 了解时钟系统的运营模式

正常情况下，GPS 作为主时钟源，并为铷原子钟校时，中心母钟接收来自 GPS 的标准时间信号，通过传输系统将标准时间信号传输给设在各车站/车辆段的二级母钟。各车站、车辆段的二级母钟按照标准时间信号校准自身精度并给所辖的子钟校时，使所辖的子钟统一显示标准时间，为各办公区的运营管理工作人员及公共区的乘客提供统一标准时间信息。同时，在控制中心维护终端通过10/100Mbps网卡与集中告警系统通信，报告时钟系统的运行状态。

当GPS出现故障时，系统以铷原子钟输出的标准时间信号为时间基准，给中心母钟校时，中心母钟通过传输通道将时间信号传输给二级母钟和时钟系统维护终端，由二级母钟按标准时间信号指挥所辖的子钟统一显示标准时间，为控制中心、车站、车辆段的运营管理工作人员、公共区的乘客提供统一标准时间信息。

当GPS和铷原子钟同时出现故障时，系统将依照中心母钟自身高稳定晶振发出的时钟信号对二级母钟、其他系统进行校时，同时发出“GPS故障”和“铷原子钟故障”的报警信息。

中心一级母钟通过信号输入端口不断接收来自GPS的标准时间信号，对自身内部时钟信号源进行校准，使系统无积累误差运行，一级母钟不断接受来自GPS或铷原子钟的时间码及其代码，并对接收到的数据进行分析，判断这些数据是否真实可靠。如果数据可靠则对母钟进行校对；如果数据不可靠便放弃，重新接收。当GPS或铷原子钟信号中断或无效时，中心一级母钟将自动转换采用自身的高稳定晶振发出的时间信号作为实践基准，驱动二级母钟和自带子钟正常工作，同时向时钟系统网管发出告警，并通过时钟系统网管向集中告警系统发出告警信息。

当一级母钟发生故障和传输通道故障时，二级母钟接收不到一级母钟的校时信号时，二级母钟立即转入独立工作状态，采用自身的高稳定晶振发出的时间信号作为时间基准，以“独立运行”模式运行，使其本身及附属系统保持连续性。

一级母钟的标准校时信号通过传输子系统传给车站、车辆段的二级母钟，二级母钟根据标准时间信号校准自身精度，再由二级母钟把标准时间信号发送给所辖子钟，子钟根据标准时间信号对自身校时，从而使所有子钟按统一标准显示时间信息，为各车站、车辆段的运行管理及各车站站厅等主要工作场所的工作人员提供统一标准时间信号。

中心一级母钟和二级母钟通过系统配置的标准多路输出接口设备为其他各系统提供统一的标准时间信号，使全线其他系统与时钟系统同步，从而实现城市轨道交通全线统一的时间标准。

思考与实训16

一、思考题

1. 简述城市轨道交通时钟系统的功能。
2. 简述时钟系统的构成。
3. 简述时钟系统内部设备同步校对的过程。

二、实训任务

实训任务：时钟系统的认识和调整

1. 任务目的

（1）能够掌握时钟系统的结构和组网模式。

（2）能够掌握时钟系统故障时的有关作业规定。

（3）掌握母钟指示灯的各种含义。

2. 设备和资料准备

一级母钟、二级母钟、数字式子钟、指针式子钟、城市轨道交通时钟系统故障处理程序。

3. 实施步骤

（1）认识设备：认识 GPS 接收装置、中心母钟、二级母钟、子钟等设备外观及设置位置。

（2）归纳总结城市轨道交通关于时钟系统故障处理程序。

（3）调整数字式子钟和指针式子钟。

4. 任务输出和评价

各小组按照要求完成自己的实训任务，总结心得体会，由教师和其他学生做出成绩评定。

项目 17

电源系统

项目导学

随着城市轨道交通的发展，信号系统的技术及功能也在不断地提高和增强。由于城市轨道交通信号系统具有高度智能化、自动化、信息化的特点，同时对信号设备的安全性、可靠性要求很高，所以信号系统必须采用高可靠性的供电系统。为此，城市轨道交通信号系统需要配置智能化、模块化、网络化的智能电源系统，以满足信号设备的要求。

城市轨道交通信号系统是控制列车安全运行的装置，电源系统是保证信号系统正常运行的可靠保证。城市轨道交通电源系统包括智能电源屏、UPS（不间断电源）及蓄电池，用于向信号设备提供所需种类的稳定电源。

教学目标

1. 掌握电源系统的构成。
2. 掌握智能电源屏的结构和特点。
3. 掌握 UPS 电源方案和工作模式。

建议学时

4 学时。

任务 17.1 认识电源系统的构成

目前，国内城市轨道交通信号系统均包含 ATP 列车自动防护子系统、ATO 列车自动运行子系统、ATS 列车自动监控子系统和 CI 计算机联锁子系统等。

为保证通信、信号系统在主电源中断或波动情况下仍能可靠地工作，城市轨道交通通信、信号系统中的电源系统必须承担全线范围内所有控制中心、车站、车辆段通信设备的供电任务，因此需要供电系统有极高的可靠性，能安全、高效、连续地提供电力供应，以保证负载正常运行。

电源系统是实现实时监测、报警、记录和故障定位的供电设备，主要采用了电力电子技术（指由电子电路高频调制对电能进行变换的技术），包括无触点切换技术、逆变技术、锁相技术、软件开发技术、功率因数补偿技术、并联均流冗余技术、安全防范技术等，以保证供电系统的安全可靠工作。

城市轨道交通电源系统主要包括智能电源屏、UPS（不间断电源）及蓄电池。图 17－1 所示为城市轨道交通电源系统方案。设备室低压箱两路独立的交流供电引至电源屏，经电源屏切换单元切换后引入 UPS。UPS 向电源屏连续输出 AC 380 V 交流电源，再由电源屏为信号设备提供稳定的交流电源和直流电源。

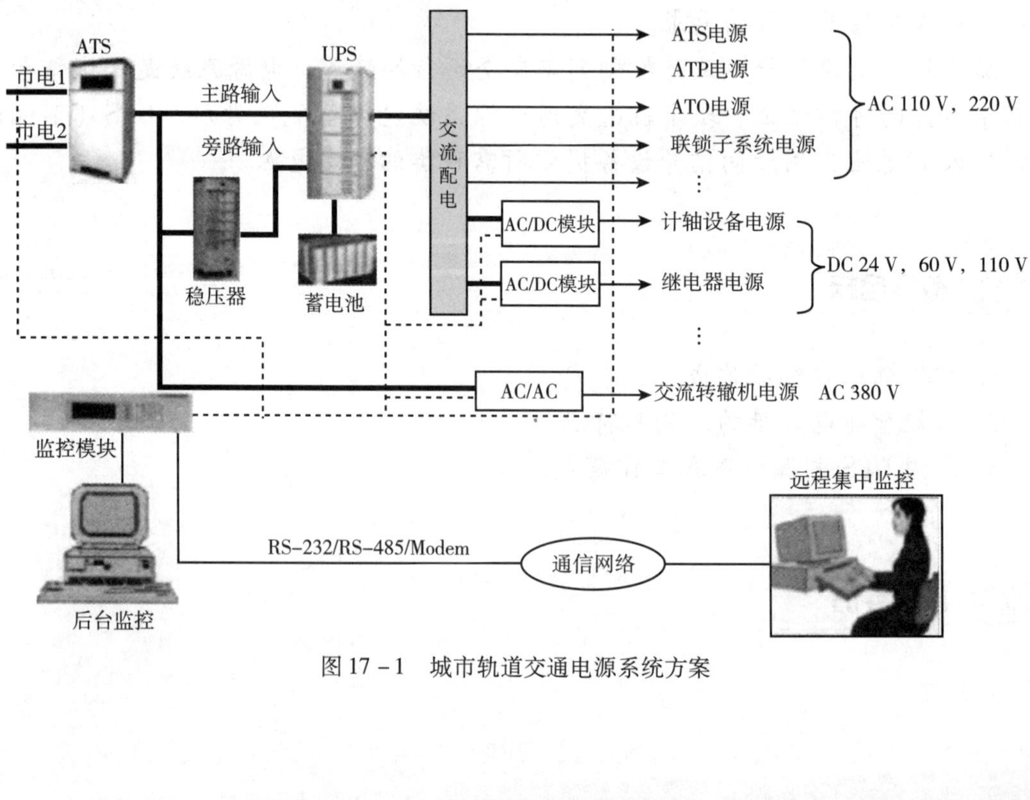

图 17－1 城市轨道交通电源系统方案

1. 智能电源屏

智能电源屏是电源系统的主要组成部分，具有基本供电功能和智能辅助管理功能，包括状态监测、管理、记录、报警、通信等。

智能电源屏的输入电源来自低压配电系统提供的两路交流 380 V/220 V 电源，具体接口位置在信号设备电源室内电力配电箱的引入端子。

智能电源屏不仅满足 ATS、ATP、ATO、联锁子系统计算机用电要求，也为计轴设备、继电器、表示灯、信号机点灯等直流信号设备提供各型 DC 电源。

目前，国内城市轨道交通中所用智能电源屏均采用模块化设计，即信号系统所需的各型直流电源和交流电源均通过高频开关电源模块提供。在容量满足的前提下，增加或者减少电源模块均很便捷，减少了现场施工及维护工作量。

2. UPS

UPS 即不间断电源，是将蓄电池与主机相连接，通过主机逆变器等模块电路将直流电转换成市电的系统设备。信号 UPS 电源的主要作用是为信号设备和机柜提供稳定、不间断的电力供应。当供电输入正常时，UPS 将电源稳压后供应给负载使用，此时的 UPS 就是一台交流电源稳压器，同时它还可向蓄电池充电；当电源供应故障或中断时，UPS 可迅速将蓄电池的直流电能，通过逆变零切换转换的方式向负载继续供电，使负载维持正常工作，并保护负载软、硬件不受损坏。

目前，信号系统 UPS 的配置模式分为单机配置模式和双机冗余配置模式。

单机配置模式指配置一套 UPS 设备，并负责 100% 的负载供电。当 UPS 故障时，可经 UPS 静态旁路开关转到旁路供电。

双机冗余配置模式指使用两台相同的 UPS 并机热备工作。正常工作时，两台 UPS 可各带 50% 负载，当一台 UPS 有故障时，另一台可迅速切换，携带 100% 负载继续供电。当两台 UPS 同时有故障时，可经 UPS 静态旁路开关转到旁路供电。

3. 蓄电池

蓄电池是一种储存化学能量，在需要的时候可以转换释放电能，并可长期充放电的一种电气化学设备。在信号电源子系统中，蓄电池通常与 UPS 配套使用，在低压配电系统供电故障情况下，可将储存的电能供给 UPS，通过 UPS 转换供给信号设备，使其维持一定时限内〔根据《地铁设计规范》（GB 50157—2013）要求不小于 30 min〕的正常工作。

目前，国内新建或在建城市轨道交通线路信号电源子系统均采用免维护蓄电池，有电解液为液体的铅酸蓄电池和电解液为乳胶状的胶体蓄电池两种类型，这两种蓄电池均有成熟的应用，根据各地需求的不同可做相应的选择。

任务 17.2 认识智能电源屏

智能电源屏采用两路三相四线制外部电源，经过防雷单元后进入输入切换单元。再经过一级防雷单元后通过 UPS，经 UPS 稳压处理变成纯净的交流电源，再送到电源屏各交、直流模块，交流模块通过隔离变压器隔离后给信号设备供电，直流模块在内部高频隔离后输出给信号设备。该设备采用模块化结构设计，是具有集 PFC、热插拔等先进技术于一体的智能高频开关电源，具有综合化、模块化、智能化、网络化的特点。

1. 输入切换单元

智能电源屏配置智能输入切换单元。采用可靠的智能切换控制，实现对两路引入交流供电进行切换控制。输入切换单元工作原理如图 17－2 所示。

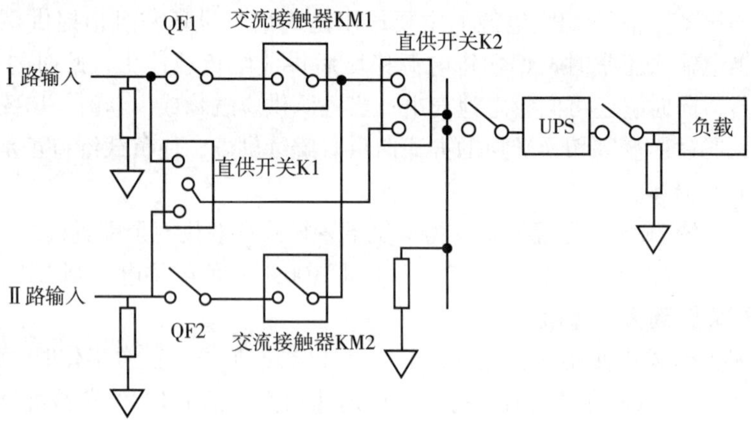

图 17－2　输入切换单元工作原理

① QF1、QF2 为Ⅰ、Ⅱ路外电网输入开关。

② KM1、KM2 为交流接触器，KM1、KM2 具有电气和机械互锁特性。

③ K1、K2 为切换系统直供选择开关。K1 的作用是对直供Ⅰ和Ⅱ路外电网进行选择，K2 的作用是决定是否直供。

④ 外电网输入开关 QF1 和 QF2 分别与交流接触器 KM1 和 KM2 对应相连，切换单元通过控制两个交流接触器（KM1、KM2）实现主回路切换。

在供电正常情况下，K2 处于自动切换状态。当自动切换失效时可操作 K2，使其处于直供状态。切换单元处于自动切换状态时，可以选择Ⅰ路优先、Ⅱ路优线或无优先。

在Ⅰ路优先的情况下，KM1 吸合，KM2 断开，由Ⅰ路输入向系统供电。当Ⅰ路输入超限时，KM1 断开，KM2 吸合，由Ⅱ路输入向系统供电。同样，在Ⅰ路输入恢复正常时，

KM2 断开，KM1 吸合，仍然由Ⅰ路输入向系统供电。

Ⅱ路优先的情况与Ⅰ路优先情况相反，KM2 吸合，KM1 断开。当Ⅱ路输入超限时，KM2 断开，KM1 吸合，由Ⅰ路输入向系统供电。同样在Ⅱ路输入恢复正常时，KM2 吸合，KM1 断开，仍然由Ⅱ路输入向系统供电。

在无优先的情况下，先上电的一路作为主用电源，后上电的一路作为备用电源，两路没有优先级。

自动切换系统可以对外电网输入设定门限值，包括电网过压、欠压、缺相、错相、停电。外电网处于任何一种状态时，都会被限制接入电源系统。

2. 智能电源模块

电源系统的各个组成部分均采用模块化设计结构，多种电源模块可灵活配置。模块的智能自诊断功能可使系统免维修、少维护。

智能电源模块采用无损伤热插拔技术，其输出和输入都有软启动和电流限制装置，带电插拔不会引起系统输出电压的扰动。模块本身具有独立的内嵌式 CPU 监控板，可自监控其工作状态，从而成为一个真正的智能电源模块。模块工作的所有信息均可通过 RS485 接口传输到监控模块，方便后台实时监控各模块状态。智能电源模块分为直流模块、交流模块两种：

① 直流模块采用高频开关电源功率因数自动调整技术（PFC 技术），输出采用自主均流“$N+1$”冗余配置的高频开关，保证了系统切换时直流电源不间断输出。直流 DC 24 V 电源为继电器等设备供电，直流 DC 60 V 电源为 ATP 系统等设备供电。

② 交流模块输出采用“1+1”电子互锁主备配置，提高了系统的可靠性、灵活性。交流 AC 220 V 电源经过在线 UPS 稳压后，再经过隔离变压器，对输出进行隔离，为轨道电路等设备供电。交流 AC 380 V 不经过在线 UPS，经过隔离变压器单独输出，为转辙机等设备供电。

3. 安全防护装置

1）漏电检测

漏电检测电路对各路电源输出进行检测，可以检测交流电源相线到地和零线到地的漏电流，或检测直流电源正极到地及负极到地的漏电流。当检测到漏电流大于设定值时报警，保护电路动作。

2）电源隔离

电源屏对室外设备、继电电路供电回路输出端采取隔离措施。交流供电采用变压器隔离方式，直流供电采用高频隔离方式。

3）过压/过流保护

为保障设备安全，电源模块具有过流保护措施。当模块输出过电压时，自身处于保护状态，切断对外部电源供电。当模块输出电流超出额定值时，即进入限流输出状态。

4）防雷措施

电源系统具有完善的交、直流侧防雷措施。防雷系统由输入防雷和输出防雷两部分组成，输入采用三级防雷系统，B 级防雷位于机柜外面，C、D 级防雷包含于机柜中。为保证室外信号设备能在恶劣环境下可靠工作，每路输出均配置一级输出防雷。

防雷装置具有智能监测功能，防雷器失效时报警。防雷系统组成如图 17－3 所示。

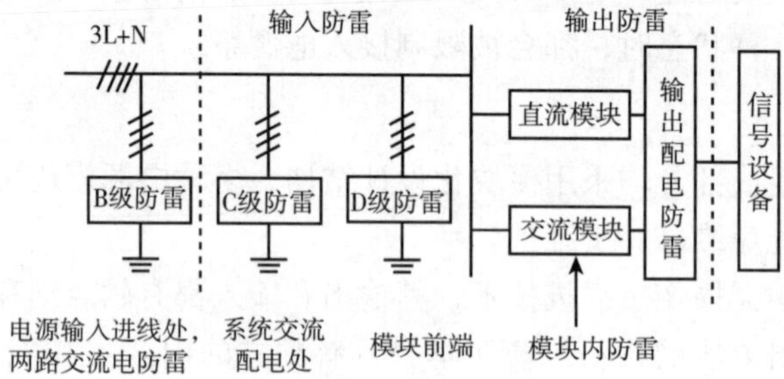

图 17－3　防雷系统组成

4. 智能监控系统

智能监控系统可实时监测电源系统的工作状态，对故障进行及时显示和报警，并具有故障记忆功能。

监控系统采用配电监控、模块监控、监控单元及后台监控方式。模块监控和配电监控为第一级监控，监控单元为第二级监控，后台监控为第三级监控。下级监控在上级监控故障或不存在时能独立工作，并产生报警信息；上级监控可以对下级监控的工作状态和数据进行汇总处理。图 17－4 所示为智能监控系统的结构。

各车站电源屏的配电监控和模块监控采用 RS－232 串行接口方式与检测单元连接，并通过以太网组网后，与后台监控工作站连接，实现全线电源设备输入输出参数监控、运行状态监控和故障报警功能。智能监控系统各级监控的作用如下：

① 配电监控：交流输入监控、系统告警、输出空开监控。

② 模块监控：模块输出电压/电流监控、运行状况监控，并上报监控单元。

③ 监控单元：电源屏系统监控、UPS 监测，向后台监控上报消息、向微机监测输出信息。

④ 后台监控：远程集中监控。

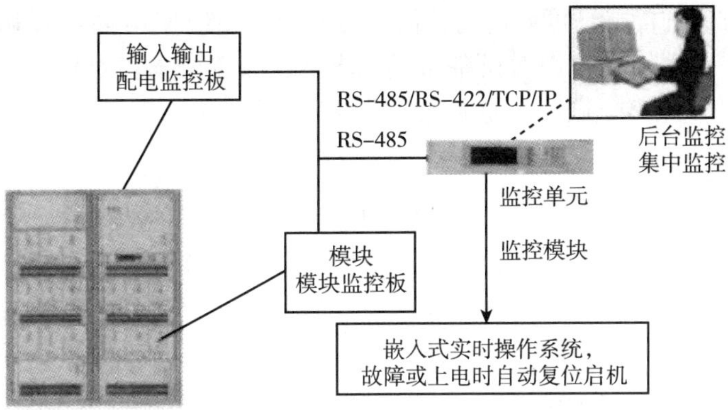

图 17-4 智能监控系统的结构

任务 17.3 认识 UPS

子任务 17.3.1 UPS 电源方案

电源系统的 UPS 配置方案大致可分成 4 类。

1. 分散式 UPS 方案

国内城市轨道交通发展初期，部分城市轨道交通线路会采用分散式 UPS 配置方案，该方案仅为室内系统主机等计算机分别独立设置小型 UPS，室外轨旁设备不纳入 UPS 方案。电源屏采用的是传统非智能屏，对于电源状态监控、管理多有不便。该方案的电源配置框图如图 17-5 所示。

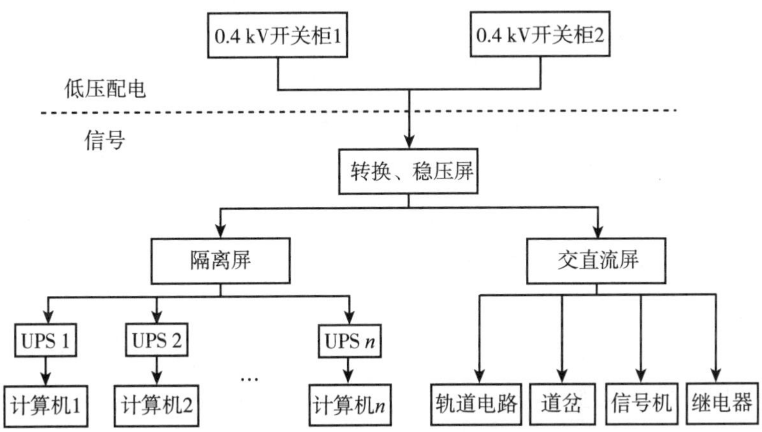

图 17-5 分散式 UPS 方案电源配置框图

该系统配置方案的优点是可靠性高，信号各冗余子系统使用独立的 UPS 能够有效充分散 UPS 故障风险。另外，该方案对设备布线要求低，投资成本相对较小。该方案的缺点是使用的小型 UPS 数量较多，抗冲击能力小，维修工程量较大，不便于管理。

2. 集中式 UPS 方案

随着技术和用户需求的发展，针对分散式 UPS 方案维修工程量太大，且不便于管理的缺点，一些城市轨道交通线路采用了集中式 UPS 配置方案。该方案为信号系统整体配置单套 UPS 和智能电源屏设备。信号设备除转辙机电源不通过 UPS 供电外，其余均通过 UPS 供电。电源监测可用 RS－232 或 RS－485 串口通信与监测计算机连接，实现电源系统的远程监控。该方案的电源配置框图如图 17－6 所示。

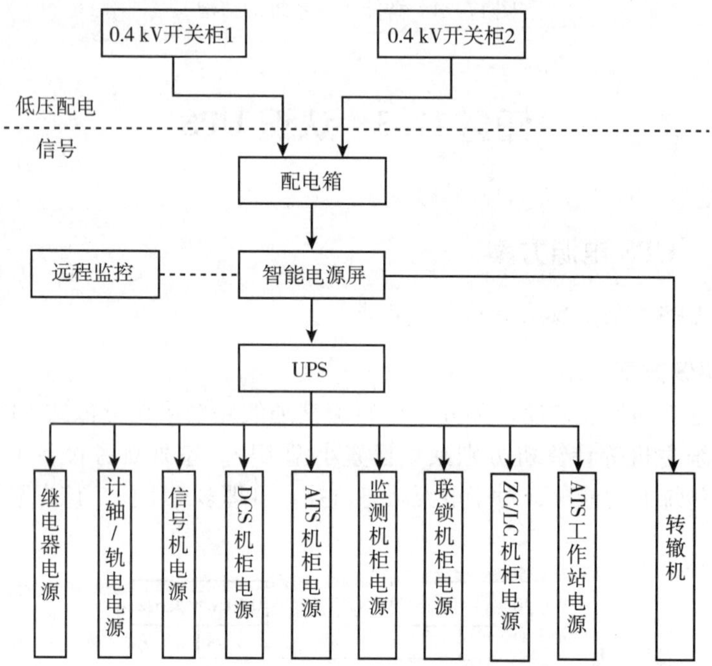

图 17－6 集中式 UPS 方案电源配置框图

集中式 UPS 供电方案的优点是采用单个大容量 UPS，抗冲击能力强，维修方便，且便于管理。但是由于整个系统只配备一台 UPS，若该 UPS 故障会导致整个系统失电，其可靠性较低，且该方案成本较分散式 UPS 方式高，设备走线要求也更高。

3. 双机冗余式 UPS 方案

针对单机集中 UPS 方案可靠性较低的情况，从设计上提出了“1＋1”冗余配置方案，该方案在单机 UPS 基础上增加一台 UPS，双机热备，方案框图如图 17－7 所示。

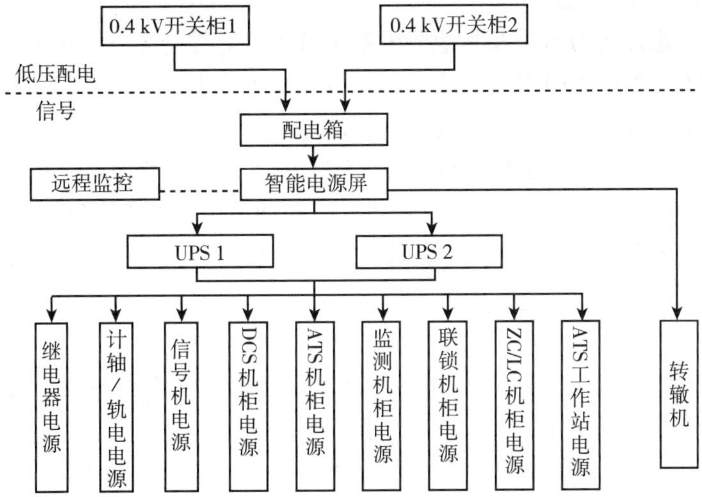

图 17－7　双机冗余式 UPS 方案电源配置框图

该配置方案可以认为是单机 UPS 配置方案的改进型，其优点明显，即可靠性更高，但缺点是成本较高。该配置方案在蓄电池配置上又可分为双机双套电池和双机单套电池，前者比后者在整个系统可靠性上又有提升，同样地成本也会增加不少。

4. 综合 UPS 方案

城市轨道交通是一个涉及多个专业、需要系统协调配合的大型工程，如何整合协调不同系统之间的配合，一直是每个从业者思考和尝试解决的问题。除了信号系统外，城市轨道交通其他弱电专业如通信、FAS/BAS、AFC 等都有各自的电源方案，弱电系统电源方案的共同点在于均含有 UPS，因此整合弱电专业 UPS 也一直是各方研究的热点问题。

该方案仅在上海地铁 10 号线有应用，其系统框图如图 17－8 所示。

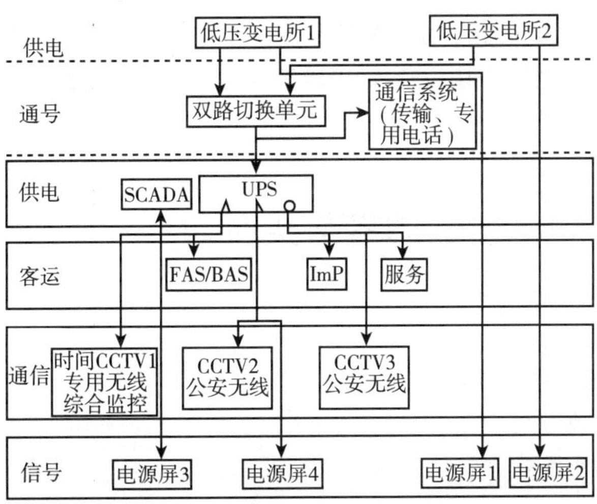

图 17－8　综合 UPS 电源配置框图

由框图可知，此方案为信号及其他弱电系统共用单套综合 UPS。该方案的特点在于通过整合各专业的 UPS，实现集中供电，从建设来说控制了成本，从运营来说减少了维修量，且更便于管理。但是该方案对于信号专业而言，缺点是可靠性较低，UPS 故障将会导致整个信号系统失电。信号系统与其他弱电系统共用 UPS，其他弱电系统维护、维修操作失当也可能会造成信号系统停电故障。上海地铁 10 号线运营初期便由于综合 UPS 故障造成信号系统的意外停电，从而造成 2011 年 9 月 27 日发生的撞车事故。

子任务 17. 3. 2 UPS 工作模式

UPS 主要功能是将从设备室低压箱引入的交流电经过整流和逆变，为信号设备提供持续、稳定和纯净的电源，保证信号设备数据和控制的安全。

UPS 可以分为三种，即后备 UPS、互动 UPS 和双变幻 UPS。其工作模式主要有 3 种：正常工作模式、电池工作模式、旁路工作模式。

1. 正常工作模式

当低压箱供电正常时，交流电经 AC/DC 整流器转换成直流电，一方面向逆变器供电，将直流电经 DC/AC 逆变成交流电向设备提供高品质交流电源，另一方面通过整流器向蓄电池充电，将能量储存在蓄电池中。

2. 电池工作模式

当低压箱供电异常时，AC/DC 整流器停止工作，系统自动切换到蓄电池工作模式，由蓄电池通过逆变器供电，系统自动无间断地恢复到正常工作模式。

3. 旁路工作模式

当低压箱供电或 DC/AC 逆变器过载或发生故障时，逆变器停止工作。为保证负载仍能正常工作，静态开关切换到旁路，系统转换到旁路供电状态。当逆变器恢复正常或负载功率控制在逆变器输出额定功率范围内时，输出静态开关将自动由旁路供电状态切换到逆变供电状态。

思考与实训 17

一、思考题

1. 简述电源系统的构成和作用。
2. 简述 UPS 的电源方案。
3. 简述 UPS 的工作模式。

二、实训任务

实训任务：认识智能电源屏和 UPS 电源

1. 任务目的

（1）能够掌握智能电源屏和 UPS 电源的结构和工作原理。

（2）能够掌握故障时智能电源屏和 UPS 电源的处理方式。

2. 设备和资料准备

智能电源屏、UPS 电源及城市轨道交通电源系统故障处理手册。

3. 实施步骤

（1）认识设备：智能电源屏、UPS 电源等设备的外观及设置位置。

（2）归纳总结城市轨道交通系统的电源系统故障处理程序。

4. 任务输出和评价

各组按照要求完成自己的实训任务，总结心得体会，由教师和其他学生做出成绩评定。

项目 18

乘客信息系统

项目导学

乘客信息系统（passenger information system，PIS）是一个集城市轨道交通运营信息服务、多媒体实时资讯发布、广播电视节目制作与播出、城市轨道交通视频监控、城市轨道交通设备监控于一体的综合信息平台。在正常情况下，乘客信息系统提供乘车须知、管理者公告、列车运行时间等运营信息，以及公益信息、出行参考、新闻、电视直播、广告等公共媒体信息。在紧急情况下，本着运营信息优先使用的原则，可提供动态辅助性提示，使乘客安全、高效地在城市轨道交通中疏散、撤离，确保地铁系统高效安全运营。

教学目标

1. 掌握城市轨道交通乘客信息系统的功能。
2. 理解城市轨道交通乘客信息系统的构架。
3. 了解城市轨道交通信息系统的关键技术。

建议学时

4 学时。

任务 18.1　认识乘客信息系统

子任务 18.1.1　乘客信息系统的功能和特点

乘客信息系统（passenger information system，PIS）是运用网络技术与多媒体技术进行信息多样化显示的系统。它通过控制中心、广告编辑中心、车站综合控制系统等，对所需信息进行实时编辑、制作、传递，并通过车站或车上等离子或液晶显示器，为乘客及工作人员提供以运营信息为主、商业广告为辅的多媒体综合信息显示。在正常情况下，PIS 播放实时列车运营信息、出行信息、政府公告、公益广告等多媒体资讯；在火灾等紧急情况下，PIS 可迅速、直观、优先播放紧急疏散和防灾等文本和图像信息，以便告知和引导乘客，起到辅助防灾、救灾的作用。

1. PIS 的功能

PIS 能发布运营服务信息，同时也可为广大乘客提供丰富的资讯与娱乐信息。乘客信息系统具备的主要功能归结如下。

（1）列车服务信息显示功能。控制中心实时接收 ATS（列车自动监控系统）的服务信息，提供到站时间、运行方向、阻塞/异常、特别服务等信息。

（2）实时信息显示功能。包括新闻、天气、通告等。

（3）定时自动播出功能。可以根据事先编辑设定好的播出列表自动进行资讯的播出。播出列表可以为日、周、月，播出无须人为操作。

（4）时钟显示功能。可以读取时钟系统的时钟基准，并同步整个车站乘客信息系统所有设备的时钟，确保终端显示屏幕时钟的准确性。

（5）城市形象宣传功能。可引入一个多媒体形象的展示平台，通过形象视频、图片、文字的播出，为城市进行更多的形象宣传。

2. PIS 的特点

PIS 的特点主要体现在以下几个方面：

（1）功能全面。PIS 一方面发布运营及综合信息，方便乘客出行；另一方面可以将列车监控视频实时上传至控制中心，便于控制中心及时掌握和了解列车情况，协助司机处理可能的突发事件。

（2）智能化管理。PIS 的一大特点是系统复杂程度高、分布范围广。为了确保运营安全，系统中主要设备的工作状态必须实时地传输至控制中心，进行智能显示，以便控制中心操作员在短时间内发现设备故障，采取相应的措施，在最短的时间内排除故障，恢复系统的正常运营。

(3) 模块化管理。PIS 按照地理位置划分为 3 个级别，即控制中心、车站、车载。因此，在系统结构与网络拓扑结构上需要采用模块化设计，每个级别的设备管理与运营维护均由相应部分内的控制服务器完成，控制中心服务器则集中管理所有的控制服务器，当某个设备出现故障时，其影响也会限制在相应部分的模块内，不会扩散。

子任务 18.1.2　乘客信息系统的构架

1. 系统构架

城市轨道交通乘客信息系统由运营中心发布接收系统、站台接收系统和车载发布接收系统组成，其系统构架如图 18 - 1 所示。

根据 PIS 的实际需求，将 PIS 划分为 3 个层级、4 个子系统。从层级上，划分为控制中心、车站、车载 3 个级别；从系统上，划分为控制中心子系统、车站子系统、车载子系统和网络子系统（包括有线和车地无线）4 个子系统，每个子系统为一个模块，进行模块化管理。

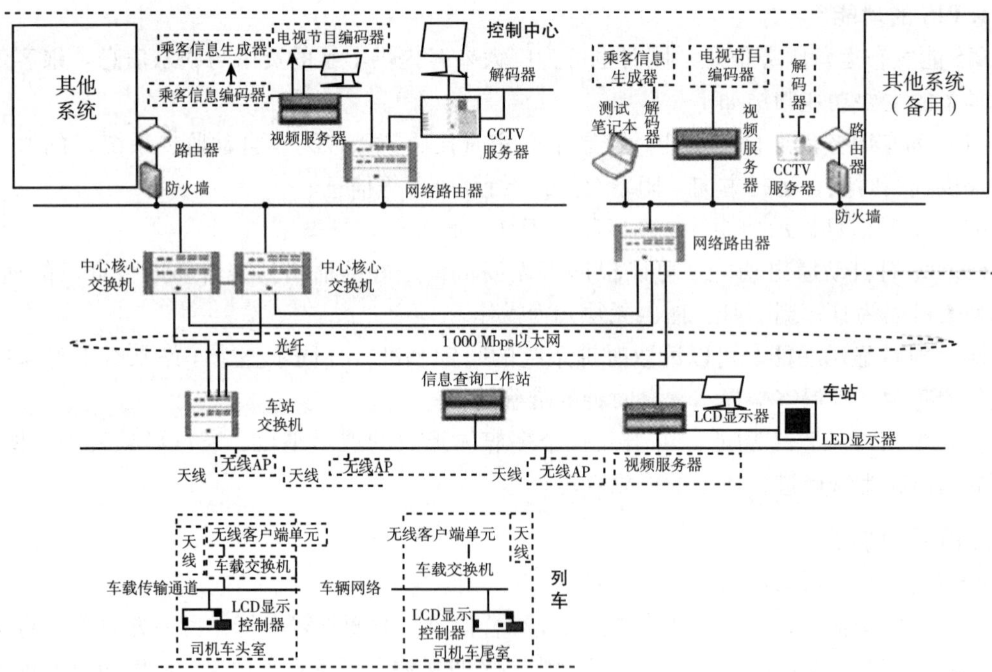

图 18 - 1　乘客信息系统架构

2. 系统设计

由于城市轨道交通系统是“24 小时”全天候运行，因此其设备要求高，设计的全过程贯彻可靠、实时、准确、先进性与实用性相结合、灵活扩展、便于维护、安全性等设计原则，保证系统的可靠性（reliability）、可用性（availability）、可维修性（maintainability）和安全性（safety）——RAMS。下面基于以上原则对 PIS 主要结构的设计进行介绍。

1）控制中心子系统

控制中心子系统完成外部信息采集，结合运行的需求对外部信息进行编辑处理，制作成内部媒体信息，根据运营的需求控制播出，向乘客传递相关信息。控制中心子系统的功能包括处理系统内各类数据，管理、控制系统设备，监视控制网络及终端设备的工作状态，对列车上传到控制中心的客室监控视频进行显示、管理和存储。

控制中心子系统结构如图 18－2 所示。

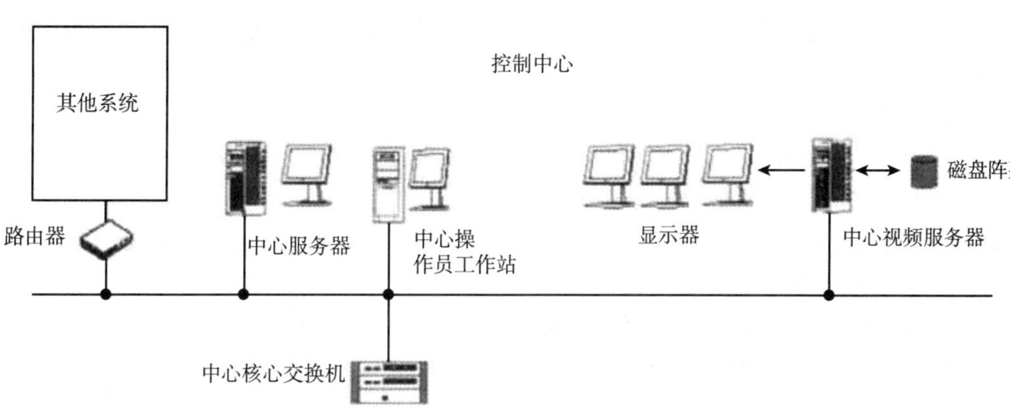

图 18－2　控制中心子系统结构

（1）控制中心子系统硬件

控制中心子系统包含的硬件有：中心操作员工作站，中心服务器，中心视频服务器，中心核心交换机，磁盘阵列，显示器。

（2）控制中心子系统软件

乘客信息服务系统软件从整体上划分为 2 个层级：中心级和车站级。车站级服务器集中管理本车站内的所有系统设备，各车站服务器再由中心服务器统一管理，中心服务器是整个系统的核心。中心服务器上运行的软件包括：日志管理软件、播放控制软件与网络监控软件。

① 日志管理软件：该软件对系统运行的情况及用户情况进行详细记录，同时定期将各个分站上的日志数据采集到中心服务器进行集中管理，如过期日志的删除、日志的导出与可视化功能等。

② 播放控制软件：该软件功能主要包含 3 个方面：

• 素材导入：将外部系统素材（如文字、图片、视频信息）导入后，进行内容审核、编辑。

• 版式编辑：根据需求，将显示屏幕进行窗口划分，将要播放的素材导入后，在素材播放画面之上，叠加需要显示的公共服务信息，如天气预报、股市信息及紧急信息等。

• 播出控制：生成一个播出列表，该播出列表指定素材的播出方式、时间等，根据播出列表，将制作好的节目或者公共服务信息通过网络发布到各子系统。

③ 网络监控软件：该软件功能主要包含2个方面：

• 设备监控：实时地对网络中的设备进行状态监控，并保存设备的状态信息，在侦测到设备故障时，将故障设备的网络地址与故障信息保存在本地日志，并可视化地显示出来。

• 网络监控：实时监控整个PIS网络的网络状态，如终端设备在线状态、网络拥塞程度等，当网络中出现设备掉线或者网络出现异常情况时，将故障信息保存在本地日志，并可视化地显示出来。

(3) 控制中心子系统操作员工作站

控制中心子系统操作员工作站具有整个PIS的管理功能，其上运行的软件包括用户管理软件、信息查询软件、设备维护管理软件。

① 用户管理软件：管理整个系统的用户账户，包括系统账户的建立、删除，账户的权限设置、账户管理等相关的功能。

② 信息查询软件：从中心服务器调取日志信息、设备工作状态、网络状态、故障信息等，对这些信息进行统计和分析，输出报表，并可视化地显示出来。

③ 设备维护管理软件：负责对整个乘客信息系统进行系统设备管理，对各车站、列车所包含的设备的运行参数、预定义信息等进行配置。

(4) 控制中心子系统视频服务器

控制中心子系统视频服务器上运行的软件包括：视频管理软件与磁盘空间管理软件。

① 视频管理软件：视频管理软件能够将各列车上传的客室视频监控图像在中心显示设备上进行显示，并将数据存储在磁盘阵列中，可根据查询条件，在软件的指定位置回放调取数据。

② 磁盘空间管理软件：定期检测硬盘的剩余空间，当磁盘空间不够时，发出报警信息。

2) 车站子系统

车站子系统安装在车站内，是信息的中转环节，负责接收并下载控制中心的命令、各类信息内容、系统参数等。当控制中心或网络子系统故障时，车站子系统能够承担控制中心信息发布的责任，按照下载的节目菜单和节目内容在本站显示终端上自动播放。此外，车站子系统还负责将站台各服务器、工作站与终端设备的工作状态、工作日志、故障信息等定期地上传至控制中心。

车站子系统结构图如图18－3所示。

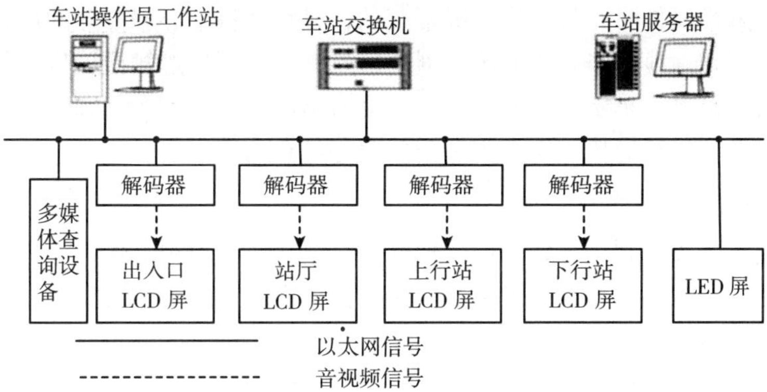

图 18－3　车站子系统结构图

（1）车站子系统硬件

车站子系统的硬件主要包括：站台服务器，交换机，站台操作员工作站，多媒体查询机，磁盘阵列，LED 显示屏，LCD 显示屏。

（2）车站子系统软件

车站子系统软件包括日志管理软件、系统监控软件、播出控制软件、设备管理软件、磁盘空间管理软件。

① 日志管理软件：定期将本站各工作站、终端设备的工作日志导入服务器进行存储，并上传至控制中心服务器。

② 系统监控软件：与控制中心服务器监控软件具有类似的功能，只是其操作权限仅限于本车站的设备。系统监控软件能够判断故障，并自动告警和记录日志。一旦出现故障，及时向中心服务器上传故障与报警信息。

③ 播出控制软件：自动地从中心服务器下载播放列表、节目数据、公共服务信息、紧急信息等乘客信息数据，并根据播放列表将播放数据发送到各终端进行解码播放。同时，在本地存储设备中，存储接收到的播放数据，这样，在通信故障时，系统可按原有播放列表进行播出，不会让乘客明显感到系统故障；当恢复通信时，立刻恢复到正常播放状态。

④ 设备管理软件：能够与控制中心同步，接收来自控制中心的设备配置信息，并将信息下传，进行本站设备的配置或管理。

⑤ 磁盘空间管理软件：定期检测硬盘的剩余空间，当磁盘空间不够时，能够发出报警信息，并上传至控制中心。

（3）车站操作员工作站

车站操作员工作站与中心操作员工作站类似，但其权限仅限于本站系统内。其上运行的软件包括用户管理软件、信息查询软件、设备维护管理软件。

（4）多媒体查询设备

多媒体查询设备包含一个可视化查询界面，界面上包含了常用信息的查询接口。在没有乘客对屏幕进行触摸操作时，软件将全屏幕滚动，显示来自中心服务器的信息。当有屏触摸操作时，能实时互动地显示来自中心服务器的信息。旅客可通过触摸屏幕获得潜在需求的各种信息，比如公告信息、车站出口及周边地理交通指南、安全乘车须知等。另外，多媒体查询设备通过与服务器进行通信，定期更新公共服务信息内容。

3）车载子系统

车载子系统主要负责利用无线双向传输网络设备将车上监视图像、车辆故障信息上传至控制中心。通过无线双向传输网络设备接收紧急信息和乘客服务信息等内容。车载子系统结构图如图 18－4 所示。

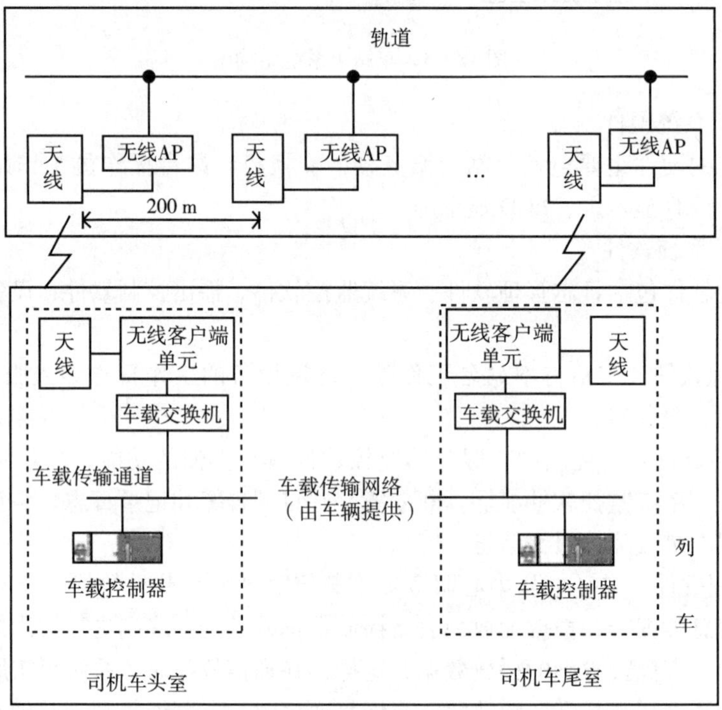

图 18－4　车载子系统结构图

（1）车载子系统硬件

车载子系统的硬件包括车载控制器、车载交换机。

（2）车载子系统软件

车载子系统软件主要完成 2 项工作：

① 考虑到无线网络环境的不稳定性，车载视频控制器软件支持断点续传功能。在控制器硬盘中缓存 30～60 s 的视频节目。这样，当检测到丢包时，车载控制器能够有时间从控制中心获取丢失的信息。

② 车载控制器软件能将本车的车载设备信息，通过移动网络传送到控制中心。

4）网络子系统

网络子系统是连接控制中心、车站和车载三大子系统的关键系统，是整个乘客信息系统的基础系统，它利用中心—车站主干传输网络为PIS提供网络通道，用来传输控制中心与各车站、车辆之间的各种媒体和控制信息。网络子系统由有线网络和无线网络两部分组成。

有线网络为控制中心、车站和无线接入点的视频和数据提供传输通道，是整个PIS的基础，有线网络的安全性与可靠性对整个PIS的可靠性有决定性作用。有线网络系统的可靠性除了与网络设备的可靠性密切相关之外，网络的拓扑结构也是关系到网络系统可靠性的重要手段。根据实际系统需求，将系统有线网络拓扑结构设计成星形千兆以太网，控制中心与车站各设一台核心交换机，同时，在车站设置车—地无线网络接入交换机与无线网络控制器，实现车—地无线网络到有线骨干网络的接入。

PIS中，车—地无线网络是一个重点，也是一个难点，目前实际应用的PIS中，车—地无线网络的性能表现一直不是很稳定。无线网络在满足系统要求的前提下需保留带宽25%以上的裕量，且传输层双向平均有效带宽不小于13 Mbps。PIS系统需保证在所有列车需进行无线通信的地方都进行全面的网络覆盖。无线设备切换时间不大于50 ms，局域网丢包率在1%以下。

任务18.2 认识乘客信息系统的关键技术

1. 数据库技术

PIS中有大量的配置信息、设备信息、日志信息、乘客信息等系统数据，如何存储和管理这些数据是系统设计的关键。PIS系统采用SQL Server数据库软件作为系统数据库软件，以实际需求为依托设计具体的数据存储管理方式，从而在完成功能的同时，降低复杂度，提高系统稳定性。

2. 漏缆技术

目前城市轨道交通所利用的漏缆即通过已经铺设好的为电信运营商所采用的网络，借用其公用接口单元预留的数字电视DTV接口传递电视信息。

3. 断点传续技术

所谓断点传续，就是利用WLAN技术，主要考虑隧道区间对于系统的复杂环境影响，从减少投资及维护简易等多方因素考虑，只在车站、车辆段区域设置无线接入网络。其基本思路是：当列车驶入车站后，安装在列车内的接收设备便进入无线接入点AP覆盖范围内，从而将列车内的旅客向导系统接入车站局域网内，通过无线网络实现系统信息同步，将最新的信息传输到列车内的播出控制器，再通过播出控制器将信息送到列车内的前端显示设备；

当列车驶出车站后，便脱离车站局域网，列车在隧道中行驶时，播放在车站同步到的信息；当列车进入下一车站时，便进入下一车站的局域网内，在该站再进行信息同步。如此不断地循环，完成整条线的信息同步和播放。

4. 车载 DVD 视频播放技术

DVD 播放技术成熟可靠，投资最少，利用 DVD 光盘可在车载视频播放器上直接播出节目，缺点是无法实时播出节目、车载节目更新复杂。

思考与实训 18

一、思考题

1. 简述城市轨道交通乘客信息系统的功能。
2. 试论述城市轨道交通乘客信息系统的构架。
3. 简述城市轨道交通乘客信息系统的关键技术。

二、实训任务

实训任务：认识城市轨道交通乘客信息系统

1. 任务目的

（1）能够掌握城市轨道交通乘客信息系统的功能。

（2）能够掌握故障时城市轨道交通乘客信息系统的基本操作。

2. 设备和资料准备

车站、车载乘客信息系统设备，城市轨道交通乘客信息系统故障处理程序。

3. 实施步骤

（1）认识设备：城市轨道交通乘客信息系统设备外观及设置位置。

（2）归纳总结城市轨道交通乘客信息系统的故障处理程序。

4. 任务输出和评价

按照要求完成实训任务，总结心得体会，由教师和其他学生做出成绩评定。

附录 A

“城市轨道交通信号与通信”课程标准

（供参考）

课程说明：

《城市轨道交通信号与通信》一课，在城市轨道交通专业中具有重要的作用，但是在该专业的不同方向中，起到的作用是有所差异的，所以该课程的讲授内容、讲授深度和方法也应该根据专业方向的特点进行合理的选取和设置，故在此做出分析说明。本课程与前修课程《城市轨道交通概论》相衔接，使学生进一步对城市轨道交通通信信号系统的基础设备、基础知识有进一步的了解与掌握，对于不同的专业方向，后续课程会有所差别，例如对于城市轨道交通控制专业而言，与后续课程“车站信号计算机联锁”“区间信号自动控制”等相衔接；对于城市轨道交通运营管理专业而言，与后续课程“城市轨道交通行车组织”“城市轨道交通调度管理”等相衔接；对于城市轨道交通车辆专业而言，与“城市轨道交通列车运行控制”“电动列车驾驶”等相衔接。本课程标准仅针对城市轨道交通控制专业设置。

1. 课程设计思路

本课程所面向的职业岗位为城市轨道交通通信信号设备操作员、施工工艺员、检修员、维护员等，主要从事城市轨道交通通信信号施工、设备检修、维护、实验调试等工作。根据职业岗位分析，确定本课程的建设思路是：遵循系统化原则，将教学内容分为城市轨道信号系统与城市轨道通信系统两大部分。通过本课程的学习，使学生掌握城市轨道通信信号系统基础设备的组成和作用，并具有一定的操作、检修能力，为学生走向工作岗位打下坚实的基础。

2. 课程目标

1）能力目标

（1）能够熟练观察城市轨道通信信号设备正常工作状态及正常工作指标。

（2）能使用常见电工、电子仪表对城市轨道通信信号设备的特性进行测试。

（3）能够熟练完成信号机、轨道电路、转辙机的日常维护检修工作。

（4）能够熟练完成列车自动控制 ATC 设备的运行维护工作。

（5）能了解无线集群调度系统的应用。

（6）能够完成城市轨道电话系统、闭路电视系统的日常维护。

（7）能够完成时钟系统的调整维护。

2）知识目标

（1）了解城市轨道交通通信信号设备的概况及特点。

（2）掌握城市轨道交通信号基础设备相关知识。

（3）掌握车辆段及正线联锁设备基本结构与操作方式相关知识。

（4）掌握列车自动控制 ATC 设备的构成、功能和维护等相关知识。

（5）掌握城市轨道交通通信系统的组成及功能相关知识。

（6）掌握城市轨道交通电话系统、无线集群调度系统、闭路电视系统、广播系统及时钟系统相关知识。

（7）掌握城市轨道交通通信信号设备的技术指标和正常工作参数，使学生具有城市轨道通信信号设备使用、检测和维护等基本技能。

3）素质目标

（1）培养学生共享知识的能力，即团队合作能力。

（2）培养学生发现知识的能力，即创新能力和创造能力。

（3）培养学生知识传播能力，即交流沟通能力。

（4）培养学生获取、领会和理解外界信息的能力。

（5）培养学生诚实守信、敬业爱岗的良好职业道德素养。

（6）培养学生的语言表达能力和对事物的分析、判断能力。

（7）培养学生勇于创新、与时俱进的工作作风。

3. 教学内容

依据城市轨道交通控制专业人才培养目标要求，本课程教学内容分通信与信号两大部分，由城市轨道交通信号系统，信号基础设备——继电器，信号基础设备——信号，信号基础设备——转辙机，信号基础设备——轨道电路，信号基础设备——计轴器，信号基础设备——查询应答器，联锁设备，闭塞方式，列车运行自动控制系统，城市轨道交通通信系统，城市轨道交通电话系统，城市轨道交通无线集群通信系统，闭路电视监控系统，广播系统，时钟系统，电源系统和乘客信息系统共 18 个项目，其内容涵盖城市轨道交通通信信号系统各个组成部分的基础知识，具体内容如表 A－1 所示。

表 A-1 教学内容描述

序号	教学内容	技能内容与教学要求	知识内容与教学要求	学时	
				理论学时	实践学时
1	城市轨道交通信号系统	了解城市轨道交通信号系统	1. 了解城市轨道交通信号系统的概念和作用 2. 掌握城市轨道交通信号系统的特点和组成 3. 掌握城市轨道交通信号系统的地域分布 4. 了解城市轨道交通信号系统的发展历史和发展趋势 5. 掌握代表技术发展方向的城市轨道交通信号系统	4	
2	信号基础设备——继电器	能够识别各类型继电器	1. 了解继电器的工作原理 2. 了解继电器的作用 3. 了解继电器的分类 4. 认识各种型号的继电器，并了解继电器在轨道交通中的应用	3	3
3	信号基础设备——信号	能够掌握城市轨道交通信号的种类和应用	1. 了解信号的基本分类 2. 了解城市轨道交通信号的基本要求 3. 掌握地面信号机的设置和常见显示颜色及意义 4. 认识常见的地面信号机 5. 认识车载信号和轨旁指示标志 6. 认识并会使用手信号 7. 认识听觉信号	6	6
4	信号基础设备——转辙机	具备转辙机的操纵和锁闭能力	1. 掌握道岔的结构和种类 2. 掌握转辙机的作用 3. 掌握 ZD6 型电动转辙机各部件的名称，了解其工作原理 4. 认识 S700K 型电动转辙机各部件的名称，了解其工作原理	4	4
5	信号基础设备——轨道电路	能够认识轨道电路，能对轨道电路常见故障进行分析	1. 掌握轨道电路的组成和工作原理 2. 掌握轨道电路的作用 3. 掌握音频无绝缘数字轨道电路的组成和工作原理 4. 掌握 50 Hz 相敏轨道电路的组成和工作原理	4	4
6	信号基础设备——计轴器	能够认识计轴器的组成和工作原理	1. 了解计轴器的概念 2. 掌握计轴器的组成和工作原理	2	0
7	信号基础设备——查询应答器	能够认识查询应答器的组成和工作原理	1. 掌握查询应答器的组成和工作原理 2. 了解查询应答器的主要特点 3. 了解查询应答器的分类 4. 掌握查询应答器的作用	2	2

续表

序号	教学内容	技能内容与教学要求	知识内容与教学要求	学时	
				理论学时	实践学时
8	联锁设备	能够认识和掌握6502及计算机联锁的操作方式	1. 理解联锁的含义 2. 掌握联锁的内容和联锁设备的内容 3. 能在6502电气集中联锁中办理列车、调车进路，会开放列车、调车信号，以及进路的解锁 4. 掌握计算机联锁系统的原理，学会操作SICAS联锁系统	5	5
9	闭塞方式	能够掌握闭塞的概念和各种闭塞方式的基本原理	1. 掌握闭塞的概念 2. 掌握闭塞方式的分类和区间划分方式 3. 掌握电话闭塞法、站间自动闭塞法，了解进路闭塞法和超速防护自动闭塞法的基本概念和基本原理	4	4
10	列车运行自动控制系统	能够认识列车运行自动控制系统的三个子系统和CBTC系统的组成和功能	1. 了解列车自动控制系统的特点和选用原则 2. 理解列车自动控制系统的组成、功能和控制模式 3. 掌握列车自动防护子系统的组成和功能 4. 掌握列车自动运行子系统的组成和功能 5. 掌握列车自动监控子系统的组成和功能 6. 了解CBTC系统的定义和优势 7. 掌握CBTC系统的结构、组成和功能	4	4
11	城市轨道交通通信系统	感性认识通信系统	1. 了解一般的通信系统如何组网 2. 了解城市轨道交通通信网如何组网，如何搭建传输平台 3. 了解通信网中的电缆、光缆及无线电波等传输介质各有什么特点	4	4
12	城市轨道交通电话系统	具备电话系统安装、调试、维护能力	1. 掌握电话系统在城市轨道交通中的作用 2. 掌握城市轨道交通中的专用电话的种类和作用 3. 学会使用调度电话	2	2
13	城市轨道交通无线集群通信系统	具备无线集群通信系统安装调试能力	1. 了解无线集群通信系统的组网方式 2. 掌握无线集群通信系统场强覆盖范围 3. 了解城市轨道交通对无线集群通信系统的功能需求 4. 认识无线集群通信系统的终端和构成 5. 了解无线集群通信系统的制式 6. 掌握无线通信系统传输的信息种类	2	2
14	闭路电视监控系统	具备闭路电视监控系统安装，维护能力	1. 掌握闭路电视监控系统在城市轨道交通中的作用 2. 掌握闭路电视监控系统的组成 3. 掌握控制中心闭路电视监控系统的应用 4. 掌握车站/车辆段闭路电视监控系统的应用 5. 掌握闭路电视监控系统的监控范围	2	2

续表

序号	教学内容	技能内容与教学要求	知识内容与教学要求	学时	
				理论学时	实践学时
15	广播系统	具备广播系统安装、维修能力	1. 掌握城市轨道交通广播系统的结构和功能 2. 了解城市轨道交通广播系统采用的先进技术 3. 掌握车载广播系统的功能和组成 4. 了解车载广播系统的主要结构及各部分的功能 5. 掌握车载广播设备的维护和故障处理方法	2	2
16	时钟系统	具备时钟系统故障处理能力	1. 了解时钟系统的功能和要求 2. 掌握时钟系统的构成 3. 掌握时钟系统内部设备同步校对的过程 4. 掌握时钟系统的运营模式	2	2
17	电源系统	具备电源系统的故障处理能力	1. 掌握电源系统的构成 2. 掌握智能电源屏的重要结构和特点 3. 掌握 UPS 电源方案和工作模式	2	2
18	乘客信息系统	具备乘客信息系统的故障处理能力	1. 掌握城市轨道交通乘客信息系统的功能 2. 理解城市轨道交通乘客信息系统的构架 3. 了解城市轨道交通信息系统的关键技术	2	2

4. 实施建议

1）师资队伍

“城市轨道交通信号与通信”课程教学对任课教师有很高的要求，要熟悉城市轨道交通通信信号系统各个组成部分的基础知识，能将各部分知识融合集中。专任教师应具备本科以上学历，有相关教学、学习经历。建议由经验丰富的专业课教师讲授。兼职教师要求正在轨道交通企业工作，并且具有 3 年以上工作经验，能够在教学过程中提出合理化的意见，提供典型案例。

2）教材及相关资源

本课程建议选用以下教材：

《城市轨道交通信号与通信》，主编贾文婷，北京交通大学出版社出版，全国职业教育轨道交通“十二五”规划教材。

参考书籍：

《城市轨道交通通信与信号》，主编贾毓杰，机械工业出版社出版，职业教育城市轨道交通专业规划教材。

《城市轨道交通通信与信号控制》，宋保卫，王燕梅编写．北京交通大学出版社，高等学校教材。

《城市轨道交通信号与通信系统》，主编王燕梅，中央广播电视大学出版社，高等学校教材。

《城市轨道交通信号与通信系统》，主编张利彪，人民交通出版社，职业院校城市轨道交通专业教学用书。

3）教学组织模式（见表 A－2）

表 A－2　教学组织模式

	实践教学	理论教学
教学环境要求	实训室	教室，配备多媒体设备
教学材料要求	实训指导书	多媒体课件
教学组织模式	分组教学	通过教师讲授，使学生掌握城市轨道交通通信信号系统的组成及工作原理，并通过案例分析，培养学生分析问题的能力

4）教学方法与手段

本课程主要采用讲授法、小组讨论法、教师指导法等多种教学方法，辅助采用多媒体等现代教学方法。应充分调动学生学习兴趣，促进学生积极思考与实践，使学生全面深入地掌握城市轨道交通信号系统和通信系统的知识，进而促进学生职业能力的提高。

5）教学考核与评价

本课程的考核采用综合考核的办法，即过程考核加终结性考核。

过程考核包括实验成绩、出勤情况、提问成绩、作业成绩，满分 100 分。

终结性考核为期末闭卷考试，满分 100 分。

总成绩＝过程考核×40%＋终结性考核×60%。

参考文献

[1] 林瑜筠．城市轨道交通信号［M］．北京：中国铁道出版社，2008.

[2] 刘晓娟，张雁鹏，汤自安．城市轨道交通智能控制系统［M］．北京：中国铁道出版社，2008.

[3] 曾小清，王长林，张树京．基于通信的轨道交通运行控制［M］．上海：同济大学出版社，2007.

[4] 贾毓杰．城市轨道交通通信与信号［M］．北京：机械工业出版社，2009.

[5] 宋保卫，王燕梅．城市轨道交通通信与信号控制［M］．北京：北京交通大学出版社，2015.

[6] 贾文婷．城市轨道交通列车运行控制［M］．北京：北京交通大学出版社，2012.

[7] 余继．无线集群通信在地铁中的应用探讨［J］．中国新技术新产品，2010（19）：34.

[8] 张洲，黄纯昉，马文胜．城市轨道交通车地无线通信的应用［J］．都市快轨交通，2014，12（27）：16－19.

[9] 陈庚，李玉斌．无线通信技术在城市轨道交通中的应用［J］．城市轨道交通，2009（2）：40－42.

[10] 梁明亮，李勇，孙晶晶．智能车载广播技术在地铁中的应用［J］．鸡西大学学报，2015，6（15）：67－70.

[11] 崔建乐．南京地铁广播系统先进技术的应用［J］．现代城市轨道交通，2007（5）：31－32.

[12] 杨超．地铁信号电源子系统配置方案研究［J］．信息通信，2015（2）：207－208.

[13] 高玉，王洪波．西安地铁 1 号线信号电源系统方案分析［J］．电子设计工程，2013（4）：105－111.

[14] 张愿宁，李哲旭．浅谈西安地铁二号线正线信号电源系统［J］．电子设计工程，2013（2）：130.

[15] 谭明勇，方薇，隋志国．用 GPS 同步地铁时钟系统［J］．铁道通信信号，2002，38（2）：17－33.

[16] 崔建乐．地铁时钟系统浅析［J］．都市快轨交通，2006（2）：28－31.

[17] 孙鑫．浅析广播系统在轨道交通中的应用［J］．城市建设理论研究，2014（2）．

[18] 陈亚云．浅谈城市轨道交通时钟系统［J］．建材与装饰，2015（6）：297－298.

[19] 张铁增，林瑜筠．对于城市轨道交通信号系统发展的思考［J］．铁路通信信号工程技术，2013（4）：32－36.

[20] 上海申通地铁集团有限公司轨道交通培训中心．城市轨道交通电动列车驾驶［M］．北京：中国铁道出版社，2010.

[21] 向骏．城市轨道站台屏蔽门系统［J］．四川建筑，2006，8（26）：144－146.

[22] 韩熠，刘刚，戴未央．WLAN 及其在城轨交通中的应用［J］．现代城市轨道交通，2006（3）：7－8.

[23] 张楚潘，郜洪民．车站屏蔽门与列车车门联动优化控制方案研究［J］．现代城市轨道交通，2008（4）：16－18.

[24] 李克剑，贾学祥，郜洪民．城轨交通通信传输网方案研究［J］．铁道通信信号，2009，7（45）：56－58.

[25] 陈斌，刘晓娟．漏泄波导通信在地铁列车控制系统中的应用［J］．城市轨道交通研究，2009（3）：39－42.

[26] 李红君，钟章队．基于无线的列车控制系统［J］．铁道通信信号，2002，38（1）：36－39.

[27] 郜春海．基于通信的轨道交通列车运行控制系统［J］．现代城市轨道交通，2007（2）：7－10.